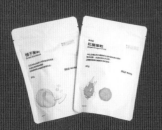

台湾好棒！

台湾
ランキング & 得テクニック!

JN050122

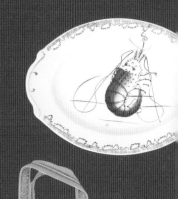

CONTENTS

※原住民族の表記について
日本では少数民族のことを「先住民」といいますが、台湾では「原住民」と呼ぶため本誌では現地の表記に合わせています。

データについて
本書のデータはすべて2024年4月に取材、編集したものです。そのため、掲載の商品や料理などがなくなっていたり、料金などが変更されていたりする場合があります。あらかじめご了承ください。

本書の利用について
本書は正確な情報の掲載に努めていますが、ご旅行の際には必ず現地で最新情報をご確認ください。また、掲載情報による損失等の責任を弊社は負いかねますので、あらかじめご了承ください。

使用しているマーク一覧
MAP …マップ掲載ページ
🚌 …最寄り駅と所要時間
📍 …住所
☎ …電話番号
🕐 …営業時間／開催（園）時間
㊡ …店休日
㊫ …料金
CARD …クレジットカードの使用
Ⓐ＝アメリカン・エキスプレス
Ⓓ＝ダイナース Ⓙ＝JCB
Ⓜ＝マスター Ⓥ＝ビザ
📖 …メニュー（日本語／英語など）
🛏 …客室数
🌐 …HP ⓘ …Instagram Ⓧ …X

掲載内容の更新と訂正について
発行後に変更された掲載情報は『地球の歩き方』ホームページ「更新・訂正情報」で可能なかぎり案内しています（ホテルやレストラン、商品の料金変更などは除く）。ご旅行の前にお役立てください。
URL www.arukikata.co.jp/travel-support/

電話番号について
本書掲載の電話番号のうち、02などで始まる9ケタまたは10ケタの番号は、台湾のものです。日本からかける場合は、Ⓐ国際電話識別番号010のあと＋Ⓑ台湾の国番号886＋Ⓒ相手先の番号（市外局番の0を除く、8ケタまたは9ケタ）を続けてください。

国際電話識別番号	台湾の国番号	相手先の番号（市外局番の0を除く8ケタまたは9ケタ）
010	886	
Ⓐ	Ⓑ	Ⓒ

とっておき♥を教えてくれた台湾のスペシャリストはこの11人！

#001
台湾日和さん

現地の友達として
お役立ち情報を紹介！
WEBサイトやSNSにて台湾情報
を発信中。メディア取材ほか、セ
レクトショップ「台湾日和」(P.63)
店主。[URL] **taiwanbiyori.com**
[IG] **@ taiwanbiyori**

#002
十川雅子さん

台湾の大好きなところを
本で伝え続ける編集者
編集者。『台湾行ったらこれ食べよ
う！』ほか台湾関連書籍の制作に携
わる。2024年6月に『台湾の喫茶
店が愛しくて』を発売。台湾と植物
と漫画が生きがい。[IG] **@ masaduo**

#003
田中佑典さん

台湾を歩いて1周完歩
台湾華語教室を主宰！
生活芸人。著書に『カルチャーゴガ
ク 〜ニーハオのその先へ〜。 台湾旅
を楽しむための田中式コミュニケー
ション術〜』ほか。[URL] **tanaka-
asia.com** [IG] **@ tanaka_asia**

#004
田中伶さん
（小伶 シャオリン）

かゆいところに手が届く
台湾情報メディア編集長
WEBメディア「Howto Taiwan」編集
長。著書に『FAMILY TAIWAN TRIP
#子連れ台湾』。毎週水曜に Podcast
配信中！[URL] **howto-taiwan.com**
[IG] **@ rei_tanaka**

#005
**佐々木
千絵さん**

大好きな台湾を描く
イラストレーター
著書に台湾のイラストガイドブッ
ク『LOVE 台南〜台湾の京都で食
べ遊び〜』ほか、台湾イベント
のイラストを多数手がけている。
[URL] **i.fileweb.jp/sasakichie**

#006
**コバシ
イケ子さん**

大人のためのディープな
台湾情報を発信中！
ブロガー、WEBメディア「オトナ
タイワン」編集長。著書に『台湾
のすこやかで福のある暮らし365
日』ほか。[URL] **otonataiwan.com**
[IG] **@ taiwanikeko**

#007
雪希さん

日本と台湾の架け橋に！
日中2ヵ国語アナウンサー
台湾在住経験8年。テレビ番組リ
ポーター、イベントMC、ラジオ、通訳・
翻訳ほか。著書に『漫歩日本街頭學
日語』。[URL] **snowandwish.wixsi
te.com/yuki-japantaiwan**

#008
荘寧さん
（Ning Chuang）

台湾の最新アートや
カルチャーを発信！
日台のアート＆カルチャー情報を
発信し、各種プロジェクトに携わ
る「NINJIN」創業者。各種PR、雑
誌のコーディネーターなどにも携
わる。[URL] **www.ninjin.tw/jp/**

#009
富永直美さん

台湾の新たな魅力を
発信し続ける編集者
地球の歩き方『aruco 台北／台湾』
『心に寄り添う台湾のことばと絶景
100』などを手がける編集ライター。
ネットの情報に左右されず、自ら
歩いて見つけた情報を厳選する。

#010
阿多静香さん

台湾は五光十色！
ディープな台湾を探訪
地球の歩き方『aruco 台北／台湾』
『心に寄り添う台湾のことばと絶景
100』などを手がける編集ライター。
二胡の講師でもあり、さまざまな
場所で台湾の楽曲を演奏している。

#011
谷口佳恵さん

おいしい！体にいい！
台湾を深掘りする
『地球の歩き方台北／台湾／台南
高雄』などを手がける編集者、ラ
イター。健康マニアで台湾の健康
法をいろいろ試しているほか、台
湾茶ラバーでもある。

and...
本誌
編集スタッフ＆
地球の歩き方
編集部メンバー

私たちも、
台湾愛を大放出♡
[URL] **www.arukikata.co.jp**
[IG] **@arukikata_official**
[X] **@arukikata_book**

宇宙人

COSMOS PEOPLE

PROFILE

2004 年に高校の同級生だった小玉（シャオユー）と阿奎（アークェ）によって結成。その後、高校の先輩である方 Q（ファンキュー）を加えて 2009 年にメジャーデビュー。ライブ活動は台湾のみならず、日本、中国、香港、シンガポール、アメリカ、イギリスなどで開催され、その実力とカリスマ性に熱い視線が集まる。2020 年 2 月に行われた台北最大のコンサートホール、台北アリーナでのワンマンライブは即日完売。2024 年 4 月には、2 度目となる台北アリーナ公演が開催された！ 彼らの活動に目が離せない！

\ 最新情報はこちら！ /

**2024 年 6 月
待望の来日
ワンマンライブを
開催 !!!**

2024 年 6 月 15・16 日、渋谷 WWW X にてワンマンライブ開催！

2024 年で結成 20 周年を迎える彼ら。10 年前の日本デビュー以来、来日を重ねてライブを開催し、精力的に活動を続けてきた。ロック、ファンク、ソウル、ジャズなどから影響を受けた心地よいメロディアスなサウンドは、C-POP ビギナーにもおすすめ。彼らの代表曲のひとつ『一起去跑歩（一緒に走ろう）』は、さわやかなメロディで、前向きな気持ちにさせてくれる。

TOPICS

2023 年 8 月の「SUMMER SONIC 2023」に出場し、『君はいつでも』を披露！

4 年ぶりの来日公演となった「SUMMER SONIC 2023」で東京 & 大阪公演に登場。大阪の MASSIVE ステージで大トリを務め、『君はいつでも』を初披露！

2023 年の中華圏最大級の音楽アワード「金曲獎」にて最佳樂團獎（最優秀バンド賞）を受賞！

金曲獎（P.91）で最優秀バンド賞（最佳樂團獎）を受賞して話題に！

スガシカオが作詞した『君はいつでも』が 2023 年 8 月 21 日にリリース！

国境や言葉を超えて、宇宙人（Cosmos People）とスガシカオがコラボ！ スガシカオが書き上げた歌詞にメロディをのせて、小玉（シャオユー）が耳元でささやくような優しい歌声で歌い上げる。少し落ち込んでいるあなたに、そっと寄り添ってくれる応援ソング。制作秘話については、Howto Taiwan の田中伶さんがていねいにインタビュー（ URL howto-taiwan.com/9869/ ）をしているのでそちらもチェック！

『君はいつでも』

作詞：スガシカオ
作曲：小玉（シャオユー）
編曲：宇宙人（Cosmos People）

阿奎（アークェ）

ギター、リーダー、コーラス担当。読書好きで、努力家。クールに見えて優しいジェントルマン。

很想念大家，演唱會見！

みなさんにとても会いたいです。
ライブで会いましょう！

推しスポット＆グルメは？

日本時期製造樟腦、鴉片的工廠，很有故事感，建築物也很美，而且離金峰魯肉飯很近

日本統治時代に樟脳やアヘンを作っていた工場跡です。ストーリーがあり、とても美しい建物です。ここから金峰魯肉飯も近いですよ

緑が多く静かな空間にれんが造りの建物がある。館内では、樟脳やアヘン生産の歴史、台湾の特産品や家電製品などを展示している。

國立台湾博物館 南門館
グオリータイワンボーウーグワン ナンメングワン

台北市街 [MAP] P.123-D1 [MRT] 淡水信義線・松山新店線「中正紀念堂」駅1番出口から徒歩約3分 ♥南昌路一段1號 ☎(02)2397-3666 ⊙園区 6:00〜22:00、展示館 9:30〜17:00（チケット販売は〜16:30）㉿月・旧暦大晦日・旧正月1日間 ㉾20元 [CARD]不可

行列必至。新鮮な豚肉をひと晩かけてじっくり煮込んだ魯肉飯（小）35元が味わえる。隠し味にカレー粉を入れているのがポイント。

金峰魯肉飯 ジンフォンルーロウファン

台北市街 [MAP] P.123-D1 [MRT] 淡水信義線・松山新店線「中正紀念堂」駅2番出口から徒歩約3分 ♥羅斯福路一段10號 ☎(02)2396-0808 ⊙11:00〜翌1:00 ㉿月、清明節、端午節、国慶節、旧正月 ㉾予算35元 [CARD]不可

小玉（シャオユー）

ボーカル＆キーボード、宇宙人の楽曲の作詞・作曲を担当。映画『52hz, I LOVE YOU』に出演した。

很快就會出現在大家面前，敬請期待！

もう少しでみなさんに会えます、楽しみにしていてください！

推しスポットは？

台灣東部、天氣好可以觀星

台湾東部がおすすめです。天気がよければ、星空観察をできるよ

台湾東部はのんびりとした時間が流れ、原住民が多く暮らすエリア（P.108、121）。海沿いを走る台湾鉄道からの景色も抜群！

推しグルメは？

酒菜市場。道地的台灣小吃用創意料理呈現

酒菜市場。創作系の台湾小吃を味わえます

滷味（煮込み料理）30元〜やピータン豆腐（特製皮蛋豆腐）120元、魚のフライ（炸魚佐蘋果醋醬）250元などお酒にピッタリ。

酒菜市場 ジウツァイシーチャン

迪化街〜中山 [MAP] P.126-A3 [MRT] 淡水信義線「雙連」駅1番出口から徒歩約6分 ♥中山北路二段77巷25-1號 ☎(02)2581-7579 ⊙17:00〜24:00（金・土〜翌1:00）㉿旧正月 [CARD]不可 ㉾予算500元

方Q（ファンキュー）

ベース、コーラス担当。ムードメーカー。2023年にギターのストラップブランド「Picco」を立ち上げた。

四月27號宇宙人重返台北小巨蛋了，之後也會在日本舉辦我們久違的專場演唱會，希望到時候能見到大家！

宇宙人が4月27日に台北アリーナに戻ってきました。その後には、久しぶりに日本でライブをします！
みんなに会いたいです！

推しスポットは？

推薦在台北租YouBike到處逛逛，或是從市區沿著河堤騎到淡水

台北でYouBike（P.18）を借りて散策したり、台北中心部から川沿いに淡水までサイクリング

台北中心部はサイクリングロードが整備されている。ステーションが点在するYouBikeが便利。

推しグルメは？

客家菜 可以試試看

客家料理を試してみて！

これもオススメ！

客家伝統の料理が味わえる店。塩漬け卵とヘチマ入りのスープ麺線（鹹蛋絲瓜麵線）123元など、保存食材を使った料理が多い。

六堆伙房客家精緻麵食館 中山南西店
リウドゥェイフオファンクージアジンチーミエンシーグワン ヂョンシャンナンシーディエン

迪化街〜中山 [MAP] P.126-B3 [MRT] 淡水信義線・松山新店線「中山」駅3番出口から徒歩約1分 ♥中山北路二段2號B1F ☎(02)2563-6239 ⊙11:30〜22:00（LO21:15）㉿旧正月 [CARD]A J M V ㉾予算200元、サービス料10%

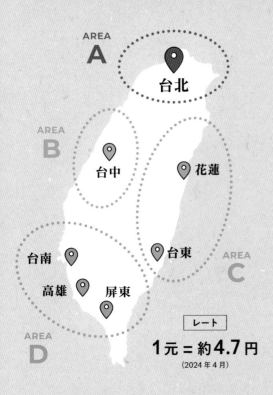

AREA **A**

台北

AREA **B**

台中　　花蓮

AREA **C**

台南　　台東
高雄　　屏東

AREA **D**

✈ 日本から
約1時間半〜
3時間半

レート

1元 = 約4.7円
（2024年4月）

🇹🇼 台湾基本情報

正式名称	中華民国（台湾）
人口	約2333万人（2023年3月）
首都	台北
面積	3万6192㎢（九州とほぼ同じ）

ビザ	滞在期間が90日以内ならビザは不要。ただし入国時に残存期間が滞在期間以上のパスポートと、帰国用予約済み航空券か乗船券、または第3国への航空券か乗船券が必要となる。
チップ	チップの習慣はないので必要ない。ある程度のホテルやレストランでは、10%のサービス料が上乗せされる。
時差	日本との時差はマイナス1時間（日本が10:00の場合、台湾は9:00）。サマータイムもないため、旅行中や旅行後に時差ボケを感じることなく過ごせる。
言語	台湾の公用語は、国語といわれる北京語と母語でもある台湾語。若い人やホテルのスタッフには英語が通じることも多い。漢字は旧来の正字である繁体字を使う。
台湾旅行の玄関口	台北には台湾桃園国際空港と台北松山国際空港、高雄には高雄国際空港、台南には台南国際空港、台中には台中国際空港がある。フルサービスキャリアやLCCの直行便が充実しているので、旅のスタイルに合わせて航空会社を選べる。

台南・高雄・屏東・墾丁 ほか

AREA: **D** 南部

台湾リピーターから人気の古都・台南（→ P.98、110）、最新スポットが話題の南部最大都市・高雄（→ P.98、114）、パイナップルやレンブなどフルーツが豊富な屏東。屏東県内にある台湾最南端の墾丁は、リゾート地としてマリンスポーツも盛ん。

宜蘭・花蓮・台東 ほか

AREA: **C** 東部

太平洋に面し、手つかずの自然が残る。礁渓温泉など良質な温泉が湧き、ネギの産地として有名な宜蘭、壮大な太魯閣国家公園、原住民族の文化に触れられる花蓮、青い海とゆったりとした空気が人気の台東（→ P.121）がある。

台中・日月潭・嘉義・阿里山 ほか

AREA: **B** 中部

おしゃれなリノベスポットが多く、トレンド発信地として知られる台中（→ P.118）、原住族が暮らす聖なる湖・日月潭、最近注目を集める嘉義、阿里山林業鐵路で行く阿里山。新幹線を利用すれば比較的アクセスしやすく、自然が多いエリア。

台北・北投・淡水・九份・彰化 ほか

AREA: **A** 北部

台湾の首都・台北と、台北から日帰りで行ける北部の街は人気。温泉が有名な北投（→ P.104）、夕日が美しい淡水（→ P.99、104）、フォトジェニックな九份（→ P.105）、鉄道ファンが集まる彰化（→ P.98）など、初めての台湾旅におすすめ。

台北エリアナビ

② 東區
若者に人気のあるおしゃれなカフェや雑貨店が点在

④ 迪化街&大稲埕
台北一の問屋街。乾物や漢方が並び、おしゃれな店も増加中

⑥ 龍山寺
台北最古の寺院・艋舺龍山寺や昔ながらの店が点在

⑧ 富錦街
並木が美しい道。洗練された穴場のショップやカフェがある

⑩ 公館
名門大学があり、若者向けのコスパがよいショップが並ぶ

① 士林
台北最大級の士林観光夜市や庭園が美しい士林官邸がある

③ 中山
日本人向けホテルやマッサージ店が集まる街の中心部

⑤ 西門
若者でにぎわう繁華街。路地には地元で愛される老舗が点在

⑦ 信義
ランドマークの台北101やショッピングモールがある

⑨ 康青龍
レストラン、ショップ、歴史建造物もあって散策が楽しい

旅の注意情報

トイレ
トイレットペーパーをそのまま便器に流すと、詰まってしまう恐れがある。横に置いてあるカゴに入れるようにしよう。最近は、流せるトイレが増えている。トイレットペーパーを備えていないことも。

中華民国暦

中華民国が成立した1912年を中華民国元年とし、台湾では現在でもこの中華民国暦が用いられている。

喫煙
台湾全土に「煙害防止法」が施行されており、ホテルの客室と3人以上いる屋内はすべて禁煙。美術館や博物館、公共の乗り物なども全面禁煙。

車内飲食

台湾の車内飲食関連の規制は日本よりも厳しい。地下鉄やバスの車内では飲み物、飴、ガムなども禁止されており、違反すると1500元以上の罰金が科せられる。

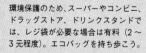
レジ袋は有料
環境保護のため、スーパーやコンビニ、ドラッグストア、ドリンクスタンドでは、レジ袋が必要な場合は有料（2〜3元程度）。エコバッグを持ち歩こう。

旅のノウハウ Q&A

Q. 旅行期間はどのくらいあればいい？

A. 週末を使ってプチ旅を楽しむこともできる♪

日本から早朝便に乗れば、午前中に台湾へ着くので、2泊3日でも十分楽しめる。週末の休みを利用して弾丸で1泊2日なんてことも可能。地方へ行くなど、ゆっくり楽しみたい場合は、3泊は確保して。

Q. 台湾内での移動は？

A. 地下鉄やタクシー、バスに新幹線、どれも充実！

台北市内なら地下鉄のMRTや、日本より格安で利用できるタクシーが便利。郊外・地方へ行くならバスや鉄道を使う。

Q. 日本語は通じるの？

A. 言葉が通じなかったら漢字を書いて伝えてみよう

台湾は親日的なことで有名。気さくに日本語で話しかけてくる人も多い。中国語が話せず、英語が通じなくて困ったというときには筆談してみよう。観光名所や宿泊ホテルなどの目的地を漢字で書き、見せれば通じることが多いので試す価値あり。翻訳アプリも便利。

Q. 物価はどのくらい？

A. 1日の食費は500円〜で済んじゃう♡

円安でレストランやホテルは物価高を感じずにはいられないが、ローカルフード店はコスパ抜群。ペットボトル入りのミネラルウオーターは1本20元、タクシーは1メーター85元。

Q. ネット環境は？

A. 日本よりも Wi-Fi が普及しているのでとても便利！

空港、ホテル、カフェなどで無料 Wi-Fi が利用できる。政府が提供する無料 Wi-Fi サービス「iTaiwan（愛台湾）」は、台湾全土の公共交通機関でつながるので便利。現地で Wi-Fi ルーターや SIM カードを入手するのもおすすめ。

Q. 水道水は飲めるの？

A. 水を飲みたいときはミネラルウオーターを

台湾の水道水は硬水のため、そのまま飲むことができない（歯磨き程度であれば問題なし）。コンビニやスーパーでミネラルウオーターを購入しよう。ホテルにはペットボトルやウオーターサーバーが設置されている。

12:00 街歩きが楽しい迪化街へ

- ■ 迪化街 & 大稲埕 → P.86
- ■ 高建桶店 → P.61
- ■ 台北霞海城隍廟 → P.89

> 旅テク！
> 観光情報や変身衣装体験は
> 大稲埕遊客中心 P.80 へ

BASIC COURSE
台北 & 九份へ！
最旬王道
2泊3日コース

テッパンの観光地はしっかりおさえつつ、
今話題の火鍋やスイーツも組み込みたい。
台湾式シャンプー＆足裏マッサージで
日頃の疲れをリセット！

DAY 1

午前　LCC 早朝便で
桃園国際空港に到着！

18:00
今いちばんホットな火鍋店 or
大定番＆ハズレなしの
台湾料理店へ

- ■ 欣葉台菜 創始店 → P.22
- ■ 詹記麻辣火鍋 敦南店 → P.23

20:00
臨江街観光夜市
をぶらぶら
→ P.57

8:00
リニューアルオープン
した南門市場をぶらり

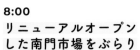

> 旅テク！
> テイクアウトして中正紀念堂
> の公園で食べるのもよし

DAY 2

7:00
早起きして
鼎元豆漿で
朝小籠包
→ P.37

徒歩
約6分

徒歩
約6分

9:00 中正紀念堂で
衛兵交代式を見学

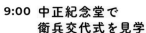

> 旅テク！
> オープン前に到着を。
> 変わり種もぜひトライ

11:00
鼎泰豊 新生店
でランチ
→ P.20・35

徒歩
約15分

> 旅テク！
> 1階にある蒋介石の
> 歴史展示は必見

賢く旅するテク満載！ 台湾最強モデルプラン

14:00
ホテルに荷物を
置いて九份へ移動

バスで
約1時間

旅テク！
九份への便利なアクセスは
P.105をチェック

12:00 永康街を散策♪
■ 永康街 ➡ P.86
■ H Gallery Hair Salon ➡ P.94
■ Bao Maison ➡ P.63

徒歩
約5分

15:00
九份で絶景にうっとり

バスで
約1時間

**18:00 足を延ばして
基隆廟口夜市へ**
➡ P.105

21:00
足裏マッサージ
で体をリセット
➡ P.95

■ CHIPAO ➡ P.105
■ 九份山城創作坊 ➡ P.105
■ 黄金博物園區 ➡ P.105

旅テク！
穴場茶藝館は P.105 へ

バスで
約1時間

9:00 國立故宮博物院

旅テク！
公式アプリから見逃せない
お宝の解説を予習

タクシーで
約15分

**8:30 話題の最新スポット
をパチリ！**

■ 臺北表演藝術中心 ➡ P.80

DAY 3

8:00
台北車站行
李托運中に
荷物を預けて
出発！
➡ P.103

MRT で
約9分

13:00
中山エリアで
ランチ＆ショッピング
■ 中山 ➡ P.87
■ 神農生活 誠品南西店
➡ P.70

バス約10分、
MRT 約9分

15:00
未來市 THE GALA
ASIA で M.I.T. 雑貨を
チェック＆ひと休み
➡ P.63

MRT で
約1分、
徒歩
約11分

荷物を受け取り
桃園国際空港へ。

20:55
日本へ帰国

MRT で
約40分

11:00
祀典大天后宮で
月下老人に
ごあいさつ→P.112

徒歩
約5分

13:00
グルメストリート
國華街で食べ歩き

■ 國華街 ➡ P.112
■ 小島飲創×
古物販售 ➡ P.111

徒歩
約14分

徒歩
約14分

10:00
台南名物の
虱目魚肚粥を
ブランチに

PLUS COURSE

+2泊で

台南&高雄
へ行く!

早朝に台北を出発し、台南でブラン
チ。廟の参拝や買い物の合間にB級
グルメを食べ歩き。進化が止まらな
い高雄では話題の港エリアへ!

DAY 1

高鐵で
約1時間26分＋
台鐵で約20分

7:00
高鐵で台南へ
移動する

旅テク!
台北駅構内のコンビニ
で商品をチェック

15:00
布問屋エリアで
おみやげ探し

■ 錦源興・年繡花鞋 ➡ P.111

旅テク!
ファブリック探しなら
西市場も◎

徒歩
約11分

▶17:00
神農街を散策→P.112

徒歩
約14分

21:00

夜カフェで
まったり過ごす

旅テク!
龍の口から入り虎から
出ると運気UP

10:00
開運スポットの
蓮池潭へ
➡ P.115

タクシーで
約25分

12:00
大港倉410で
グルメを堪能

■ 永心浮島
➡ P.114

台鐵で
約30分

DAY 2

8:30
台鐵台南駅から
新左營駅へ
移動する

旅テク!
台鐵は週末になると混み合う。
予約がおすすめ

13:00
港エリア
を散策♪
➡ P.114

旅テク!
ライトアップが美しい
夜景も必見!

徒歩
約5分

DAY 3

日本へ帰国

15:00
船に乗って
旗津へ

旅テク!
旗津はレンタサイクル
で回るのもおすすめ

MRT
約1分＋
船で約10分

モデルプランを自分好み♥にDIY!

モデルプランに組み合わせて、自分のペースに合わせた台湾旅行を楽しもう。地元の人と交流できる朝市はぜひ組み込んで!

\ 毎日9:00頃〜 /
ガジュマルの下で ローカル朝ご飯

海の神様を祀る廟の前に、グルメ屋台がずらり。ガジュマルの下にテーブルが並ぶ。➡ P.37

\ 毎日6:00頃〜 /
地元の人に交ざって 公園で体を動かす

台湾の公園は、緑が多くて気持ちがいい。早朝から太極拳や健康器具で運動をする人の姿が

\ 毎日5:00〜12:00頃 /
朝市で朝ご飯& 季節のフルーツ探し

台湾っ子気分を味わえる朝市には、朝食屋台や日本では見たことがない旬の味覚がたくさん!

早上 MORNING

\ 毎日11:00〜19:00 /
ショッピングの合間に リフレッシュ

永康街の街歩き途中に立ち寄れる美容院。台湾式シャンプーで頭も気分もスッキリ!➡ P.94

\ 毎日7:00〜19:00 /
強力な恋愛の神様に 開運祈願!

迪化街の台北霞海城隍廟などには、縁結びの神様・月下老人がいて、良縁祈願で人気 ➡ P.89

\ 毎日常時 /
シェアサイクリングで 街を散策♪

台北はサイクリングロードが整えられ、シェアサイクリングYouBikeも充実!➡ P.18

下午 DAYTIME

\ 24時間 /
24時間営業の書店へ

誠品生活松菸店の3階にある書店売り場は24時間。1日の最後にゆっくり本を探したい ➡ P.66

\ 〜22時頃 /
1日の終わりに夜スイーツ

かき氷店や豆花店は、22時以降まで営業している店が多い。夜市散策のあとにおすすめ ➡ P.48

\ 毎日深夜まで /
クラフトビールで乾杯!

クラフトビールの店が増加中!夜な夜な繰り出して、お気に入りを見つけたい ➡ P.29、31、46

晚上 NIGHT

日本出発前からお得なテクを駆使する！

PREPARATION & DEPATURE

準備 & 出発

航空券をお得に入手するテクから、旅先で使える便利グッズやスマホに入れておきたいアプリまで。
円安でも渡航費をおさえて、旅先であたふたしないようしっかり備えよう！

001 時間を上手に使う！
最長ステイ可能なエアラインは？

往路は早朝出発、復路は夕方戻りの飛行機にするだけで、同じ旅行日程でも台湾に滞在できる時間はぐっと増えるんです！

● 羽田空港 ⟷ 台北松山空港

航空会社	便名	日本発	台湾着	便名	台湾発	日本着
チャイナエアライン×JAL	CI223× JL5041	7:55	10:55	CI0222 JL5044	18:25	22:15

● 羽田空港 ⟷ 台湾桃園国際空港

航空会社	便名	日本発	台湾着	便名	台湾発	日本着
タイガーエア台湾	IT217	5:00	7:55	IT216	2:20	4:00

● 成田国際空港 ⟷ 台湾桃園国際空港

航空会社	便名	日本発	台湾着	便名	台湾発	日本着
往 チャイナエアライン×JAL 復 ピーチ	CI107	9:20	12:30	MM622	16:55	21:00

● 関西国際空港 ⟷ 台湾桃園国際空港

航空会社	便名	日本発	台湾着	便名	台湾発	日本着
ピーチ	MM23	7:50	10:10	MM28	18:40	22:10

※時間は現地時間。×は共同運航便

● 福岡空港 ⟷ 台湾桃園国際空港

航空会社	便名	日本発	台湾着	便名	台湾発	日本着
往 チャイナエアライン×JAL 復 チャイナエアライン×KLMオランダ航空×JAL	CI111× JL5125	10:55	12:35	CI116× KL4988 ×JL5128	16:30	19:35

● 熊本空港 ⟷ 台湾桃園国際空港

航空会社	便名	日本発	台湾着	便名	台湾発	日本着
往 スターラックス航空 復 チャイナエアライン	JX847	12:00	13:40	CI194	14:50	17:40

● 新千歳空港 ⟷ 台湾桃園国際空港

航空会社	便名	日本発	台湾着	便名	台湾発	日本着
往 タイガーエア台湾 復 エバー航空	IT235	11:55	15:25	BR116	9:30	14:05

● 那覇空港 ⟷ 台湾桃園国際空港

航空会社	便名	日本発	台湾着	便名	台湾発	日本着
ピーチ	MM923	8:15	8:45	MM928	18:00	20:30

003 日本各地から就航続々！
安く行くならハズせない LCC

LCCは格安キャンペーンを頻繁に開催しているので見逃せない。荷物が多い人は、バティック・エアやタイ・ベトジェットエアなどのミドル・コスト・キャリア（MCC）も要確認。

ピーチ	日本のLCC。東京（羽田・成田）、大阪、名古屋、沖縄から台北へ。大阪から高雄へも就航している。
ジェットスター	日本の16都市から台北へ就航。最低価格保証をしており、競合他社よりおトクに航空券を買える。
タイガーエア台湾	台湾のLCC。日本の18都市から台北へ、5都市から高雄へ就航している。
タイ・ライオン・エア	東京成田から桃園経由バンコク行きが就航。
スクート	東京成田から桃園経由シンガポール行きが就航。

002 格安航空券の比較サイトには載らない！
航空会社の激安キャンペーンを見逃さないで！

航空券を買うときは、航空会社のHPも合わせてチェックしてみて。キャンペーン実施中は、通常料金の9割引きなんてことも！

LCC（ロー・コスト・キャリア）はキャンペーンを頻繁に実施している

004 実は、冬は寒い！台北の平均気温と降水量＆服装は？

台北の夏は、日差しは強いが急な雨も多いので、晴雨兼用の折り畳み傘が便利。室内は冷房が効いているので、薄手の長袖があればベター。冬は防寒着が必要。一方、台湾南部は1年を通して天気がよく気温も高い。

東京・台北・高雄の年間平均気温（℃）と平均降水量（mm）

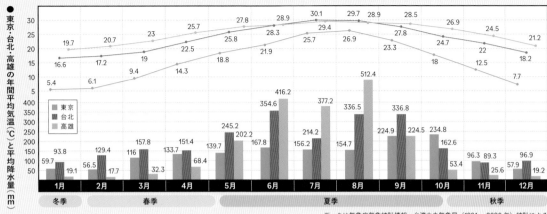

凡例：■東京　■台北　■高雄

	1月	2月	3月	4月	5月	6月	7月	8月	9月	10月	11月	12月
高雄（気温）	19.7	20.7	23	25.7	27.8	28.9	30.1	29.7	28.9	28.5	26.9	24.5	21.2
台北（気温）	16.6	17.2	19	22.5	25.8	28.3	29.4	26.9	27.8	24.7	22	18.2
東京（気温）	5.4	6.1	9.4	14.3	18.8	21.9	25.7	23.3	18	12.5	7.7

（気温）台北 25.7 23.3、高雄 336.5 などは上のグラフ参照

	1月	2月	3月	4月	5月	6月	7月	8月	9月	10月	11月	12月
降水量 台北	93.8	129.4	157.8	151.4	245.2	354.6	214.2	336.5	224.9	162.6	96.3	96.9
降水量 東京	59.7	56.5	116	133.7	139.7	167.8	156.2	154.7	224.5	234.8	89.3	57.9
降水量 高雄	19.1	17.7	32.3	68.4	202.3	416.2	377.2	512.4	336.5	53.4	25.6	19.2

冬季（1月〜）　春季　夏季　秋季

データは気象庁気象統計情報、台湾中央気象局（1991〜2020年）統計による

006 デキるリピーターの常識！マイルをためて無料航空券を手に入れる

座席のアップグレードなどに利用できるマイル。クレジット機能付きのマイレージカードにして日々の支払いをカード払いにすれば、着実にマイルがたまる。

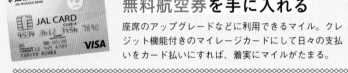

007 お休みの店も多い！航空券をおさえる前に祝祭日をチェック

休業や営業時間の変更をする店舗が多いので、祝日の訪台は避けるほうがよい。安い航空券を狙うなら、週末や祝日を外した平日がおすすめ。祝日には街中で国旗が見られる。

1月	1/1: 元旦
2月	旧暦12月末: 旧暦大晦日、除夕（2025年は1/28） 旧暦1/1〜3: 旧正月、春節（2025年は1/29〜31） 2/28: 和平記念日
4月	4/4: 児童節、4/5: 清明節
5月	5/1: 勞働節
6月	旧暦5/5: 端午節（2024年は6/8〜10連休）
8月	旧暦7/15: 中元節（2024年は8/18）
9月	旧暦8/15: 中秋節（2024年は9/17）
10月	10/10: 国慶節、10/25: 光復節
12月	12/25: 行憲記念日

008 1200社以上を一括比較！スカイスキャナーを使いこなしてお得な航空券をゲット

リアルタイムでいちばん安い航空券を比較できるサイト。シンプルで使いやすく、価格グラフで安い時期も一目瞭然。燃料代や手数料込みの料金で検索できるのもうれしい。

URL www.skyscanner.jp

005 深夜・早朝便利用者は必見！前泊＆温泉で疲れをためずにGo!

深夜＆早朝フライト前は体を休ませて。下記以外にも関西国際空港や中部国際空港セントレアには空港直結のカプセルホテルがあるので活用しよう。

羽田空港

天然温泉 平和島　URL www.heiwajima-onsen.jp
11:00から翌10:00まで営業の天然温泉。羽田空港への無料送迎（深夜、早朝対応）プランあり。

東横イン羽田空港1
URL www.toyoko-inn.com/index.php/search/detail/00042
羽田空港への送迎（4:00台〜）あり。ホテルから空港までの荷物運送サービス（CARGO PASS）対応。

ファーストキャビン羽田ターミナル1
URL first-cabin.jp/hotels/haneda1
羽田空港直結、高さ2.1mのキャビンスタイルホテル。大浴場でのんびり体を伸ばせる。

成田国際空港

成田空港温泉 空の湯　URL soranoyu.com
成田国際空港まで車で約10分。入浴や宿泊も可能。5:00から22:30まで空港への無料送迎あり。

ナインアワーズ成田空港
URL ninehours.co.jp/narita
第2ターミナルに直結。宿泊のほか、シャワーのみの利用や1時間からの仮眠も可能。

準備＆出発｜テクニック

011 ツウの新常識！
オンライン申請をして より快適に過ごす！

台湾内政部移民署の HP から入国審査カードを事前登録できる。必要事項を入力後「Apply」をクリックし、「success」と表示されれば完了！ URL niaspeedy.immigration.gov.tw/webacard

ささっと簡単に登録できる！

012 入国審査に並ばず進める
1年で3回訪台した人は 常客証が使える！

入国審査の際、これを見せると、通常の列に並ばずスピーディに通過できるサービス。有効期限は初めての使用から1年間。台湾内政部移民署の HP から申請できる。URL oa1.immigration.gov.tw/nia_freq

013 あってよかった！
日本から持っていった ほうがいい便利グッズ

たいていのものは現地調達できるけれど、現地で探している時間がもったいない。日本から持っていったほうが安心＆便利な物をリストアップ。エコバッグ（→ P.7）もお忘れなく。

☑ クレジットカード 現金を大量に持ち歩く必要がなくなるが昔ながらの店では使えないことも	☑ マスク 飛行機やホテルの客室は、とても乾燥しているので、マスク着用がおすすめ
☑ モバイルバッテリー 旅行中は地図を見たり、店を検索したり、スマホの使用頻度が高いため、電池が1日もたないことも	☑ 長袖のはおりもの スーパー、鉄道の中は冷房が効き過ぎていることが多いので、長袖を持っていこう
☑ ウエットティッシュ 台湾のレストランでは、おしぼりが出てこないことがほとんど。夜市に行く際にも携帯しよう！	☑ 胃腸薬 油っぽい料理や普段食べない香辛料で胸やけすることも。現地調達も可能

台湾出国時は機内持ち込みのみOK

014 日本ではよく見かけるけれど
電子タバコは台湾への 持ち込みNG！

電子タバコと関連製品の持ち込みは禁止されており、機内持ち込み、受託手荷物への預け入れもNG。普通のタバコも喫煙禁止区域での喫煙は最高1万元の罰金となる。

009 いまやマストアイテム！
渡航前にダウンロード すべき無料アプリ

知りたい情報をすぐに検索できるスマホアプリは、台湾でも大活躍。道案内やタクシー手配、グルメ、観光で役立つ無料アプリをご紹介。日本でダウンロードをして、スマートな旅を楽しもう。

 LINE
同行者との連絡手段として便利。トークや通話が無料でできる。ただし通信料はかかる

 台湾大車隊 55688
台湾最大のタクシー会社「台湾大車隊」の配車アプリ。対応言語は英語と中国語。台湾の電話番号が必要

 Google 翻訳
繁体字対応。音声＆カメラ入力、会話も可能。メニューにカメラをかざせば日本語に変換できる

 Uber
配車アプリ。台北、桃園、台中、高雄のみ対応。地方では「台湾大車隊 55688」がおすすめ

 KKday（ケーケーデイ）
お得な現地ツアーの検索・予約や Wi-Fi ルーターの予約などができるアプリ。日本語対応可

 Google マップ
おなじみの地図アプリ。GPS 機能で現在地が一目瞭然。目的地までの道案内もしてくれる

010 設定方法から使い方まで
LINE Payを活用する！

台湾でも日本の LINE Pay を使える店が増加中。2024 年 4 月現在、コンビニは台湾の銀行登録がない海外の LINE Pay は使用不可。
※本サービス提供は事業者の事由で停止する可能性あり

設定方法

❶ LINE Pay メインメニュー［設定］（歯車アイコン）＞クレジットカードから、クレジットカード（J M V）を登録する

❷ コード支払いの画面でサービス利用国を「台湾」に変更する

利用方法

❶ LINE Pay を利用できるか確認する。レジ付近に表示のある場合が多い

❷ LINE を起動。画面右下の「ウォレット」タブをタップしてLINE ウォレットを開く

❸ 画面上部の「支払い」をタップする

❹ パスワードを入力する

❺ レジでコード画面を提示して、読み取ってもらい支払い完了。完了画面から「確認」を押すと、支払い履歴を確認することができる

レジ付近にある支払い方法の表示。Apple Pay が使える店も

019　日本語サービスの有無を確認！
海外旅行保険の確認すべき補償内容

事故や病気に備え、必ず保険に加入しよう。現金不要で治療が可能か、通訳手配が可能かを確認しよう。クレジットカードに付帯されている保険でも、事前に補償内容を確認して！

020　ハッシュタグで検索！
最新情報はインスタで手に入れる

台湾グルメ、ニューオープンやトレンドをチェックするならインスタの検索機能が便利。中国語でも検索して台湾人の情報もゲットしたい。観光スポットは「景點」、フォトジェニックは「網美」、ニューオープンは「新開幕」、大流行は「爆紅」。

観光検索
#打卡景點　#網美景點
#台灣景點　#旅遊景點
#網美聖地　#ig打卡熱點
#旅遊

グルメ検索
#台灣美食　#咖啡廳
#台北美食　#爆紅美食

021　リアルな情報をキャッチアップ！
現地在住インフルエンサーから情報を集める

感度の高いインフルエンサーをフォローして、現地のリアルな情報を手に入れる。

From 台北

たいわんめし　◎ @taiwan_meshi
台湾在住10年以上。ほぼ毎日、台湾グルメのリールを更新中。台湾茶ブランドの現地お届けサービスも。

のこ/台湾リアルライフ　◎ @noco_taiwan
台北＆横浜在住。観光、グルメ、台湾文化など独自の目線で発信中。穴場情報も満載！

CAM　◎ @cammikko
台湾在住10年以上のブロガー。台湾各地のディープな観光情報や最新スポットを発信中。

From 高雄

RIE　◎ @taiwanandasia1708
台湾在住10年以上。2匹の保護犬と暮らす高雄ラバー。南部のローカル情報やアートイベントを発信。

015　子供用や数量限定メニューも
ツウは航空券予約時に特別機内食も注文する

低カロリーミールや糖尿病食などの健康食、宗教などに配慮した特別メニューがある航空会社は多い。通常の食生活を変えずに、機内での食事を楽しめる。事前予約が必要。

エバー航空の子供用メニュー。乳児用、離乳食、チャイルドミールから選べるのもうれしい

016　日本9都市から台湾便が就航！
台湾発のスターラックスで気分を上げる！

機内では、台湾で人気のアロマブランド「P.Seven」のフレグランスを試せるほか、ビジネスやファーストクラスでは台湾のスターシェフ監修による料理や台湾コーヒーを味わえる。

機内のこだわりは公式HPをチェック！

017　ネット予約でさらに割引！
日本の空港免税店をお得に利用！

海外に出発する人を対象に免税価格で商品を販売している空港免税店では、インターネットサイトでの予約注文が可能。ほとんどの店で割引や特典を用意している。特にブランドコスメはお得感抜群。

免税品を事前予約すると、免税価格からさらに5％割引き。専用カウンターで並ばず受け取れる

018　2025年6月末まで実施中！
台湾観光庁の太っ腹キャンペーン！

台湾観光庁では、5000元クーポンが当たるキャンペーンを実施中！台湾以外のパスポート所持者で、台湾滞在が3～90日の個人旅行者が対象。台湾到着の24時間前までに事前登録が必要となる。

URL 5000.taiwan.net.tw

到着後から帰国直前まで使えるお助けテクニック！

ARRIVAL & PRACTICAL GUIDE

到着＆実用情報

台湾の空港に到着した瞬間から使える、知ってて得するサービスや便利なアイテムを公開。
これだけはおさえておきたい、日本とは違うルール＆マナーも今一度おさらいして！

---

023 移動中や街なかで！
公共の無料Wi-Fi i.Taiwan を駆使するテクニック

台北にはWi-Fi環境が整っており、地下鉄MRTやバス、カフェなどでインターネット接続ができる。利用可能なWi-Fiを検出し、自動で接続してくれる携帯アプリ「タウンWi-Fi」を入れておくと便利。

バス車内にも無料Wi-FiやUSB充電設備あり。アンバサダーホテル（台北國賓大飯店）や台北駅などに停車する

---

024 どれが安くて快適？
空港から台北車駅までの移動ルート

2017年に開通したMRT桃園機場線を利用すれば、桃園国際空港から台北中心部への移動は快適！

● 台湾桃園国際空港 ➡ 台北車站駅

交通手段	料金	所要時間	コメント
MRT	150元	39分～	快速（直達車）は15分に1本程度。駅構内や車内に無料Wi-Fiあり。機場線の台北車站駅は鉄道などの他路線までやや歩く。
バス	159元	37分～	車内には無料Wi-FiやUSB充電設備あり。アンバサダーホテル（台北國賓大飯店）や台北駅などに停車する。
タクシー	約1300元	45分	目的地まで直行できるので、荷物が多いときや、時間短縮したいときに。住所を書いたメモを見せるとよい。

● 台北松山空港 ➡ 台北車站駅

交通手段	料金	所要時間	コメント
MRT	25元	約13分	5分に1本程度。MRT板南線は無料Wi-Fiあり。MRT淡水信義線・板南線・機場線「台北車站」駅まで乗り換え1回。
バス	15元	約20分	台北車站駅までは262バスが15～30分おきに運行。充電器などの設置はなし。
タクシー	約200元	約20分	早く安く行けるので楽。声をかけられても個人タクシーには乗らずに、タクシー乗り場へ。

---

022 どれがお得!?
SIMカードとWi-Fiルーター eSIMのメリット・デメリット

台湾は無料Wi-Fiが使えるスポットが日本に比べて多いが、街なかで自由にインターネットが使えたほうが便利。Wi-FiルーターとSIMカード、eSIMのメリットとデメリットを徹底検証！なお、オプショナルツアー販売サイト「KKday（ケーケーデイ）」では、格安でレンタルできて、日本語での予約、現地空港での受け取り＆返却が可能なのでおすすめ。**URL** www.kkday.com

Wi-Fiルーター（1日199元～）

メリット	デメリット
◯ スマホやタブレットは事前手続き不要。Uberなどの各種アプリもそのまま利用できる	✕ 荷物になる
◯ 1台借りれば数人でシェア可能	✕ 複数人での利用時やデータ通信量が多い場合はバッテリーのもちが悪い場合がある。予備バッテリーの持参がおすすめ
◯ データ通信料（画像や動画の送受信）が多い場合はリーズナブル	

SIMカード（3日間470元～）

メリット	デメリット
◯ 荷物にならない	✕ 端末により携帯会社での事前手続き（SIMフリー化）が必要
◯ Wi-Fiルーターより割安	✕ グループで利用できない
◯ 現地の電話番号を取得できる。SIMカード交換後は、日本と同じ感覚でスマホを使える	✕ 電話番号が変わるため、日本からの電話を受けられない。Uberなど電話番号登録が必要なアプリは事前に日本で設定を

eSIM（1日21元～）

メリット	デメリット
◯ SIMカードの抜き差し不要	✕ 端末によっては非対応
◯ 格安　◯ 現地での対応不要	
◯ スマホ1台で複数回線を利用できる	

028 日本より安い！
複数人利用なら タクシーチャーターも便利

台湾のタクシーは日本に比べて料金が安く、台北は初乗り85元。台北は流しの数も多いので気軽に利用できる。タクシーによっては、悠遊卡やクレカ、LINE Payを使えるが、使えない場合もある。チャーターは、7時間3000～7000元が目安。

029 これを持っておけばだいたいOK！
街歩きの必携グッズ

日本に比べると高温多湿な台湾。街歩きにあると助かるグッズをピックアップ。こまめな水分補給もお忘れなく！

- ☑ エコバッグ …レジ袋は有料
- ☑ 折り畳み傘 …晴雨兼用であればなおよし
- ☑ ストール …冷房が効き過ぎている店が多い
- ☑ 日焼け止め …特に夏場は日差しが強い
- ☑ 虫除け＆かゆみ止め …ほぼ1年中、蚊に刺される

030 荷物を預けて身軽に遊ぶ！
最終日は台北車站駅でチェックインを済ませる

桃園国際空港でチャイナエアラインやエバー航空などに搭乗する人は、MRT桃園機場線台北車站駅でのチェックインが可能。

利用者は比較的少なく、並ばない

台北車站駅のチェックインカウンター

URL www.taoyuan-airport.com/ITCI/jp_html/index.html

031 子供連れにもうれしい
MRTのトイレはキレイ！

MRT各駅に設置してあり、掃除が行き届いている。トイレットペーパーがあり、使用後は流さずに専用のゴミ箱へ（流せるトイレが急増中）。多機能トイレも設置。

025 何かと便利！
まずは悠遊卡を手に入れよう！

MRT、バス、コンビニなどで使えるICカード。切符の購入や小銭を用意する手間が省ける。コンビニやMRTの駅構内で購入＆チャージ可能。

使い方は日本の「Suica」などと同じ！

026 旅のスタイルに合わせて
日本円➡台湾元への両替はどこでする？

台湾もクレカやLINE Payを使える店が増えているが、まだまだ現金のみという店も多い。2泊であれば3万円ほど両替しておくと安心。窓口での両替は、パスポートの提示が必要。日本の空港、百貨店、ホテルはレートが悪く手数料も取られるのでおすすめしない。

1 台湾の空港

手数料は1回につき30元。友人らとまとめて両替すると1回分の手数料で済む。

2 銀行

手数料がなくレートがよい台湾銀行か兆豊銀行がおすすめ。窓口なので待つことがある。

3 郵便局

台北駅1階にある郵便局では、レートは少し悪いが手数料無料で両替可能。

4 台湾の空港

街なかにあるATMで24時間可能。レートなしだが、キャッシングの場合は利息がつくので、繰り上げ返済がおすすめ。

5 昇祥茶行

中山エリアにある茶葉店。台湾銀行のレートで両替可能。
MAP P.126-B3

027 罰金を取られることも！
タクシーでは必ずシートベルトを！

全席シートベルト着用が義務。従わない場合、罰金として一般道路1500元、高速道路3000元以上4500元以下の罰金が科せられることも。

到着＆実用｜テクニック

035
使いこなせば便利！
シェアサイクルの借り方

ステーションは、MRT の駅前にたいていある

STEP 1 会員登録する

スマホアプリをダウンロード。会員登録には悠遊卡（P.17）と台湾の携帯番号が必要。台湾の携帯番号がない場合は、IC チップ付きのクレジットカード（Ⓥ、Ⓜ、Ⓙ）で登録できる（要デポジット 3000 元。利用後に返却）。①アプリの「Login/Register」から「Single Rental」をタップ ②認証コード入力 ③クレカ情報を入力。登録から 5 日間有効。利用料金は、4 時間以内なら 30 分ごとに 10 元、4 時間を超えると毎 30 分以内に 20 元が加算される。

STEP 2 自転車を借りる

①自転車のハンドル部分の赤ボタンを押す ②二次元コードをアプリでスキャンするか、認証コードを入力 ③自転車を引き出す

STEP 3 返却する

①アプリで空いている近くのステーションを検索 ②「還車成功」と表示されれば返却完了

036
ローカル気分を味わう
市内を網羅する市バスの乗り方

早めに手を挙げ乗車意思を示そう

台北の市内バスは路線が多く複雑だが、要領をつかんで使いこなせばかなり便利。乗車したいときは、バスがバス停に近づいてきたら手を挙げ乗車の意思を示す。降車の際は、目的地に近づいたら降車ボタンを押す。車内では飲食や喫煙は禁止なので注意しよう。

■ 料金システムと支払い方法

バスの路線は大きく 3 つのブロック（段）に分かれる。段をまたがって乗車すると、2 段ぶんまたは 3 段ぶんの料金を支払う「段票制」というシステム。台北市市街地域内の移動なら一律 15 元（1 段票）だが、距離に応じて 30 元（2 段票）または 45 元（3 段票）となる。おつりはもらえないので、悠遊卡がなければ事前に小銭を準備しよう。支払い方法はバスにより異なり、乗車時に料金を払う「上車収票」と降車時に払う「下車収票」がある。車内前方の電光掲示板でどちらか確認しよう。また、乗車時に基本料金を支払い済みでも、途中で表示が「下車収票」に変わることがあり、降車時に追加料金（2 段は 15 元、3 段は 30 元）を支払う。

悠遊卡（→ P.17）が使えるので便利。専用の機械にタッチする

037
飲食はNG！
MRT 利用時に
気をつけたいルール

MRT の改札前にある黄色い線を超えたら飲食禁止区域。水やガムも NG で、違反をしたら最大 7500 元の罰金となるのでご注意を！

032
少しでも長く遊ぶ
フライトが早朝到着・
早朝出発の過ごし方

疲れを吹き飛ばしすっきり帰国！

台湾発の早朝便を利用するときにおすすめなのが、24 時間営業のお店。スパ（→ P.93）や足裏マッサージ（→ P.95）でリフレッシュして帰国するのもよし、深夜営業のレストラン（→ P.34）で最後まで台湾料理を食べ尽くすのもよし！ 台北市内から台湾桃園国際空港間は、リムジンバスで移動すれば、タクシー料金の 10 分の 1 で利用できるうえ、時間を気にせず遊べる。

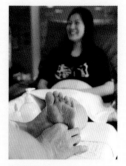
足裏マッサージ店はコースが多彩。時間に合わせて選べる

033
覚えておこう！
いざというとき便利
街なかの充電スポット

改札階には無料で自由に利用できるコンセントを設置。台北っ子にはここを待ち合わせスポットにしている人も多い。充電コードはないので、いざというときチャージできるように、持ち歩いておこう。

空港と台北中心部をつなぐリムジンバスは充電可能

034
日本でもおなじみ！
モバイルバッテリー
（行動電源）を借りる！

日本設置数シェア No.1 のモバイルバッテリーシェアリング「ChargeSPOT」が、台湾でも利用できる。1 時間 15 元〜。支払いは、クレカ（Ⓐ Ⓓ Ⓙ Ⓜ Ⓥ）、LINE Pay など。日本のアプリをそのまま使えるので、ダウンロードしておくと便利。

受け取り方法

❶ アプリをダウンロード
❷ 機械の二次元コードを読み取る
❸ バッテリーを受け取る

042
買い過ぎても大丈夫！
郵便局で
荷物を発送する方法

帰国便の超過料金が気になるときや、長旅でかさばったおみやげを運ぶのが大変なときは、日本へ郵送してしまおう。台湾の郵便局は、トラブルが少なく安心して発送できる。

1 窓口で番号札を取る
受付近くにある番号札を取り、席に座って待つ。日本と同様に、電光掲示板に番号が表示されるので安心。昼時は混み合うので時間をずらそう

2 伝票＆インボイスを記入する
EMS伝票に必要事項（自分の住所と電話番号、送り先の住所、中身、サイン）を記入する。インボイスがない人は受付で用紙をもらおう。航空便や船便も同様

3 受け付けに預ける
箱が必要な場合は、「紙箱」と紙に書いて伝えるとよい。10kgの場合、EMSは2～3日で配送、1830元。船便は1ヵ月程度で1030元

4 手続き完了
配達状況はサイトに追跡番号を入れると確認できる。郵便局で販売されている箱はかわいいので、友人へのおみやげを送る際にも◎

043
街歩きに使える
台湾の道には通り名と番地の法則がある！

道の片方が偶数であれば、もう片方には奇数が並ぶ

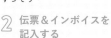

台湾の住所はコツをつかめば詳細な地図がなくてもだいたいわかる。例えば、「台北市○路○巷○號○樓」なら、「路」は大通り。「巷」は「路」から分岐する道。「號」は番地、「樓」は階数。

044
出国後も楽しむ
バラエティ豊富な
体験型待合室

台湾桃園国際空港の各搭乗口待合室は、趣向を凝らしたものが多い。C7ゲートは、「郵便」がテーマになっており、本物の郵便物を発送できるポストが設置してある。テーマは入れ替わる。

038
身軽にトリップ！
街なかにあるコインランドリー
（自助洗）を使いこなす

Googleマップで「自助洗」を検索し、利用者の評価を確認してから向かうと安心。洗濯機と乾燥機が一緒になっている機械もあるが、別々になっているタイプが多い。利用方法は日本と同じで、料金は洗濯機50元～、乾燥機は30分50元～程度。洗剤（洗衣粉）、柔軟剤（柔軟精）は各10元程度。

039
桃園空港のうれしいサービス
無料でシャワーを
借りられるって知ってる？

無料ラウンジと隣接する有料ラウンジの受付で、航空券を預けることで鍵を借りられる。使用制限時間は15分

> 深夜便にうれしい無料サービス！

台湾桃園国際空港にシャワールームを備えた無料ラウンジがある。シャンプーとボディソープ、ドライヤーが無料で使える。タオルはないので持参するか購入しよう。使用のたびに掃除をするのできれい。

040
旅の疲れもすっきり！
帰国直前に空港内の
足裏マッサージ店へ

> たまった疲れも一気に解消！

空港に早く着いたときに使いたい足裏マッサージ。料金は台北市内と変わらない30分600元。着替えはないので、ハーフパンツなどを用意しておくとベスト。

視障按摩養生館 シーヂャンアンモーヤンシェングアン

台湾全図 MAP P.123-A3 MRT 桃園縣大園郷航站南路9號3F桃園国際空港第2ターミナル内 ⏰8:00～23:00 ㊡無休

041
最終日は空港のロッカーを有効活用
松山空港内に荷物を
預けて街へ繰り出す

大きなスーツケースが入るサイズもあるのがうれしい

台北松山空港から帰国する人は、最終日は早めにホテルをチェックアウトして、空港のコインロッカーに荷物を預け、街へ繰り出そう。3時間60元～と24時間120元～がある。

到着＆実用テクニック

第1位

RECOMMEND
毎度定番ですが、味、サービス、環境、立地、どれをとってもバランスよくピカイチ。ゲストを案内するのも安心ですし、小籠包以外もおいしい。サイコーです（十川雅子さん）

鼎泰豐 新生店

2020年に大型店舗がオープン！

4階建て250席を完備する大型店舗。行き届いたサービスと安定した味わいがすばらしい。小籠包10個入り250元は、上質の豚の外モモ肉を使ったあんと、鶏ガラを炊き出したスープが絶品。

鼎泰豐 新生店 ディンタイフォン シンションディエン

上海発祥の小籠包を台湾美食の代表格へと成長させた店

康青龍 MAP P.126-C3 🚇 淡水信義線・中和新蘆線「東門」駅6番出口から徒歩約3分 📍 信義路二段277號 ☎ (02)2395-2395 🕚 11:00〜20:30、土・日・祝10:30〜 🈺 無休 💴 予算250元〜 ※税＆サービス＋10% CARD J M V 📖 日本語

RECOMMEND
いつ、どこの支店でもブレない味のクオリティとていねいなサービス（台湾日和さん）

RECOMMEND
ひと口食べると何らかの脳内物質が出る気がするおいしさ（佐々木千絵さん）

台湾 No.1の鉄板グルメ！

GOURMET RANKING

小籠包店 ランキング BEST 5

台北に来たならやっぱりハズせないアツアツ小籠包。肉汁ジュワ〜を堪能して♡

台　湾　歓迎您来　歓迎您来　好　吃

第2位

杭州 小籠湯包

地元で大人気！うま味たっぷりの小籠湯包

看板メニューの小籠湯包8個入り180元は、野菜や豚骨を10時間以上煮込んで作ったスープと、黒豚の外モモ肉を使ったあんが自慢。濃厚なカニ味噌を使った蟹黄湯包も人気。

杭州小籠湯包 ハンヂョウ シャオロンタンバオ

サイドメニューの焼き餃子（三鮮鍋貼）180元もぜひ

康青龍 MAP P.126-C2 🚇 淡水信義線・中和新蘆線「東門」駅3番出口から徒歩約8分 📍 杭州南路二段19號 ☎ (02)2393-1757 🕚 11:00〜14:30、16:30〜21:00 🈺 無休 💴 予算170元〜 CARD 不可 📖 日本語

RECOMMEND
一度にいろいろな味が堪能できるうえに、天然色素で色付けしたというカラフルな皮の色もかわいくて、届くとテンションが上がります（コバシイケ子さん）

第3位

點水樓 南京店

江南料理店で多彩な小籠包をパクリ

見た目も味も個性的な七彩小籠包380元は、オリジナル味、台湾バジル、トリュフ、XO醬、カニ味噌、ヘチマ＆エビ入り。店のおすすめは、トロトロに煮込んだ豚の角煮650元。

點水樓 南京店 ディンシュェイロウ ナンジンディエン

台湾グルメガイド「台灣餐館評鑑」で5つ星を獲得した

松山〜頂好 MAP P.124-B2 🚇 松山新店線「台北小巨蛋」駅5番出口から徒歩約1分 📍 南京東路四段61號 ☎ (02)8712-6689 🕚 11:00〜14:30（LO14:00）、17:30〜22:00（LO21:00） 🈺 無休 💴 予算380元〜 CARD A J M V 📖 日本語

RECOMMEND
比較的お手頃な価格なのに、高級店と変わらないおいしさ。薄皮でスープたっぷり。濃厚なカニ味噌小籠包が絶品！ガヤヤヤと庶民的な雰囲気も好き（田中伶さん）

★「泰和樓」の小籠包は、安定のおいしさ。副菜などもおすすめです！（雪希さん）

第5位

明月湯包

新鮮な素材本来の味が
引き出された小籠湯包

赤と黒を基調とした店内。明月湯包8個入り150元は、小籠包のあんに入れる煮こごりは、20回以上もだしを取るこだわりよう。パリパリの皮と、ジューシーな具がおいしい焼き餃子（招牌鍋貼）160元もぜひ。

明月湯包 ミンユエタンパオ

スープがたっぷり入った湯包が名物。透き通るほど薄皮なので、破らないよう気をつけて

台北市街 MAP P.123-D2 MRT 文湖線「六張犂」駅から徒歩約10分 ☎ 通化街171巷40號 (02) 2736-7192 ⏰ 11:00～14:00、17:00～21:00 休 無休 料 予算150元～ CARD 不可 日本語

RECOMMEND
個人店で、少人数で作っているからか、人気店になってもおいしさが落ちない（谷口佳恵さん）

第4位

RECOMMEND
これまで多くの台北の名店やロープライスなお店などでいろいろ小籠包を食べてきましたが、値段も味も店の雰囲気もすべてバランスのよいお店がこちら。変わらない僕の行きつけ店（田中佑典さん）

ぜひ食べに来てください〜

蘇杭點心店

創業50年以上！
愛され続ける地元の名店

看板の蘇杭小籠包8個入り140元は、「コスパ抜群でおいしい！」と常連からの定評がある。小籠包のあんは、豚肉、ヘチマ、エビ、タロイモなど7種類。掃除が行き届いた明るい店内。

蘇杭點心店 スーハンディエン シンディエン

アットホームなサービスで観光客も安心して入れる

台北市街 MAP P.123-D2 MRT 中和新蘆線・松山新店線「古亭」駅7番出口から徒歩約1分 ☎ 羅斯福路二段14號 (02) 2394-3725 ⏰ 11:00～20:30 休 無休 料 予算140元～ CARD 不可 日本語

RECOMMEND:
阿多静香さん
定番の小籠包。暮らしていたときに通っていた食堂なので思い出もあって。棗泥小籠210元は、ナツメあんが大好き。ほどよい甘さ

ジンディンシャオグアン
京鼎小館

点心のメニューが豊富な人気店

鼎泰豊で修業を積んだオーナーが開いた店。点心はもちろん、麺類やスープも豊富。ほかでは珍しい烏龍茶小籠包270元もおすすめ。

松山～頂好 MAP P.124-B2 MRT 松山新店線「台北小巨蛋」駅1番出口から徒歩約5分 ☎ 敦化北路155巷13號 (02) 2546-7711 ⏰ 10:30～14:00、17:00～21:00（土・日9:30～）休 旧正月 料 予算270元～ CARD 不可

RECOMMEND:
莊寧さん
予約制の超人気カラフル小籠包！オーナーがイケメンで、「合江街の周杰倫」と呼ばれています（笑）

我的偏愛 とても私のお気に入り MY FAVORITE FOOD

タンパオホン
湯包洪

予約必須！
大注目の小籠包店

テイクアウト専門。オリジナルの小籠湯包100元、麻辣115元、ニンニク蒜香115元。カラフルな不一様の顔色130元が人気。

台北市街 MAP P.123-C2 MRT 文湖線・松山新店線「南京復興」駅1番出口から徒歩約8分 ☎ 合江街18號 0918-046-881 ⏰ 6:00～13:00、16:30～18:00、土・日～12:00 休 旧正月 料 予算100元～ CARD 不可

グルメ｜ランキング

台湾
GOURMET RANKING

正統派からモダンまで！

台湾料理店ランキング BEST 5

歓迎您来　歓迎您来

好　吃

ひとりで楽しめる定食から
大人数でワイワイ食べたい
大皿料理までランクイン！

第1位　欣葉台菜 創始店

一度は食べに行きたい
正統派の台湾料理店

1977年創業。カニおこわ1080
元、シジミのニンニク醬油漬け
220元、豚の角煮2個220元、
杏仁豆腐100元は必食。メニュー
数は500種類。

RECOMMEND
老舗中の老舗だけあって、どの
料理もていねいに作られている
と感じる（谷口佳恵さん）

RECOMMEND
台湾の家庭料理をレストラン
レベルに昇華させた老舗。定番の角煮
は、歯がいらない軟らかさ。杏仁豆腐
はほかでは味わえないモチモチ食感
（台湾日和さん）

欣葉台菜 創始店
シンイエタイツァイ チュアンシーディエン
サービスも評判がよい。台北市内に4店舗を展開する

台北駅　MAP P.125-A2　MRT 中和新蘆線「中山國小」駅1番
出口から徒歩約8分　雙城街 34-1號　(02)2596-3255
11:00〜15:00、17:00〜21:30　無休　予算800元　※税＆
サービス＋10%　CARD A J M V　日本語

 第3位

稲舍食館 迪化店

歴史的な建造物で本格的な台湾料理を！

米問屋だった約110年の建造物をリノベー
ション。古早味瓜仔雞飯360元は、鶏肉とキュ
ウリの漬物を煮込んだ人気メニュー。

RECOMMEND
お米問屋が作る台湾ご飯の
完成形定食、ひとり旅の人に
特におすすめ！
（佐々木千絵さん）

稲舍食館 迪化店
ダオショーシーグワン ディーホアディエン
1階と2階は食事スペース、3階はギャラリー

台北駅　MAP P.125-A1　MRT 中和新蘆線「大橋頭」
駅1番出口から徒歩約16分　迪化街一段 329號
(02)2550-6607　12:00〜21:00　旧暦大晦日・
旧正月　予算350元　CARD J M V　日本語

RECOMMEND
ほっとするような素朴な味わいの
台湾家庭料理が食べられる。
店の雰囲気もあたたかみがあってすてき
（田中伶さん）

第5位

丰禾台式小館 台北南京東店

かわいい空間で
カジュアルに！

単品と人数に合わせた
コース料理があり、シー
ンに合わせて使い分けら
れる。丰禾起家雞（小）
320元は必食メニュー。

RECOMMEND
王品グループによる中価格帯
の台湾料理店です。清潔な
レトロ空間で伝統料理を
味わえます（莊寧さん）

丰禾台式小館 台北南京東店
フォンフータイシーシャオグワン
タイペイナンジンドンディエン
台北と台中に店舗があるカジュアルレストラン

台北駅　MAP P.125-B3　MRT 中和新蘆線・松山新店線「松
江南京」駅5番出口から徒歩約1分　南京東路二段 146號
2F　(02)2507-6808　11:30〜14:30（LO14:00、土・日・
祝 11:00〜）、17:30〜21:30（LO21:00、土・日・祝 17:00〜）
無休　予算150元　CARD A J M V　日本語

第4位

RECOMMEND
味付けや調理法は台湾料理の
手法に忠実。白菜滷は、味が
しっかりしみていて白菜が非常に
おいしい（阿多静香さん）

茂園餐廳

地元の名店で台湾家庭料理に舌鼓

1971年創業。看板メニューは、蒸し鶏の冷製
（白斬雞）600元。白菜のあんかけ煮（白菜滷）
300元〜のほか魚料理もおすすめ。

茂園餐廳
マオユエンツァンティン
衛生的な環境で食材の鮮度にこだ
わっている

松山→頂好　MAP P.124-B1　MRT 文湖線・松山新
店線「南京復興」駅2番出口から徒歩約6分　長
安東路二段 185號　(02)2752-8587　11:30〜
14:00、17:00〜20:30　旧正月　予算800元
CARD M V　日本語

第2位

豐盛食堂

化学調味料不使用の
こだわり台湾料理店

旬の味覚を使い、食材本来のうま
味を生かした料理が並ぶ。人気メ
ニューは、切り干し大根の卵焼き（菜
脯蛋）150元。

豐盛食堂
フォンションシータン
永康街に近く便利な立地。客席は90席
ほどある

康青龍　MAP P.126-C3　MRT 淡水信
義線・中和新蘆線「東門」駅5番出口か
ら徒歩約2分　麗水街 1之3號
(02)2396-1133　11:00〜14:00、
17:00〜21:00　旧正月　予算500
元　CARD J M V　日本語

★「金蓬萊遵古台菜餐廳」の蓬萊排骨酥は、ほんのり甘く香ばしいポークリブのから揚げ。歴代のシェフしかレシピを知らない秘伝の味。メニューも豊富でどれも美味（コバシイケ子さん）

GOURMET RANKING

ひとりでも大人数でも！

火鍋店ランキング BEST 3

台 湾 好 吃

歡迎您來

予約困難の話題店が第1位に！台湾ならではのひとり火鍋や、クセになるすっぱ火鍋も必見。

RECOMMEND
台湾のレトロな雰囲気と、ユーモアあふれる空間。注文時に無料で歌をリクエストできて、食後にはアイスをくれます。台湾の若者に愛される火鍋店です（荘寧さん）

第1位

詹記麻辣火鍋 敦南店

渡航が決まったらすぐ予約！おしゃれ過ぎる火鍋店

2代目が台湾の設計事務所やM.I.T.ブランドと作り上げた空間。小鍋（1～3人前）330元、中鍋（4～6人前）440元に、具材は別途注文。

RECOMMEND
ほかの鍋屋さんとは一線を画す、味はもちろん、店の設えはカルチャー心をくすぐる。いつ行っても「最高…」とため息が出ちゃうほどかっこいい（田中佑典さん）

詹記麻辣火鍋 敦南店
チャンジーマーラーフオグオ ドンナンディエン

予約は2ヵ月待ち。新北市の新莊エリアに1号店がある

台北市街 MAP P.123-D2 MRT 文湖線「六張犁」駅から徒歩約6分 和平東路三段60號 (02) 2377-7799 12:00～翌1:00 休 無休 料 予算800元 ※税＆サービス＋10% CARD J M V 日本語 ※オンラインにて要予約 linktr.ee/chanchihotpot

第3位

圍爐酸菜白肉火鍋

一度食べたらやみつきに！酸っぱ火鍋の専門店

たっぷりの酸菜や干しエビが入ったスープは、上品な味わい。小鍋（3人前以下）720元、中鍋（4～6人前）1180元。具材は別途注文。

RECOMMEND
さっぱりした発酵白菜と肉、魚介類のうま味が融合しただしは奥深い味。白肉のツルツル食感は、エンドレスに食べられる気がする（台湾日和さん）

圍爐酸菜白肉火鍋
ウェイルウスワンツァイバイロウフオグオ

閑静な住宅街にある。女性でも入りやすい雰囲気

松山～頂好 MAP P.124-D2 MRT 板南線「忠孝敦化」駅3番出口から徒歩約4分 仁愛路四段345巷4弄36號 (02) 2731-3439 11:30～14:00、17:30～21:30 休 旧暦大晦日・旧正月 料 予算800元 CARD J M V 日本語

第2位

肉大人

上質な肉をひとり用のミニ火鍋でいただく

オーナーが厳選した希少品種の肉がずらり。スープは酸白菜、蒜頭醸味噌、泡椒麻辣など5種類。430元～。野菜はビュッフェスタイル。

RECOMMEND
唐辛子の自家製漬物入りスパイシースープがうま味のある辛さで、スープとしても楽しめる。肉にもこだわっており、スープによく合う。新鮮な魚もおすすめ（阿多静香さん）

肉大人 ロウダーレン

モダンな空間。2023年6月にリニューアルオープン

松山～頂好 MAP P.124-C2 MRT 板南線「忠孝敦化」駅3番出口から徒歩約5分 忠孝東路四段216巷27弄3號 (02) 2711-3808 11:00～22:00 休 旧正月 料 予算800元 CARD A J M V

＋MORE 子供ウエルカムな火鍋店ならここがおすすめ！

RECOMMEND 子供超ウェルカムなので何度もリピしてます！キッズスペース、ネイルサロン、中国雑技ショーまであり。鴛鴦鍋なので辛くない養生鍋と麻辣鍋の2種類を頼んで子供とシェア♪（田中伶さん）

問鼎麻辣鍋 台北忠孝店

火鍋店ながら、無料で変身写真やマッサージ、トランプ、ハーゲンダッツのサービスがあるなどエンタメ要素満載。食べ放題988元～。

問鼎麻辣鍋 台北忠孝店
ウェンディンマーラーグオ タイペイチョンシャオディエン

アミューズメントパークのような楽しい店内

松山～頂好 MAP P.124-C2 MRT 板南線「忠孝敦化」駅3番出口から徒歩約6分 忠孝東路四段210號2F (02) 2731-2107 11:30～24:00 休 旧正月 料 予算800元 CARD J M V

RECOMMEND キッズコーナーがあり、子供連れ歓迎なのがうれしい。魯肉飯もあります（雪希さん）

汆食作伙鍋 中山店

キッズスペースがある店内。パイナップルやアサリで12時間煮込んだ鳳梨蛤蜊湯などユニークな鍋も。小鍋（3人前以下）150元。

汆食作伙鍋 中山店
ツワンシーズオフオグオ チョンシャンディエン

店名の「汆」は四川の川燙（辛い）と同じ意味

台北駅 MAP P.125-A2 MRT 淡水信義線・中和新蘆線「民權西路」駅9番出口から徒歩約5分 中山北路三段26號 (02) 2585-2555 11:30～15:00（土・日～15:30）、17:00～22:00 休 旧正月 料 800元 CARD J M V

★「旺角迷你石頭火鍋」はひとり鍋のチェーン店。カジュアルで入りやすく、特選羊肉鍋は普通においしい。西門町店は大通り沿いで立地がよく、野菜をたっぷり食べられます（十川雅子さん）

GOURMET RANKING

台湾

個性豊かなラインアップ！

歓迎惠来　歓迎惠来

好　吃

飯

ランキング

BEST 5

午前中のみ営業するおにぎり店から具だくさんの人気丼まで。行列ができる人気店揃い！

第1位　劉媽媽飯糰の 招牌紫米飯糰

毎日行列ができる 台湾おにぎり専門店

客家式のおにぎりは、約25種類。具は客家伝来のカラシ菜の漬物（酸菜）や、切り干しダイコンなど。ボリューム満点！

● 55元

RECOMMEND
早朝から並びたい店。具材ぎっしりの台湾おにぎりは、具材一つひとつがていねいに仕込まれているのがわかるおいしさ（田中伶さん）

劉媽媽飯糰　リウマーマーファントゥワン

具は揚げパン（油條）や肉でんぶ（肉鬆）もイン！

康青龍　[MAP] P.126-C2　[MRT] 中和新蘆線・松山新店線「古亭」駅6番出口から徒歩約3分
📍 杭州南路二段88號　☎ (02) 3393-6915　🕐 5:10～11:30　休 毎月最終月・中秋節・端午節　料 予算55元　[CARD] 不可

第3位　忠青商行の 極品好蝦 炊飯（大）＋ 香煎土雞蛋

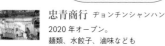
極品好蝦炊飯（大）80元
＋香煎土雞蛋 20元

だしが染み込んだ 白飯にエビが どっさり！

エビは手作業で殻を剥き、ご飯はエビのだしで炊き上げている。ウイスキーを使った牛肉飯（手切威士忌牛肉燥飯）55元も人気。

RECOMMEND
エビの大盛り丼と台湾料理を一緒に楽しめます。台北101やBreeze台北駅店、遠百信義A13 美食街にも支店がありますよ（莊寧さん）

忠青商行　ヂョンチンシャンハン

2020年オープン。
麺類、水餃子、滷味なども

台北駅　[MAP] P.125-C2　[MRT] 板南線「善導寺」駅2番出口から徒歩約3分　📍 青島東路 6-1號　☎ (02) 2356-0008　🕐 11:00～21:00　休 旧正月　料 予算100元　[CARD] 不可　📖 日本語

第2位　梁記嘉義雞肉飯の 雞肉飯

台北で雞肉飯といえば ココへ直行！

台湾東部の池上米に、自然のなかで放し飼いにされて育った地鶏のムネ肉がたっぷり。野菜や卵などの小皿料理は約20種類。

● 45元

RECOMMEND
あっさりしていてクセがなく、何杯でも食べられそう（谷口佳恵さん）

梁記嘉義雞肉飯　リャンジーアイージーロウファン

食事時は行列ができる人気店。セットメニューもあり

台北駅　[MAP] P.125-C3　[MRT] 中和新蘆線・松山新店線「松江南京」駅3番出口から徒歩3分　📍 松江路 90巷19號　☎ (02) 2563-4671　🕐 10:00～14:15、16:45～19:00　休 土・日・旧正月　料 予算45元～　[CARD] 不可　📖 日本語

RECOMMEND
西門町にある商業ビルの地下街にありレトロな雰囲気。サイドメニューの「炸豆腐」を頼む人が多い。ご飯をカレーライスにすることもできる（田中佑典さん）

第4位　金園排骨 萬年店 の 排骨飯

● 140元

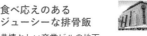

食べ応えのある ジューシーな排骨飯

昔懐かしい商業ビルの地下にあるローカル店。骨付き豚肉のフライに、スープ、漬物や野菜がのった白飯が付いてくる。

金園排骨 萬年店
ジンユエンパイグー ワンニエンディエン

ピリ辛ソースがかかった炸豆腐 70元も人気

西門町～龍山寺　[MAP] P.126-C1　[MRT] 板南線・松山新店線「西門」駅6番出口から徒歩約3分　📍 西寧南路 70號 萬年商業大樓 B1F　☎ (02) 2381-9797　🕐 11:00～21:00　休 旧正月　料 予算800元　[CARD] 不可

RECOMMEND
台湾居住時よく食べに行った。今年も行った。ヤギの臭みがなくおいしい（雪希さん）

第5位　羊肉羹麺の 羊肉羹飯

おなかを満たしたら 夜市散策へ

新鮮な羊肉を使う。白飯に羊肉とトロトロスープをかけた羊肉羹飯や、白飯に野菜と羊肉がのった羊肉蓋飯 75元もおすすめ。

● 75元

羊肉羹麺　ヤンロウゴンミエン

板橋浦雅夜市の近く。親切なオーナーが迎えてくれる

台湾全図　[MAP] P.123-A3　[MRT] 板南線「新埔」駅1番出口から徒歩約2分　📍 文化路一段 34-36號 421巷　☎ 0933-060-996　🕐 11:00～14:30、17:00～20:30　休 無休　料 予算75元　[CARD] 不可

台湾

コスパ◎の麺はこちら！

麺ランキング
BEST 5

手軽に食べられる汁なし麺から、ボリューミーな牛肉麺、台湾で愛され続けるチェーン店まで！

歡迎您來 歡迎您來 台 好 吃

東引小吃店の招牌麺

第1位

馬祖東引の味を伝承する小吃店

招牌麺は、ゴマだれに牛油、ニンニクを加えたあえ麺。店主のおすすめは、榨醬麺50元＋半熟卵（半熟蛋）15元。新鮮な牛肉を使った滷味30元〜も美味。

50元

RECOMMEND
味は予想外にかなりマイルド。ただ油感というか、これ食べたらパワー出るぞ！感がすごい。夜食に買ったのですが、夜中にカロリー高いものを食べるという背徳感がたまりませんでした……（十川雅子さん）

東引小吃店
ドンインシャオチーディエン

創業50年以上。
3代目が切り盛りする麺店

松山〜頂好 MAP P.124-B3 MRT 松山新店線「南京三民」駅4番出口から徒歩約3分 ♦南京東路五段291巷20弄3-2號（南京市場内）☎0987-234-406 ⏰11:00〜翌4:00 休祝（臨時休業はFacebookで告知）予算50元 CARD不可

RECOMMEND
平たいちぢれ麺がモチモチ食感でおいしい。シンプルなのにクセになる〜（田中伶さん）

小50元

第2位

老店頭台南意麺の台南乾麺（意麺）

モチモチの麺をシンプルに味わう！

肉そぼろ、ニンニク、エシャロットがのった汁なし麺が名物。24時間営業なので、夜市散策のあとにも立ち寄れる。

老店頭台南意麺
ラオディエントウタイナンイーミエン

臨江街観光夜市（P.57）から近い

台北市街 MAP P.123-D2 MRT 淡水信義線「信義安和」駅4番出口から徒歩約5分 ♦通化街65號 ☎(02) 2700-0010 ⏰24時間 休旧正月 予算50元 CARD不可

陳家涼麺の涼麺

第3位

台湾ならでは！甘めの涼麺を試してみて

台湾風の冷やし中華。卵麺にキュウリと甘めのゴマだれがかかる。お好みで辣椒醤かワサビをかけると味がしまる。

小45元

陳家涼麺
チェンジアリャンミエン

早朝から深夜まで営業しているので便利

松山〜頂好 MAP P.124-B3 MRT 松山新店線「南京三民」駅1番出口から徒歩約5分 ♦南京東路五段123巷29號 ☎(02) 2766-0171 ⏰6:00〜翌1:30 休日・旧正月 予算45元 CARD不可 日本語

RECOMMEND
シンプルながらもニンニクの効いた濃厚なゴマだれがそそる味。涼麺との組み合わせの定番、甘いお味噌汁もハマる味です（コバシイケ子さん）

RECOMMEND
餃子と一緒に食べる。安定のおいしさ（雪希さん）

64元

第4位

八方雲集の酸辣湯麺

人気の焼き餃子と一緒に頼みたいスープ麺

1個から注文できる焼き餃子6元〜が人気の店。酸辣湯麺は、マイルドな酸味でタケノコやキノコなどが入り具だくさん。

八方雲集　バーファンユンジー

焼き餃子は、カレー、キムチ、ニラ入りなど

台北駅 MAP P.125-C1 MRT 淡水信義線・板南線「台北車站」駅Z8出口から徒歩約4分 ♦漢口街一段33號 ☎(02) 2375-6060 ⏰11:00〜21:00 休旧正月 予算64元 CARD不可 日本語

老熊牛肉麺店の紅燒牛肉麺

第5位

180元

絶品ピリ辛スープとモチモチ麺が◎

創業者は四川省重慶出身。台湾産の新鮮な牛肉を使い、スープはうま味と辛さがクセになる。細麺か太麺を選べる。

老熊牛肉麺店
ラオションニョウロウミエンディエン

1階がキッチンで、地下にイートインスペースがある

台北市街 MAP P.123-D1 MRT 淡水信義線・松山新店線「中正紀念堂」駅1番出口から徒歩約4分 ♦南海路38-2號 ☎(02) 2395-7181 ⏰11:00〜19:30 休旧正月 予算180元 CARD不可

RECOMMEND
台北でいちばん好きな牛肉麺。麺が極太、モッチモチで、牛肉もゴロゴロ（田中佑典さん）

グルメ｜ランキング

★「万順山東水餃麻辣燙」の麻辣麺と韓国冷麺は、痺れ好きにはたまらない本格派麻辣麺と、暑い台湾で無性に食べたくなる韓国冷麺（田中佑典さん）

• 600 元

驥園川菜餐廳
ジーユエンチュワン
ツァイツァンティン

老舗の四川料理店。セットメニューの副菜は26種類から選べる

松山～頂好　[MAP] P.124-D1
[MRT] 淡水信義線・文湖線「大安」駅6番出口もしくは[MRT]淡水信義線「信義安和」駅2番出口から徒歩約9分　♀ 敦化南路一段324號　☎ (02) 2708-3110　🕐 11:30～14:00、17:30～21:00　🈺 旧正月　🈷 予算550元～ ※税＆サービス＋10%　[CARD] A M V

台　湾
GOURMET 🍴 RANKING
バラエティ豊かで楽しい

湯
ランキング
BEST 5

鶏肉を煮込んだ濃厚スープに、
野菜たっぷりのボリューミー系、
地元で愛されるモツ系まで！

歓迎您来　歓迎您来
好　　　吃

第1位

驥園川菜餐廳の砂鍋土雞套餐

10時間以上煮込んだ地鶏の濃厚スープ

砂鍋土雞套餐は、平日ランチ限定のセットメニュー。スープ、副菜3種、白飯が付く。スープ単品（6人前以上）は2800元。

• 70 元

第3位

阿桐阿寶四神湯の 四神湯

深夜に食べても背徳感が少ない漢方スープ

看板メニューの四神湯は、クコの実やハスの実など数種類の漢方と、豚のモツ、ハトムギ、米酒でじっくり煮込んだスープ。

阿桐阿寶四神湯

アートンアーバオスーシェンタン

1977年創業。スープは3種でチマキ、肉まん、焼売もある

迪化街～中山　[MAP] P.126-A2　[MRT] 淡水信義線「雙連」駅1番出口から徒歩約5分　♀ 民生西路153號　☎ (02) 2557-6926　🕐 11:00～翌5:00　🈺 旧正月　🈷 予算100元　[CARD] 不可　📖 日本語

第2位

雙月食品社 青島店の 阿甘剝皮辣椒燉雞腿湯

これだけでおなかいっぱい！具だくさんの養生スープ

• 220 元

烏骨鶏やカキを使ったメニューが揃う。阿甘剝皮辣椒燉雞腿湯は、皮を剝いたトウガラシ、鶏肉、キャベツがたっぷり。

雙月食品社 青島店　シュアンユエシーピンショー チンダオディエン

5店舗を展開。ここから徒歩約4分の所に濟南店がある

台北駅　[MAP] P.125-C2　[MRT] 板南線「善導寺」駅2番出口から徒歩約3分　♀ 青島東路6之2號　☎ (02) 3393-8953　🕐 11:00～14:00、17:00～20:00　🈺 日・祝は不定休、旧正月　🈷 予算250元　[CARD] 不可　📖 日本語

第5位

施家鮮肉湯圓の 鮮肉湯圓

行列必須！特大湯圓入りスープ

• 60 元

看板メニューは、客家伝来の肉団子入り湯圓。とろとろの生地の中には、黒豚あんと野菜がイン。客家料理の軽食も◎。

施家鮮肉湯圓
シージアシエンロウタンユエン

創業約60年の小吃店。
メニューは40種類以上

台北駅　[MAP] P.125-A1　[MRT] 中和新蘆線「大橋頭」駅1A出口から徒歩約4分　♀ 延平北路三段58號　☎ (02) 2585-7655　🕐 11:00～15:00、17:00～22:30　🈺 不定休（Facebookで告知）　🈷 60元　[CARD] 不可

第4位

雞湯大叔 忠孝店の 雞湯

スープを食べたいときはカジュアルな火鍋店もあり！

スープは、野菜と鶏肉の蔬果雞湯、ブランデー入りの白蘭地燉雞湯、季節限定の3種類。食材セットは10種類、副菜もあり。

雞湯大叔 忠孝店
ジータンダーシュウ
ヂョンシャオディエン

台北に4店舗展開するひとり鍋専門店

松山～頂好　[MAP] P.124-C2　[MRT] 板南線「國父紀念館」駅1番出口から徒歩約2分　♀ 光復南路200番8號　☎ (02) 2775-4408　🕐 11:30～24:00　🈺 旧正月　🈷 369元～　[CARD] 不可

368～468元

台湾式のビュッフェ！

自助餐店
ランキング
BEST 3

食べたい料理を好きなだけとる
ビュッフェ形式は、
ひとり旅にもおすすめ！

歓迎您来 / 歓迎您来 / 台湾 / 好 / 吃

第1位 **小李子清粥小菜**

深夜にうれしい
お粥とおかず

先に料理を選び、席に着いたら主食をオーダー。食事後は伝票を持ってレジへ。サツマイモのお粥（地瓜稀飯）が人気。写真で260元ほど。

小李子清粥小菜
シャオリーズチンヂョウシャオツァイ

指さしで店員さんに取ってもらうか
自分で皿に盛る

台北市街 MAP P.123-D2
MRT 文湖線「科技大樓」駅4番出口から徒歩約5分 復興南路二段142之1號 ☎(02)2709-2849 ⏰17:00〜翌6:00 休月（祝の場合はその翌日）予算150元〜 CARD 不可

RECOMMEND
深夜ほどにぎわう夜食の聖地。数十種類の台湾家庭料理が京都のおばんざいスタイルで選べる。サツマイモ入りのお粥は頭数で計算され、何回でもおかわり自由（台湾日和さん）

RECOMMEND
サツマイモのお粥と一緒に楽しむ、多種多様なおかずが最高。特に揚げたナスに香味だれをかけたおかずと、注文してから作ってくれる菜脯蛋が大好き（田中怜さん）

第2位 **丸林魯肉飯**

自分好みを少量ずつ選べる

台湾料理の定番が約25種類並ぶ。イートインもできるが、客のほとんどはテイクアウト。魯肉飯（小）37元も人気。

丸林魯肉飯
ワンリン
ルーロウファン

化学調味料は使わないシンプルな味付け

台北市街 MAP P.123-C2
MRT 淡水信義線「圓山」駅1番出口から徒歩約10分 民族東路32號 ☎(02)2597-7971 ⏰10:30〜21:00 休旧暦大晦日・旧正月 予算100元〜 CARD 不可 日本語

第3位 **全國健康素食 大安忠孝店**

クオリティ高し！
ベジフードビュッフェ

台湾各地に展開する素食（ベジタリアン料理）のビュッフェ。新鮮な野菜を使った料理は常時45〜50種類ほど。

RECOMMEND
おかずの種類が豊富で、日本ではなじみのない野菜も多く目にできるのが楽しい。もどき料理もハイレベル（コバシイケ子さん）

全國健康素食 大安忠孝店
チュエングオジエンカンスーシー
ダーアンヂョンシャオディエン

自分で料理を取りレジへ持っていく。料金は量り売り

松山〜頂好 MAP P.124-C1 MRT 板南線・文湖線「忠孝復興」駅4番出口から徒歩約3分 復興南路一段107巷21號 ☎(02)2775-1139 ⏰10:30〜20:00 休旧正月 予算100元〜 CARD 不可

＋MORE ベジフード自助餐ならここもおすすめ！

量り売りの素食ビュッフェ。新鮮な食材を使い、毎日手作りしている。肉に見立てたもどき料理はクオリティが高い。左上の写真で100元ほど。

三來素食館 サンライスーシーグワン

1階に総菜が並び、2階にイートインスペースがある

台北駅 MAP P.125-C1 MRT 淡水信義線「台大醫院」駅4番出口から徒歩約8分 武昌街一段23號 ☎(02)2381-5218 ⏰9:00〜19:30 休旧正月 予算180元 CARD 不可

RECOMMEND
おかずやスープもおいしいけど、マンゴージュースなどフレッシュジュースも絶品（谷口佳恵さん）

おかずはすべてクオリティが高い。僕が太鼓判を押す「台北一パーフェクトなお弁当屋」。お弁当でこのレベル出されると毎日ここでもよいと思えるほどのおいしさです。魯肉飯は普通（かな）（田中佑典さん）

グルメ｜ランキング

★「漢来海港餐廳 敦化店」は台湾の食べ放題レストランベスト10にランキングしている人気店。海鮮メニューの自助餐が豊富で、期間限定のスイーツも登場します！（荘寧さん）

2 加雞蛋 40 元
3 九層塔加蛋 45 元

台湾

GOURMET ⧖ RANKING

小腹がすいたときに！

粉もの
ランキング
BEST 5

歓迎您來　歓迎您來

好　吃

街歩きでつまみたい屋台グルメ
から小吃店の人気メニューまで。
みんな大好き粉ものフード！

第1位

天津蔥抓餅の
2 加雞蛋、3 九層塔加蛋

**おなかの減り具合に合わせて
具材をチョイス**

行列必至。小麦粉の生地に、宜蘭産の三
星ネギをプラス。表面をパリッと、中は
ふわっふわの食感に。トッピングは卵（雞
蛋）と台湾バジル（九層塔）が人気。

天津蔥抓餅
ティエンジンツォンヂュアビン
永康街の街歩きにぴったり。
ハム入りやチーズ入りも

康青龍　MAP P.126-C3　MRT 淡水信義線・
中和新蘆線「東門」駅5番出口から徒歩約2
分　永康街6巷1號　☎ (02) 2321-3768
🕐 8:00 ～ 22:00　休 旧正月　予約 30 元～
CARD 不可　日本語

RECOMMEND
永康街では素通りできない店。
トッピングはいろいろあるけれど、
てんこもりにすると満腹になってしまう
ので注意（笑）。卵入りの「加雞蛋
（ジャーヂーダン）」がおやつに
ちょうどいい！（田中伶さん）

おすすめは九層塔
加蛋。絶品生地の食感
はサク、モチ、フワの
三位一体。注文する際
に、「加辣（ジャーラー）」と伝えると、
豆板醤がプラスされ、味も香りもより
深まる裏技（台湾日和さん）

RECOMMEND
3代目が営む粿（米粉などで作る食品）の
専門店。ダイコン餅やライスミルクに新しい
風を吹かせました。小麦のふすまに敏感な
人にもおすすめです（荘寧さん）

林貞粿行
大稻埕概念店の
蘿蔔糕派對

**ダイコン餅を
おしゃれに味わう**

1964年創業。「蘿蔔糕派對」
は、10種類のダイコン餅
と6種類のディップソー
スからお好みを各3種類
選べるセットメニュー。

210 元

第3位

林貞粿行 大稻埕概念店
リンヂェングィハン ダーダオチョンガイニエンディエン
3代目が切り盛りする米の専門店。おみやげにも◎

台北駅　MAP P.125-A1　MRT 中和新蘆線「大橋頭」駅1A番出口から徒歩約9分
迪化街二段 172 巷 12-2 號　☎ (02) 2598-2956　🕐 11:00 ～ 17:30（金～日～
19:00)　休 月・火・旧正月　予約 210 元　CARD J V

第2位

雄記蔥抓餅の
招牌＋玉米

行列必至のビブグルマン屋台

外はカリッと、中はふんわりとした
蔥抓餅。おすすめの「招牌＋玉米」は、
プレーンの生地に、卵、チーズ、コー
ン（玉米）を加えたもの。

55 元

雄記蔥抓餅
ションジー
ツォンヂュアビン
公館夜市にある屋台。台湾バジルとマス
タードは無料

台北市街　MAP P.123-D2　MRT 松山新
店線「公館」駅1番出口から徒歩約3分
羅斯福路四段 108 巷 2 號　☎ 0932-
948-003　🕐 16:30 ～ 23:30　休 日・月・
旧正月（訪問前に Facebook を要確認）
予算 55 元　CARD 不可　日本語

RECOMMEND
ビブグルマン屋台なのでいつも
行列ですが、味は間違いなし！
ソースにマスタードもあるのが、
ほかにはないここの特徴
（コバシイケ子さん）

RECOMMEND
台湾は水餃子がポピュラーだが
日本人としては焼餃子が食べたくなる
もの。そんなときには永康街のこの店
がおすすめ（富永直美さん）

第4位

東門餃子館の
鍋貼

**永康街の散策途中に
ぴったり！**

山東地方の伝統料理が食べられ
る。焼き餃子（鍋貼）、水餃子、
蒸し餃子のほか、酸菜白肉鍋、麺
類、スープ、総菜など種類豊富。

170 ～ 180 元

東門餃子館
ドンメンジャオズグワン
屋台からスタートし、1968 年に店舗オープンした老舗

康青龍　MAP P.126-C3　MRT 淡水信義線・中和新蘆線「東門」駅4番出口
から徒歩約2分　金山南路二段 31 巷 37 號　☎ (02) 2341-1685　🕐 11:00 ～
14:00、17:00 ～ 20:40（土・日～21:00)　休 旧正月　予算 170 元～
CARD 不可　日本語

第5位

石家割包の
割包（綜合）

**小腹がすいたときにも！
台湾式バーガー**

豚の角煮をふわふわのバンズで包
んだバーガー（割包）が名物。焢
肉（脂身多め）、赤肉（脂身少なめ）、
素食（肉なし）から選べる。

RECOMMEND
角煮のトロトロと高菜のシャキシャキ、
ふんわりバンズの三位一体が
楽しめる。おやつにちょうどいい
ボリューム（谷口佳恵さん）

65 元

石家割包　シージアグアバオ
臨江街観光夜市にある。割包のほかスープや冬粉も人気

台北市街　MAP P.123-D2　MRT 淡水信義線「信義安和」駅4番出口
から徒歩約7分　臨江街 104 號　☎ (02) 2738-1773
🕐 10:30 ～翌 0:30　休 旧正月　予算 60 元　CARD 不可

RECOMMEND
熱炒ならこの店でしょう。
お酒を飲まなくてもおかずになる
料理が多彩でご飯も食べられる
（富永直美さん）

第1位　鮮定味生猛海鮮 長安總店

にぎやかにワイワイ 飲むならここ！

海鮮系のメニューが豊富で地元の人たちにも人気。固定メニューのほか、生けすから海鮮を選んで調理法を指定するおつまみも注文できる。

鮮定味生猛海鮮 長安總店
シエンディンウェイ
ションモンハイシエン
チャンアンゾンディエン

ビールの販売ガールがテーブルを回るのも熱炒ならでは

台北駅 [MAP] P.125-C3　[MRT] 中和新蘆線・松山新店線「松江南京」駅2番出口から徒歩13分 📍長安東路一段67號 ☎(02)2567-3331 🕐17:00〜翌2:00（LO翌1:30）🈺無休 💰予算200元〜※要予約（当日可）[CARD] 不可

RECOMMEND
ビールにあう大皿料理がたくさん！
海鮮やお肉などの食材と調理法を選んで
注文する台湾式の居酒屋。
台湾ビールの「18天」もある！
（田中怜さん）

台湾
GOURMET RANKING
歓迎您來　歓迎您來

台北の夜はここで楽しむ！

熱炒＆バー ランキング BEST 5

好　吃

夜遅くなるほどにぎやかに！
台湾式の居酒屋（熱炒）と、
雰囲気のよいバーを堪能する。

🍴
グ
ル
メ
／
ラ
ン
キ
ン
グ

第3位　啜飲室 Landmark

喉が渇いたらサクッと ビアバーで一杯どう？

台湾を代表するビールブランド臺虎精釀が手がける。TAIHU DRAFT HIGH LAGER 260元など14種類のクラフトビールが飲める。

RECOMMEND
ビアガーデン気分を楽しみながら、
屋外でクラフトビールを立ち飲みできる。
グラスもかわいい（谷口佳恵さん）

啜飲室 Landmark
チュオインシー
ランドマーク

ピザや軽食、ワインやソフトドリンクもある

台北市街 [MAP] P.123-C3　[MRT] 板南線「市政府」駅3番出口から徒歩約1分 📍忠孝東路五段68號 微風 信義 1F ☎(02)2722-0592 🕐17:00〜23:30（LO23:00）、金・土 15:00〜翌1:30（LO翌1:00）🈺旧正月 💰予算250元〜 [CARD] A J M V

RECOMMEND
日本の居酒屋風の店内でオリジナルのクラフトビールや滷味などの台湾メニューを味わえるのがお気に入り。特製乾麺はマストオーダー（コバシイケ子さん）

第2位　渣男 Taiwan Bistro 敦北三渣

カジュアルな空間で エールビールを！

渣男小麥艾爾（エールビール）200元、滷味盛り合わせ400元〜。台北で有名なバーテンダー王靈安氏が監修したカクテルも人気。

渣男 Taiwan Bistro 敦北三渣
ヂャーナン タイワンビストロ ドンベイサンヂャー

チェーン展開する居酒屋。煮込み料理（滷味）が中心

松山〜頂好 [MAP] P.124-B1　[MRT] 文湖線・松山新店線「南京復興」駅6番出口から徒歩約7分 📍敦化北路120巷7弄13號 ☎(02)2545-9903 🕐17:30〜翌1:30 🈺旧正月 💰予算120元〜 [CARD] 不可

第5位　草山夜未眠景觀餐廳

台北の夜景を眺めて 特別な夜を過ごす

RECOMMEND
台北盆地を一望で
きる絶景スポット
（台湾日和さん）

肉料理や季節の野菜料理などと一緒に、オリジナルのカクテルを楽しめる。景色がよい席は要予約。メニューは変動する。

草山夜未眠景觀餐廳
ツァオシャンイエウェイミエンジングワンツァンティン

創業20年以上。陽明山にある人気のレストランバー

台北市街 [MAP] P.123-A2　[MRT] 淡水信義線「芝山」駅2番出口からタクシーで約16分 📍東山路25巷81弄99號 ☎(02)2862-3751 🕐16:00〜翌3:00（土・日 15:00〜）🈺旧正月 💰予算250元〜※予約が望ましい [CARD] J M V

第4位　八仙炭烤

夜風が気持ちいい 開放的な空間で乾杯！

新鮮な海鮮を使った炭火焼き料理が名物。おすすめメニューは、ピリ辛の炭烤臭豆腐200元、エビの炭火焼き（烤蝦）280元。

RECOMMEND
大安森林公園の横、
2階のテラス席が心地よい
熱炒（田中佑典さん）

八仙炭烤
バーシエンタンカオ

炒め物、揚げ物、火鍋、炒飯などビールが進むメニュー

康青龍 [MAP] P.126-C3　[MRT] 淡水信義線「大安森林公園」駅2番出口から徒歩約6分 📍新生南路2段28號 ☎(02)2321-4507 🕐17:00〜翌1:30（LO 0:30）、日 16:30〜翌1:00（LO24:00）🈺旧正月 💰予算250元〜 [CARD] 不可

⭐「饞食坊」はレトロでおしゃれな熱炒です。台湾料理の数々に、ワインリストも豊富で、雑穀酒や芋酒もあります！ 立地も便利！（荘寧さん）

青花驕麻辣鍋
台北中山北店の鴛鴦鍋

激辛＆漬物入りの
Wスープ

台湾最大の牛肉商が営む火鍋店。肉に加え、魚介や野菜も良質な素材が種類豊富に揃う。4階ててでスタイリッシュな店。

> 2人前セット **1638元**＋テーブルチャージ **158元**

> **RECOMMEND:**
> コバシイケ子さん
> 新鮮な青花椒の風味が効いた火鍋が絶品。鴛鴦鍋にできるので、片方は酸白菜豬肉鍋にして、ふたつの味を楽しみます

青花驕麻辣鍋 台北中山北店
チンホアジャオマーラーグオ タイペイヂョンシャンベイディエン
台湾最大の牛肉商が営む火鍋店。良質な素材が種類豊富に揃う

迪化街〜中山 MAP P.126-B3 MRT 淡水信義線・松山新店線「中山」駅2番出口から徒歩約3分 ♥ 中山北路一段137號 ☎ (02) 2511-1097 ⏰ 11:30〜翌1:00 (LO23:00) 休 旧正月 ¥ 予算1638元〜 ※税＆サービス10% CARD A J M V

> **RECOMMEND:** 十川雅子さん
> 個人的にはここのこのスープがツボでした。予想外の味わい。どことなくトウモロコシっぽくて、いやこれマジ頼んでよかったです。排骨もお肉ほろほろでちゃんとおいしい

黄記魯肉飯の
竹筍排骨湯

魯肉飯専門店で
味わう絶品スープ

竹筍排骨湯は、新鮮なタケノコとスペアリブを煮込んだスープ。豚肉を醤油や香辛料で3時間煮込んだ魯肉飯(小) 35元も必食！

> **55元**

> 魯肉飯もめちゃうま！

黄記魯肉飯
ホアンジールーロウファン
イートイン（内用ネイヨン）と人数を伝えて先払い

台北駅 MAP P.125-A2 MRT 中和新蘆線「中山國小」駅1番出口から徒歩約4分 ♥ 中山北路二段183巷28號 ☎ (02)2595-8396 ⏰ 11:30〜20:30 休 月・旧正月 ¥ 予算90元 CARD 不可 📖 日本語

> 2人前以下 **1180元**

長白小館の
酸菜白肉火鍋

お肌にうれしい
美容鍋♡

主役となる白菜は、中国黒竜江省出身のオーナーが秘伝の製法で漬け込んだもの。豚肉は下ゆでして余分な脂を落としている。

> **RECOMMEND:**
> 佐々木千絵さん
> カニ、シイタケ、春雨など複雑なおいしさのスープに、酸っぱい白菜と豚バラ、ニンニク、ニラ、パクチーなどを入れて自由に作れるたれにつけて食べると際限なく胃の中に吸い込まれる魔法の鍋

長白小館
チャンパイ シャオグワン
たれは自家製で、肉は豚肉、牛肉、羊肉から選べる

松山〜頂好 MAP P.124-C2 MRT 板南線「國父紀念館」駅2番出口から徒歩約6分 ♥ 光復南路240巷53號 ☎ (02)2751-3525 ⏰ 11:30〜14:00、17:00〜21:00 休 月・旧正月・端午節・8月 ¥ 予算1180元〜 CARD 不可 📖 日本語

糜家荘潮式砂鍋粥の潮砂鍋粥式

かわいい空間で
台湾料理をカジュアルに！

潮州料理の専門店。潮砂鍋粥式は、キノコ入りの北菇滑雞粥(小) 500元やカニ入りの招牌活蟹粥1350元など13種類。

> **RECOMMEND:** 田中佑典さん
> 飲んだあとに〆でよく行くお粥屋。潮州粥はだしの効いた日本の雑炊に近く、深夜までやっているのもすばらしい

糜家荘潮式砂鍋粥
ミージアヂュアンチャオ シーシャーグオヂョウ

潮州粥は粘り気があり濃厚な味

台北駅 MAP P.125-B3 MRT 中和新蘆線「行天宮」駅1番出口から徒歩約4分 ♥ 吉林路226號 ☎ (02)2541-7366 ⏰ 17:00〜翌1:30 休 旧正月 ¥ 予算450元〜 CARD J M V 📖 日本語

> **450〜2880元**

> **RECOMMEND:** 荘寧さん
> 何を食べようか迷ったときはいつもここへ行きます。史大華は火鍋店もあるので麻辣牛肉麺はめちゃうまい。鶏スープもおすすめです

史大華精緻麺
食館 和平店の
麻辣牛肉麺

洗練された空間で
こだわりの牛肉麺を

台湾産牛肉がゴロゴロとのった麻辣牛肉麺は、牛骨や野菜、漢方などを煮込んだスープに細麺が入る。辛いだけではない奥深さがやみつきに。

> **220元**

史大華精緻麺食館 和平店
シーダーホアジンヂーミエンシーグワン フーピンディエン
モダンな店内。定休日は安和店（MAP P.123-D2）へ

台北市街 MAP P.123-D2 MRT 文湖線「六張犁」駅から徒歩約7分 ♥ 和平東路三段67巷4號 ☎ (02)8732-8168 ⏰ 11:30〜15:00、17:00〜21:00 休 土・日・旧正月 ¥ 予算220元 CARD 不可 📖 日本語

・40元

RECOMMEND:
佐々木千絵さん
揚げてあるので
サクサクでおいしい！

津津豆漿の **炸蛋餅**（韮菜）

カリカリ生地の ジャンク蛋餅

若者を中心に行列ができる人気店。名物の炸蛋餅（韮菜）は、揚げ焼きにしたサクサクの皮に、たっぷりのニラ（韮菜）と卵がイン！

津津豆漿
ジンジンドウジャン

鹹豆漿や肉包、サンドイッチ（三明治）などもある

台北市街 [MAP] P.123-C1 [MRT] 中和新蘆線「大橋頭」駅1A番出口から徒歩約11分
延平北路四段5號 ☎ (02) 2597-3129
⏰ 4:30 ～ 11:00 休 旧正月 料 予算 120元～
CARD 不可

連城臭豆腐の **脆皮臭豆腐**

住宅街にある臭豆腐の屋台へ

揚げたてサクサクの脆皮臭豆腐が人気。臭みが少ない豆腐に、ニンニクが効いたピリ辛ソースをつけて食べる。テイクアウトのみ。

連城臭豆腐 リエンチェンチョウドウフウ

住宅街にある屋台。自家製の漬物と一緒に

台北駅 [MAP] P.125-A3
[MRT] 中和新蘆線「中山國小」駅1番出口から徒歩約7分 農安街77巷1弄2號
☎ なし ⏰ 17:00 ～ 22:00
休 日・旧正月 料 予算 70元～ CARD 不可

小 70元

RECOMMEND:
十川雅子さん
台北でマイナンバーワンの臭豆腐です。おいし過ぎてトビました。また食べたい食べたいと思いながらも機会がないまま

RECOMMEND: 十川雅子さん
お世話になっているカメラマンさんが連れて行ってくださったお店。気張らず入れる内装で居心地がよい。すてきなクラフトビアバーでした

美珍豆漿早餐店の **起司蛋餅**

廟の中で味わう 台湾朝ご飯

伝統的な台湾朝食が食べられる店。起司蛋餅は、食感のよい生地に濃厚チーズがイン。優しい味わいの豆乳スープ鹹豆漿 40元もおすすめ。

RECOMMEND: 十川雅子さん
小さな廟や寺が集まる公園の近くにあり、廟の中で食べているような感じでロケーションが最高。蛋餅はもちもちしていてちゃんとおいしいし豆乳もおいしい。おかみさんも優しくて笑顔で感じがいい

美珍豆漿 早餐店

メイヂェンドウジャン ザオツァンディエン

創業50年以上。厄除けの神様・王爺を祀る北安府にある

台北駅 [MAP] P.125-A1 [MRT] 中和新蘆線「大橋頭」駅3番出口から徒歩約10分 大龍街87巷2號 ☎ (02) 2599-3046 ⏰ 4:30 ～ 11:30 休 金・旧正月
料 予算 40元～ CARD 不可

・40元

RECOMMEND: 阿多静香さん
会員制バー。飲めない私にも好みのカクテルを作ってくれる。変な人が来ないので落ち着ける空間。コロナ以降は一般開放されたが、ミニマムチャージ600元なので客を選ぶ

STAFF ONLY CLUB

アート空間でひと味違う台北の夜を

もとは会員制バー。落ち着きのあるアールデコの美しい空間で、季節によって変動するオリジナルカクテルや料理を味わえる。

STAFF ONLY CLUB
スタッフ オンリー クラブ

1920年代のパリをイメージした内装はレトロでエレガント

台北市街 [MAP] P.123-D2
[MRT] 松山新店線「公館」駅4番出口から徒歩約12分 水源路1-10號 ☎ (02) 2362-8682
⏰ 19:00 ～翌1:00（最終入場は火～木22:30、金・土23:30）休 月・旧正月（火は常連客優先）料 予算 600元～ CARD A J M V

Learn Bar 學吧精釀

カジュアルに 台湾クラフトビールを！

ドラゴンフルーツを使った火龍果蘋果酒240元や屏東金桔啤酒180元がおすすめ。ビールメニューは変動する。揚げもののプレート台式酥炸拼盤270元。

Learn Bar 學吧精釀
ラーン バー シュエバージンニャン

「家族で気軽に利用してほしい」とカジュアルな店内

康青龍 [MAP] P.126-C3 [MRT] 淡水信義線・中和新蘆線「東門」駅6番出口から徒歩約2分 信義路二段253號 ☎ (02) 2396-6818
⏰ 15:00 ～ 23:00（金・土 13:00 ～ 24:00、日 13:00 ～ 23:00）
休 不定休・旧正月 料 予算 180元～ CARD J V

\ 人気の料理研究家が推薦！/

食のプロ 行きつけ グルメ

台湾料理のおいしさを日本で発信している人気料理研究家のおふたりに、行きつけグルメをうかがった。ただおいしいだけじゃない、オーナーのこだわりを感じる店がずらり。地元で愛される老舗から人気カフェまで！

小河知恵子さん

URL ogawa-chieco.com
Ⓞ ogawachieco

料理研究家、フードコーディネーターとして、テレビや雑誌などで活動後、台湾に料理留学。80種類以上の料理を習得し、台湾料理研究家としての活動を開始。2019年から台北在住。著書に『現地発・台湾ルーローハンとお米料理』、2023年10月に『現地発 おいしい台湾 朝・昼・晩』（ともに春陽堂書店）が発売。

1910年創業。現在は4代目が切り盛りする

Recommend
紅麹を使った具材やたれなど全体的にピンクの肉圓が名物。いつも蒸すタイプも揚げるタイプも両方頼みます。魯肉飯やスープなどどれを頼んでもハズレなし。近年改装されて、居心地のよい空間に

チュワンイエロウユエン
川業肉圓の
肉圓(油炸)55元 &
綜合焿(小)85元ほか

新竹発の肉圓と小吃専門店

創業113年。当日捌いた豚の後ろ足肉を贅沢に使い、埔里のシイタケ、タケノコなどをサツマイモ粉や五穀米を使った皮で包んで蒸し揚げ、自家製の紅麹をかけている。

西門町〜龍山寺 MAP
P.126-D1 MRT 板南線
「龍山寺」駅1番出口から徒歩約3分 ♥廣州街
165號 ☎(02)2308-1641 ⏰10:30〜
21:00 休無休 CARD J V 📖日本語

ジンチュアンイーザンウェイファン
金窩駅讃味飯の
蜜汁烤雞腿便當 135元

台北駅近！ 売り切れ必至の人気定食店

毎朝市場で仕入れた食材を使い、自家製にこだわる人気店。白飯は台東關山産。雞絲飯や紅燒飯もぜひ。15時頃までの訪問がおすすめ。

台北駅 MAP P.125-C1
MRT 淡水信義線・板南線・台鐵・高鐵「台北車站」駅地下街出口Y10から徒歩約5分 ♥華陰街42號之
7 ☎(02)2550-9053 ⏰10:00〜19:00 休土・日・旧正月（訪問前にFacebookを要確認） CARD不可

Recommend
副菜のクオリティが高く、塩気のバランスがよいです。食材から出ただしを生かしたスープも、体に染み渡る

9種類の定食メニューと麺、ご飯、スープあり

新竹からスタートして創業16年以上

Recommend
疲れたとき、体をいたわりたいときに必ず行くお店。美容によいものがてんこもり。量もちょうどよく、女性ひとりでも食べ切れる

ヨンジーラー ヤンザイタンウー
永吉樂 羊仔湯屋の
仙草羊肉湯 170元 & 鹹菜乾麺 30元

体にうれしい薬膳スープ専門店

名物の仙草羊肉湯は、新竹關西産の仙草をベースにしたスープに、NZ産羊肉、クコの実、白キクラゲ、ナツメ、台湾バジルが入る。鹹菜乾麺は、漬物とラード入り。

台北駅 MAP P.125-A1 MRT 中和新蘆線「大橋頭」駅1番出口から徒歩約6分 ♥昌吉街117號 ☎(02)2595-5975 ⏰12:00〜15:00、17:00〜21:00 休水・土・旧正月 CARD不可

創業20年以上の本店。オーナーの息子が営む支店もあり

グウザオザオカー
古早灶咖の
古早麺 45元 & 剥骨鵝肉(小)290元

台湾食材にこだわる台湾小吃店

看板メニューの古早麺は、澎湖産の干しエビや野菜でだしを取ったスープが入っている。剥骨鵝肉は、イタリア品種のガチョウ（白羅曼鵝）を燻製している。

松山〜頂好 MAP P.124-C1 MRT 板南線・文湖線「忠孝復興」駅5番出口から徒歩約8分 ♥市民大道四段55號 ☎(02)2781-0203 ⏰11:30〜14:30、17:00〜21:00 休土・日 11:30〜21:00、旧正月 CARD不可

Recommend
ガチョウ肉は、骨なしのさっぱりした胸肉に皮部分の脂の甘さ、まろやかさのバランスがよい。ビールがあるのもうれしい！

Recommend
弾力のあるつみれをかじると中から肉汁がジュワッ。魚の中に肉という、和食にはない発想も大好きです。麺を入れれば満足感のある一品に

1982年創業。東門市場があるにぎやかな立地

ウィーホンフーチョウユィーワン
御絋福州魚丸の
福州魚丸湯 55元
& 炒米粉(小)45元

中国福州名物の魚丸湯が食べられる

新鮮な魚を練り込んだモチモチの生地で豚肉あんを包んだ福州魚丸湯が名物。豚肉を皮に練り込んだ福州燕丸65元は、シャキシャキ食感の根菜が美味。

康青龍 MAP P.126-C3 MRT 淡水信義線・中和新蘆線「東門」駅1番出口から徒歩約1分

♥臨沂街75巷1號 ☎(02)2395-1181 ⏰7:00〜14:00 休月・旧正月 CARD不可 📖日本語

ベイトウシーチャン メイシーチュウ
北投市場 美食區の
矮仔財魯肉飯の
滷肉飯 (小) 30 元 & 滷蛋 15 元ほか

北投の台所！ 行列必至グルメが並ぶ

行列必至で創業 50 年以上の「矮仔財魯肉飯」や、米粉を使ったツルツル麺と優しい味わいのスープ「北投鼎邊銼」、昔ながらの紅茶が人気の「高記茶荘」などがある。

※ 2024 年 6 月（予定）まで「北投市場」は工事中。
工事終了までは目の前にある「北投中繼市場」へ

台北市街　[MAP] P.123-A1　[MRT] 淡水信義線「北投」駅 2 番出口から徒歩約 8 分　🏠 北投中繼市場：磺港路 33 號 D 棟美食區、北投市場：新市街 30 號　☎ 北投中繼市場：(02)2891-0434、北投市場：(02)28945380　🕐 5:00 〜 16:00（矮仔財魯肉飯 7:00 〜 13:00、北投鼎邊銼 7:00 〜 13:30）　🈺 月（矮仔財魯肉飯、北投鼎邊銼月・木・旧正月）　[CARD] 不可

北投市場は青果・生鮮食品、衣類、美食エリアなどに分かれている

Recommend
コロナのときによく北投市場でインスタライブをやりました。「矮仔財魯肉飯」の魯肉飯は脂っこくなく、粒の一つひとつにたれがよく絡んでいます。行列を避けるなら、10 時前がおすすめ

Recommend
ここは 10 代から通っています。いつも注文するのは鴛鴦鍋。ひとつの鍋でふたつの味を楽しめます。定番の麻辣鍋と、珍しい皮蛋とパクチーが入っているさっぱり鍋

チャオトウマーラーグオ
橋頭麻辣鍋の
鍋スープ（麻辣とミルクの鴛鴦鍋）400 元

マイルドな辛さがクセになる麻辣鍋

火鍋のスープは、十数種類の漢方や鴨血豆腐を入れた麻辣、ピータン・パクチー・豆腐入りの清湯、カレー味の咖哩、ミルク味の牛奶。火鍋の具材も豊富で、約 50 種類から選べる。

松山〜頂好　[MAP] P.124-C2　[MRT] 板南線「忠孝敦化」駅 8 番出口から徒歩約 3 分　🏠 敦化南路一段 157 號　☎ (02)2777-5608　🕐 17:30 〜翌 3:00　🈺 旧正月　[CARD] 不可

スープのたれは、秘伝の沙茶醤や生卵など 10 種類

ペギー・キュウさん
（邱珮宜）

[URL] hojakitchen.stores.jp
[@] @peggy_taiwancooking

台湾料理研究家。日本やオーストラリアでの留学経験があり、日本語での料理教室「ホジャキッチン」が日本人旅行者から大人気。2017 年、台湾中餐丙級證照（台湾国家試験調理師資格）を取得。著書に『日本の調味料と食材で作る ペギーさんのおいしい台湾レシピ』、2024 年 5 月に『ペギーさんの台湾朝ごはんとおやつ』（KADOKAWA）が発売。

Recommend
料理の出るスピードがめちゃめちゃ早いので、並んでもあまり待たされることはありません。「放山白切雞」は、鶏肉がプリプリで弾力があり、鶏肉の味もしっかりしています

予約は 8 人以上から可能

3 代目が切り盛りする店内。

チンツァイユエン
青菜園の放山白切雞 (半分) 500 元ほか

わざわざ陽明山まで食べに行くべき名店

陽明山竹子湖にある行列必至店。名物の「放山白切雞」は、放し飼いで育った新鮮な地鶏を塩と氷砂糖のみでゆでたシンプルな料理。陽明山の野菜を使った副菜もぜひ。

陽明山まで行く時間がない人は、姉妹店「呷雞呦」（P.40）へ！

台湾全図　[MAP] P.123-A3　[MRT] 淡水信義線「北投」駅 1 番出口から 120 バスに乗って約 45 分、「湖田区民活動中心」下車徒歩約 5 分　🏠 竹子湖路 55-11 號　☎ (02)2861-9165　🕐 11:00 〜 19:30　🈺 水・旧正月　[CARD] 不可

Recommend
南機場夜市にハマっています。日本から来客が来れば、必ずここへ連れて行きます。サクサクの極餅を潰しながら食べると、花生湯がさらにいいコクに

バードンユエンズタン
八棟圓仔湯の
泡餅花生湯 100 元

南機場夜市にある伝統スイーツ店

創業 40 年以上の伝統スイーツ店。人気メニューの「泡餅花生湯」は、ピーナッツや団子（湯圓）を入れたスイーツスープに、太陽餅（麦芽あん入りの中華パイ）を浮かべたもの。

酒醸（米から作る発酵食品）を入れた伝統スイーツ

台北市街　[MAP] P.123-D1　[MRT] 板南線「龍山寺」駅 3 番出口から徒歩約 18 分　🏠 中華路二段 309 巷與 307 巷中間 南機場夜市　☎ (02)2332-9617　🕐 15:00 〜 24:00　🈺 不定休　[CARD] 不可　🗣 日本語

OTHER RECOMMEND
ココもペギーさんおすすめ！

台湾創作料理

サンフーシャオチュウスーファンツァイ
三禾小廚私房菜
台北駅　[MAP] P.125-A3

大勢の集まりのときによく使う店。ここの「獅子頭」は絶品！口の中に入れた瞬間、ほろほろとほどける程のやわらかさに感動しました！ 実は一冊目のレシピ本の獅子頭のレシピはここの味を参考にしています。

タイ料理

タイメイ
泰美
松山〜頂好　[MAP] P.124-D1

台湾のタイ料理には、「月亮蝦餅」という台湾人がアレンジした料理があります。2 枚の春巻きの皮の間に、エビのすり身を挟んで焼き、甘い梅ソースをつけて食べます。

2 階建てだが、人気店のため予約がおすすめ

Recommend
ここは友達の誕生日ケーキの定番です！特に台湾の紅グアバが入っているケーキがおすすめ！ グアバの香りと味ははっきりした台湾ならのケーキだと思います

ヘリテージ ベーカリー & カフェ
Heritage Bakery & Cafe の
紅心芭樂戚風蛋糕 165 元 &
紅玉肉桂葉茶 160 元

散策途中に寄りたいおしゃれカフェ

厳選した台湾食材を使い、アメリカ製法にこだわったスイーツや軽食を楽しめる。「紅心芭樂戚風蛋糕」は、本格的なスポンジと生クリームに、紅グアバがのったイチオシ。

台北駅　[MAP] P.125-C1　[MRT] 淡水信義線・板南線・台鐵・高鐵「台北車站」駅地下街出口 Z8 から徒歩約 5 分　🏠 漢口街一段 73-2 號　☎ (02)2311-1079　🕐 10:00 〜 20:00（月〜 18：00、軽食は〜 17:30）　🈺 旧正月　[CARD] A J M V　※最低消費 200 元

お得ワザを駆使して美食の台湾で大満腹！

GOURMET
グルメ

安くておいしいコスパ抜群のローカルグルメや、おしゃれなレストランがてんこ盛りの台北。
予習しておきたい基本からツウも使えるおさえておきたい情報をキャッチ！

048 スープも持ち帰る!?
食べきれなかった物は
打包しよう！
（ダーパオ）

食べ残してしまった場合「打包」と伝えれば、包んでくれる。最初からテイクアウトする場合は、「外帯（ワイダイ）」。

049 困ったときはここへ直行
深夜・24時間営業の
レストランリスト

台北には、夜中でも駆け込める店が点在している。鍋などのガッツリ系から夜市のあとに寄りたいスイーツ店まで、編集部のおすすめをピックアップ！

エリア	ジャンル	店名	営業時間	MAP
國父紀念館	朝食	老漿家豆漿店	24時間	松山～頂好 MAP P.124-C2
南京復興	涼麺	福德涼麺	24時間	松山～頂好 MAP P.124-A1
西門	牛肉麺	富宏牛肉麺	24時間	西門町～龍山寺 MAP P.126-C2
西門	涼麺	西門麺店	24時間	西門町～龍山寺 MAP P.126-C1
中山	香港飲茶	吉星港式飲茶	24時間	迪化街～中山 MAP P.126-B3
大安	自助餐	一流清粥小菜	12:00～24:00	台北市街 MAP P.123-D2
東區	火鍋	蜀辣 川菜烤魚 麻辣鍋	17:30～翌2:00	松山～頂好 MAP P.124-C2
行天宮	台湾料理	好記担仔麺	11:30～翌1:30	台北駅 MAP P.125-B3
行天宮	粥	糜家荘潮式砂鍋粥	17:00～翌1:30	台北駅 MAP P.125-B3
信義	カフェ	Woolloomooloo	7:30～24:00	松山～頂好 MAP P.124-D3
士林	かき氷	辛發亭	14:00～23:00	台北市街 MAP P.123-B2
龍山寺	かき氷	龍都冰菓専業家	11:30～22:00	西門町～龍山寺 MAP P.126-D1
迪化街	豆花	冰霖古早味豆花	11:00～翌0:30	迪化街～中山 MAP P.126-A2
西信義	愛玉＆仙草	愛玉之夢遊仙草	12:00～翌3:00	台北市街 MAP P.123-D2

045 日本からでもOK！
レストラン
予約はネットで簡単に!

24時間オンライン予約ができる「inline」や「OpenTable」を導入しているレストランが増加中。Googleマップや公式WEBサイトでお店を検索してネット予約可能か確認を。

1. Googleマップでお店を検索
　∨
2. 席を予約 をクリック
　∨
3. 人数、日付、時間を選択して 続行
　∨
4. 個人情報を入力し、予約情報を確認して 予約 を押す

046 これで安心！
DMから予約するときに
使える中国語

ネット予約を受け付けていないレストランは、ホテルのコンシェルジュに電話予約をしてもらうか、早期予約が必要な場合は「H.I.S.」などのレストラン代行予約（有料）を使うのもおすすめ。電話がなくFacebookやInstagramのDMで予約を受け付けている場合もある。

○月○日○時～、△名で予約したいです。	我想訂位○月○號○點，△位。 ウォシャンディンウェイ○ユエ○ハオ○ディエン，△ウェイ
空席はありますか？	請問有位子嗎？ チンウンヨウウェイズマ？
予約名は○○です。	我的名字是○○。 ウォダミンズシー○○
すみません、キャンセルをお願いしたいのですが可能ですか？	不好意思，我想取消預約可以嗎？ ブーハオイースー，ウォシャンチュウシャオユィーユエクーイーマ？
私は予約をした○○です。	我是有預約的○○。 ウォシーヨウユィーユエダ○○
10分ほど遅れそうです。	可能會晚到10分鐘左右。 クーナンフェイワンダオシーフェンヂョンズオヨウ

047 ドレスコードはほぼなし
食事にはラフな服装でOK

5つ星ホテルのレストランでも比較的カジュアルな服装をしている人が多い。最近は、おしゃれなスポットが増えているので、TPOに合わせよう。

冷房が効いている店が多いので、気をつけて

週末限定 *menu*

土・日の午前中限定で提供している小籠湯包10個入り190元、20個入り380元。付け合わせのスープと一緒に食べれば、口の中で小籠包の肉汁とスープが融合する。

【提供店舗】
● 復興店 10:00〜11:30
● 新生店 10:30〜11:30
● 高雄店 11:00〜12:00
● 101店 11:00〜12:00
● 台中店 10:30〜11:30

053 レジェンドを極める！
鼎泰豐の週末限定＆変わり種メニュー

変わり種 *menu*

トリュフ小籠包

タロイモ小籠包

鼎泰豐の変わり種は、蟹味噌、鶏肉、ヘチマ＆エビ、トリュフ、スイーツ系の小豆、タロイモ、チョコレートがある。5個入りから注文できるので、いろいろ試してみて！

左／トリュフ小籠包5個入り450元（10個入りはなし）　右／タロイモ小籠包5個入り105元、10個入り210元

054 本格台湾料理を学ぶ！
料理研究家のレッスンへ

ペギー・キュウさん（P.33）の教室では、市場巡りからスタートし、伝統的な家庭料理レッスンを受けられる。季節によってメニューは変動する。

STEP 1
伝統市場を巡りながら季節の食材を調達する

STEP 2
切るところからレッスンがスタート！

STEP 3
台湾ならではの食材や調味料を学べる

STEP 4
料理が出来上がったら先生と一緒に食べる

STEP 5
お茶を飲みながら台湾の食文化を学ぶ！

hoja kitchen ホジャ キッチン

台北市街 MAP P.123-B2　MRT 淡水信義線「士林」駅1番出口から徒歩約5分　📍福壽街66號　☎ なし　✉ hojakitchen@gmail.com（日本語可）　🕐 10:00〜15:30　不定休　台湾料理の体験コース3500元（2〜6名、マンツーマンは5000元）※ HPより要予約　CARD 不可　URL hojakitchen.stores.jp

050 休憩時間に情報収集！
カフェやレストランでは無料で Wi-Fi が利用できる

昔ながらのローカル店を除き、カフェやレストランでは地方都市でも Wi-Fi 環境を整えている店がほとんどで、日本よりもネット環境は充実している。パスワードはスタッフに確認しよう。

051 できるだけストレスフリーに！
行列店は開店前に到着を！

予約を受け付けていない人気店は、開店前に到着しておきたい。鼎泰豐では、公式スマホアプリから待ち時間を確認できるため、待ち時間を有効活用できる。2020年にオープンした鼎泰豐 新生店（P.20）や台北101店（MAP P.124-D3）は、席数が多い。

鼎泰豐の公式アプリ。日本語対応あり。各店舗の待ち時間やメニューの確認、二次元コードからネット注文もできる

阜杭豆漿（MAP P.125-C2）は2階にあるが、建物の外まで大行列。遅くとも8時までには到着しておきたい

052 台湾のスペシャリストが
鼎泰豐を推薦する理由

数ある小籠包店のなかでも特に人気がある鼎泰豐。日本にも支店があるにもかかわらず、毎回ランキングを飾る不動のエースだ。旅のスペシャリストや台湾在住者が推薦する理由をご紹介！

理由1　サイドメニューが日本より豊富！
前菜やスープ、点心など、日本では食べられないメニューが多い。台湾各地から厳選した安心安全な食材を使用している。

理由2　安定のおいしさ
鼎泰豐は0.1g単位の秤を用いて厳格にレシピを管理しているため、いつ訪れても味が安定していて安心できる。

理由3　洗練されたサービス
徹底した社内教育が行われているため、行き届いた上質なサービスに定評がある。日本語メニューはもちろん、日本語対応が可能なスタッフも常駐している。

057
おひとりさま注目!
ハーフサイズから注文できる
小籠包店リスト

ハーフサイズのセイロを提供している店は、ひとりでの訪問やいろいろ食べ比べしたいときにおすすめ!

店名		MAP
鼎泰豐 新生店 （→ P.20）	康青龍	MAP P.126-C3
杭州小籠湯包 民生東路店	松山～頂好	MAP P.124-A1
樂天皇朝	台北市街	MAP P.123-C3
古北饕 Goodbeitao 旗艦店	台北駅	MAP P.125-C3

058
ネギが決め手!
三星蔥入り&
ネギ爆盛り小籠包

正好鮮肉小龍湯包
ヂェンハオシエンロウ
シャオロンタンバオ

台湾のブランドネギ（三星蔥）の産地として有名な宜蘭に本店をおく、小籠包専門店。看板メニューは、三星蔥をたっぷり包んだ小籠包。臨江街観光夜市にあるので、食後は夜市散策を。

台北市街 MAP P.123-D2
🚇 MRT 淡水信義線「信義安和」駅4番出口から徒歩約6分 📍 通化街 57 巷 6-1 號
☎ (02) 2707-6005
🕐 17:00 ～ 23:00 🈺火
CARD 不可

湯包 8 個入り 120 元

原味小籠湯包
100 元+
蔥蔥加滿 50 元

湯包洪 タンバオホン

カラフルな小籠包「不一樣的顏色」130 元が SNS で話題のテイクアウト専門店。爆盛りのネギトッピング（蔥蔥加滿）も人気。予約訪問がおすすめ。（→ P.21）

055
まずは王道で!
小籠包のつけだれ黄金比率

たれは、黒酢 3 に対し、醬油は 1 がおすすめ。小籠包をレンゲにのせ、箸で皮を破ってスープを飲んだら、たれにつけた針ショウガを小籠包にのせてひと口でいただこう。

セイロから小籠包を持ち上げるときは小籠包の先端をつかむと破れにくい

056
フワフワ&パリパリ
朝から食べたい!
蒸包と羽根つき小籠包

王道の小籠包もいいけれど、変わり種も捨てがたい。台北では珍しい蒸包と、パリッとした食感がたまらない羽根つき小籠包。どちらも日本人好みの味付けで、食べ応え抜群!

> マイルドな酸辣湯も一緒に注文しよう

蒸包 10 個 85 元、酸辣湯 25 元。蒸包は豚肉と牛肉があり、指定しなければ豚肉が出てくる

圓山老崔蒸包 ユアンシャンラオツイヂャンバオ

1963 年創業の蒸包店。新鮮な食材を用いており、朝早くから地元客が集まる。

台北駅 MAP P.125-A2 🚇 MRT 中和新蘆線「中山國小」駅2番出口から徒歩約5分 📍 中山北路二段 137 巷 33 號 ☎ (02) 2581-7014 🕐 6:00 ～ 13:00 🈺月 🉐 85 元～ CARD 不可

脆皮起司湯包 110 元。パリパリの皮にチーズが入る。炒飯や麺類などもある

> ひと口かむと肉汁があふれだす～!

上海鄒師傅湯包
シャンハイシャオ
シーフータンバオ

モチモチの皮に、当日届けられる豚肉を使ったあんが入る。臭豆腐や麻辣、韮菜（ニラ）も◎。

台北市街
MAP P.123-D2
🚇 MRT 文湖線「六張犁」駅から徒歩約6分 📍 樂利路 31-1 號
☎ (02) 2732-5148
🕐 11:00 ～ 21:00（月・水 ～20:30）🈺日・祝 🉐 60 元～
CARD 不可

061 朝から外食が一般的！ 台湾で外食文化が根付いたワケ

共働きが多い台湾では外食で済ませることが多い。また乳製品や野菜が割高なため、自炊をするより買ったほうが経済的。さらに最近では「foodpanda」や「Uber Eats」などデリバリーを利用する人も多く、配達員の姿をよく見かける。

062 まずは神様にごあいさつ！ 廟の前で食べるパワスポ朝食

航海の神様・媽祖などを祀る大稲埕慈聖宮前にある美食屋台。大きなガジュマルの下にあるテーブルでのんびり味わえる。おすすめ屋台は、阿桂姨原汁排骨湯の排骨湯（スペアリブのスープ）、阿蘭大鼎魷仔魚蛋炒飯のしらすチャーハン。

大稲埕慈聖宮廟口美食
ダーダオチャンツーションゴンミャオコウメイシー
迪化街〜中山 MAP P.126-A1 MRT 中和新蘆線「大橋頭」駅2番出口から徒歩約6分 保安街49巷1號 🕙 10:00〜15:00 ☎店舗により異なる CARD 不可

063 サイフォンで入れるコーヒー 喫茶店で味わうモーニングセット

1978年創業の喫茶店。モーニングは4種類。サイフォンで入れる朝にぴったりなコーヒーと一緒に。ランチメニューも人気で、宮保雞丁250元など台湾料理を味わえる。

蜜蜂咖啡 ミーフォンカーフェイ
台北駅 MAP P.125-C2 「善導寺」駅2番出口から徒歩約4分 🚇 板南線 青島東路3-2號 ☎ (02)2394-1363 🕙 8:00〜20:30（土〜17:30）🈺 日 CARD 不可

上／カップやソーサーにはオーナーが描いた絵　下／トースト、ハム、卵焼きが付いたA餐 150元

059 1日の始まりはこれで決める！ 台湾でハズせない朝食5選

鹹豆漿　シエンドウジャン

豆漿は豆乳のこと。鹹豆漿は、干しエビや切り干し大根、ネギ、揚げパン、酢、醤油など入れた温かいスープ。これだけでボリュームあり。

おすすめ店 秦小姐豆漿店 MAP P.124-B2

蛋餅　ダンビン

小麦粉などで作る薄い生地に、具を入れて巻いたもの。具は卵、チーズ、ハム、野菜、肉でんぶ、ハッシュドポテトなどさまざま。

おすすめ店 白暮蛋餅先生 MAP P.124-A1

燒餅　シャオビン

釜で焼いたバリバリ生地のパイ。そのままはもちろん、豆乳と一緒に食べたり、卵や揚げパンなどをサンドしてもおいしい。

おすすめ店 阜杭豆漿 MAP P.125-C2

飯糰　ファントゥワン

台湾おにぎり。ご飯の中には、ゆで卵、漬物、揚げパン、肉でんぶなどが入りボリューム満点！米は白米のほか紫米や五穀米を使う店も。

おすすめ店 劉媽媽飯糰 → P.24

吐司　トゥウスー

トースト。半熟卵やベーコンのほか、台湾ならではの肉でんぶ、台湾産ピーナッツバターなどをサンドしたサンドイッチ（三明治）も人気。

おすすめ店 良粟商號 MAP P.125-A3

阜杭豆漿の鹹豆漿40元、蛋餅35元、厚餅夾蛋50元

右／劉媽媽飯糰の招牌紫米飯糰 55元
左／良粟商號の炭焼花醬雞腿焼蛋吐司 90元

060 大ぶりで肉汁たっぷり 朝小籠包で元気にお目覚め！

中正紀念堂からほど近い朝食店。定番の鹹豆漿や飯糰のほか、食べ応えのある小籠包が大人気。注文を受けてから蒸し上げるので、アツアツを食べられる。行列店だが回転は早い。

鼎元豆漿 ディンユエンドウジャン
台北市街 MAP P.123-D2 🚇 淡水信義線・松山新店線「中正紀念堂」駅3番出口から徒歩約4分 金華街30-1號 ☎ (02)2351-8527 🕙 4:00〜11:30 🈺 旧正月 CARD 不可 🗣 日本語

グルメ／テクニック

066 これはハズせない！台湾ならではの鍋具材にトライ

台湾の火鍋は、日本の鍋には登場しない食材の宝庫。食わず嫌いはやめて、一度トライ。もしかすると新たな世界が開けるかも!?

● 玉米 ユィーミー
トウモロコシ。鍋に入れる野菜は芋頭やトマト、キャベツが多い

● 豆皮 ドウピー
湯葉。台湾では生湯葉より、輪切りにして揚げたものが一般的

● 油條 ヨウティアオ
揚げパン。香ばしくて鍋とよく合う。特に麻辣鍋には欠かせない！

● 鴨血 ヤーシュエ
アヒルの血を固めて作ったもの。プリプリした食感で、臭みやクセはない

067 味変を楽しんで！火鍋店のたれの種類を解説

醤油、辣油、胡麻油はだいたいの店で用意されている。写真の長白小館（→ P.30）ではほかにも豆腐乳、胡麻ペースト、ワサビ、ニラペースト、おろしニンニク、レモン、など12種類がある。複数を混ぜたりして自分好みを見つけよう。

たれのほかにネギとパクチーは入れ放題！

068 麻辣鍋と相性抜群！慣れてくるとクセになる甘じょっぱい酸梅汁 スァンメイジュ

独特な漢方の風味や酸味、甘味があることから、最初はのどを通らない人が多い酸梅汁。麻辣鍋との相性が不思議と抜群によいので、火鍋店の定番ドリンクだ。お試しを！

セルフサービスで自由に飲める店も。夏バテにも効果あり

064 マイルド派も麻辣派も、一度で2種類楽しめるお得なおしどり鍋

辛い麻辣鍋とマイルドな白湯鍋、どちらも楽しみたい場合は、ハーフ＆ハーフのおしどり鍋（鴛鴦鍋 ユエンヤングオ）がおすすめ。2種類を同時に味わえるから得した気分に。台湾ではポピュラーな鍋なので、ぜひ一度試してみて。

065 鍋パラダイス！ひとりでも楽しめる鍋スポットはここ

台湾にはひとり鍋用のカウンターを備える店や、一人前から注文ができる店が多い。日本では鍋は冬の風物詩だが、台湾では真夏でも食べる習慣があり、ランチタイムに女性がひとりで食べている姿もよく見かける。

上／石頭火鍋 220 元〜。肉（牛、豚、羊から選べる）、野菜、豆腐のセット ❶

下／鴛鴦鍋 120 元〜。ランチセット 388 元がお得 ❷

高梁酸白菜大骨湯 500 元〜。穀物の一種で発酵させた白菜が入る ❸

❶ 天喜迷你火鍋 ティエンシーミーニーフオグオ
1981 年創業。石頭火鍋の肉は、牛、豚、羊（台湾ではヤギのこと）から選べる。
迪化街〜中山 【MAP】P.126-B1 【MRT】淡水信義線・松山新店線「中山」駅 5 番出口から徒歩約 12 分 ✿ 南京西路 306 號 ☎ (02) 2558-6781 ⏰ 11:30 〜 23:00 休 火 料 220 元〜 【CARD】不可 🗣 日本語

❷ 紅九九個人鴛鴦鍋
ホンジウジウグーレンユエンヤングオ
ひとり鍋では珍しい鴛鴦鍋が味わえる。リーズナブルで地元っ子に人気が高い。
松山〜頂好 【MAP】P.124-B2 【MRT】松山新店線「台北小巨蛋」駅 4 番出口から徒歩約 6 分 ✿ 南京東路四段 179 巷 3 號 ☎ (02) 8786-7299 ⏰ 11:30 〜 15:00、17:00 〜 23:00 休 旧正月 料 500 元〜 【CARD】 A J M V 🗣 日本語

❸ 肉大人 ロウダーレン ⇒ P.23

071

ビールで乾杯！
台湾式居酒屋・熱炒（ルーチャオ）での注文方法

熱炒に来たら、まずは席を取り、店頭にある魚介のなかから食べたい魚を指さし注文する。調理方法は自分で漢字を使って伝えるか、店の人に任せる。

中国語	読み方	意味
炒	チャオ	炒める
炸	ヂャー	揚げる
烤	カオ	焼く、炙る
甜	ティエン	甘い
加蛋	ジャーダン	卵を入れる

会計は食後でOK。価格は時価が多いが、手頃なので安心。風が気持ちいいテラス席もおすすめ

好小子海鮮店 ハオシャオズハイシエンディエン

MAP P.126-A3 MRT 淡水信義線・松山新店線「中山」駅3番出口から徒歩約11分 ♥ 林森北路305號 ☎ (02)2537-2093 ⏰ 16:00～翌1:00 休 日・旧正月3日間 料 600元～ CARD J M V

072

想像以上に楽しい
自分で釣って焼いて食べる
エビ釣り体験！

台湾好きなら一度は挑戦したい、エビ釣り体験。この店は24時間営業なので、夜市のあとに立ち寄るのもおすすめ。ビールを飲みながら、ひとりで釣りを楽しむ人の姿もよく見かける。18時からはレストランがオープンする。

1 受付で時間を伝える
受付で予定時間の料金を支払い、釣り具セットをもらう。好きな席へ

2 エサを釣り竿に付ける
エサを2ヵ所のフックに付け、エビがかかるのを待つ

3 釣れるまで待つ……
初めは1時間に2匹釣れればいいところ……

4 エビを焼く準備をする
釣れたエビに竹串を刺し、塩をたっぷり振ってバーナーへ

5 エビを焼く
18時以降はレストランでも調理してもらえる

6 いただきます！
釣りたてのエビは、新鮮でプリプリ！ 熱いうちに食べて

新豪釣蝦美食廣場 シンハオディアオシアメイシーグアンチャン

台北市街 MAP P.123-C2 MRT 文湖線「中山國中」駅1番出口からタクシー約5分 ♥ 民族東路91號 ☎ (02)2517-6200 ⏰ 24時間 休 無休 料 1時間350元（その後1時間ごとに250元） CARD 不可

069

テイクアウトもOK！
実は便利で楽しい
自助餐（ズーヂュウツァン）の使い方

自助餐とは台湾式ビュッフェのことで、ケースに並んだ料理を指さし注文するか、自分で皿に取る。自分の好きなものを好きな量だけ取ることができるため、ひとり旅にもぴったり。素食（ベジタリアン）の店も多い。システムは店によって多少異なるが、慣れれば便利！ → P.27

STEP 1

総菜を選ぶ
まずはトレーを持ち、総菜のなかから注文したい料理を選ぶ。言葉がわからなくても指さしで伝わる

STEP 2

席でメニューチェックを受ける
席に着いたら、ご飯類やドリンク、オーダー用のメニューを注文しよう。筆談で伝えても問題ない

STEP 3

食事
小皿なのでいろいろ試せて楽しい。豚の角煮やエビとグリンピースの炒め物など、台湾家庭料理が並ぶ

STEP 4

会計
食事を満喫したら、記入済み伝票をレジへ持っていき会計をする。おつりの間違いがないか確認しよう

丸林魯肉飯 ワンリンルーロウファン → P.27

070

栄養がギュッと凝縮！
一度は食べてほしい
高級食材たっぷりのびっくりスープ

名物の"びっくりスープ"こと一品佛跳牆（小）3900元は、「僧侶が修行を放り出して食べに行くほどおいしい」と伝わるスープ。フカヒレ、アワビ、干し貝柱など約13種類の食材が入っている。

明福台菜海鮮 ミンフウタイツァイハイシエン

台北駅 MAP P.125-A2 MRT 中和新蘆線「中山國小」駅2番出口から徒歩約3分 ♥ 中山北路二段137巷18-1號 ☎ (02)2562-9287 ⏰ 12:00～14:00、18:00～21:00 休 旧正月6日間 料 3900元～ CARD 不可 🗨 日本語

074 ホルモンバランスを整える
漢方スープ・
麻油雞湯とは
マーヨウジータン

麻油雞湯とは、鶏肉、ゴマ油、ショウガ、酒、水で作るスープ。台湾では女性が月経後や出産後に食べて体力を回復する習慣がある。店によっては水を入れないこともあり、酒の香りが強めだが、ここは食べやすい。

麻油雞湯 130 元。ほかにも腰肉や麻辣味など多彩。新鮮な鶏肉を使用している

阿圖麻油雞 アートゥウマーヨウジー

台北駅 MAP P.125-A2 MRT 中和新蘆線「中山國小」駅 1 番出口から徒歩約 3 分 ♀ 林森北路 552-2 號 ☎ (02)2597-7811 ⏰ 11:00 〜 21:00 休 日・旧正月 料 130 元〜 CARD 不可

075
食べ過ぎたら
胃に優しい四神湯で
体内リセット！
スーシェンタン

四神湯 60 元。漢方の香りは強め。アンチエイジングにも効果があり女性に人気

塩味がベースの薬膳スープ。蓮子（ハスの実）、茯苓（ブクリョウ）、淮山（ワイサン）、芡實（オニバスの実）のほかにハトムギやモツが入っている。消化不良のときや疲れたときにおすすめ。1973 創業の妙口四神湯では、肉まんも販売しているのでセットで注文を。

妙口四神湯 ミャオコウスーシェンタンジー

迪化街〜中山 MAP P.126-A1 MRT 松山新店線「北門」駅 3 番出口から徒歩約 11 分 ♀ 民生西路 388 號 ☎ 0970-135-007 ⏰ 11:30 〜 17:00 休 月 料 60 元〜 CARD 不可

073 うま味たっぷり！
日本ではレア食材の
ガチョウ肉（鵝肉）を
食べる！
アーロウ

肉汁ジュワ〜のガチョウ肉♡

日本では珍しいガチョウ肉。鶏肉に比べて値段は高いが、しっとりしていてジューシー。その一方で脂肪が少なく高タンパク質、ビタミンたっぷりのため美容食としても最適。メニューによく書かれている半隻（バンヂー）は半羽分という意味で 8 〜 10 人前くらい。少人数の場合は、紙に「○人份（○に人数を入れる）」と書いて見せよう。ガチョウ肉が食べられるおすすめの 2 店舗をピックアップ！

● 阿城鵝肉 吉林二店 アーチャンアーロウ ジーリンアルディエン
肉が最も軟らかいとされる生後 110 日のガチョウを厳選している。注文時に塩ゆでか燻製かを選べる。
台北駅 MAP P.125-B3 MRT 中和新蘆線「行天宮」駅 1 番出口から徒歩約 6 分 ♀ 吉林路 162 號 ☎ 0930-105-668 ⏰ 11:30 〜 21:00 休 旧正月 5 日間 料 220 元〜 CARD A J V 言 日本語

● 鴨肉扁 ヤーロウビエン
西門町にある 1950 年創業の老舗。当初は鴨肉専門店だったが、今ではガチョウ肉専門店となった。
西門町〜龍山寺 MAP P.126-C2 MRT 板南線・松山新店線「西門」駅 6 番出口から徒歩約 5 分 ♀ 中華路一段 98 之 2 號 ☎ (02)2371-3918 ⏰ 11:30 〜 21:30 休 旧正月 5 日間 料 300 元〜 CARD 不可

076 陽明山の行列必至店
青菜園の味をお得＆手軽に！

青菜園（P.33）の姉妹店が 2023 年 3 月オープン。陽明山まで行かなくても手に入るようになった。名物の放山白斬雞（半分）は、本店より 50 元安く買える！烏龍茶で燻製した放山茶燻雞は店舗限定。イートインも可能。

呷雞啦 ジャゲーラ

台北市街 MAP P.123-A2 MRT 淡水信義線「士林」駅 2 番出口から 606 バスに乗り換え約 9 分、「天母棒球場（忠誠）」下車徒歩約 6 分 ♀ 士東路 91 巷 17 號 ☎ 0983-698-559 ⏰ 9:30 〜 15:00（売り切れ次第終了） 休 火・毎月最終月・旧正月 言 日本語 ※予約は公式 LINE から予約がおすすめ（日本語可）LINE ID：@569conll

3. 放山茶燻雞（半分）500 元 4. 冬限定のサツマイモとショウガを煮込んだ地瓜湯 40 元。夏は米粉湯 40 元 5. 運がよければインフルエンサーのズズさんに会える！

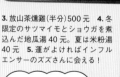

陽明山の地鶏をぜひ食べに来て！

1. 注文を受けてからカットする
2. 放山白斬雞（半分）450 元

食物繊維たっぷりの
ヘルシードリンク♥

079 疲れてきたらここへ！
野菜＆フルーツ
たっぷりの
滋養強壮ドリンク

精力湯 350cc
140 元

自家農園の野菜や調味料が揃う
オーガニック食材店。ここでは
野菜不足になりがちな旅行中、
おみやげ探しのついでに栄養補
給ができる。精力湯は、細かく
刻んだ16種類の野菜やフルー
ツがてんこ盛り！ハチミツと
ゴマの香りで食べやすい。

天和鮮物 華山旗艦店
ティエンフーシエンウー ホアシャンチージエンディエン

台北駅 [MAP] P.125-C2 [MRT] 板南線「善導寺」駅6番出口から徒歩約2分 📍北平東路30號 ☎(02)2351-6268 🕐10:00～21:00 ※ドリンク提供は11:30～14:00、17:00～20:00 📅旧正月 [CARD] D J M V

080 好みの食材と麺を合わせる
ベジタリアン滷味とは？

滷味とは、漢方などで煮込む料理のこと。この店は肉類を使わな
いベジタリアンスタイル。肉に見える食材はすべて大豆やキノコ
で作られている。麺は台湾の伝統的な意麺や雞絲麺など7種類
から選べる。セットメニュー 186元～もある。

1 契約農家から土が付いたまま届けられる野菜は約30種類

2 好みの食材を選び、カゴに入れていく。食材は20元～

▶

▼

3 日本ではなじみの薄いＡ菜やヘチマ、クコの実などが入る

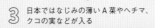

**VEGE CREEK
蔬河 延吉本店**
ベジクリーク シュウフー
ヤンジーベンディエン

松山～頂好 [MAP] P.124-C2 [MRT] 板南線「國父紀念館」駅1番出口から徒歩約4分 📍延吉街129巷2號 ☎(02)2778-1967 🕐11:30～14:00、17:00～20:00 📅旧正月 [CARD] 不可

077 ミシュラン6年連続三ツ星獲得
頤宮中餐廳は
宿泊プランがお得

ホテルパレ・デ・シン ホテル
台北に入る広東料理レストラ
ン。平日限定の宿泊プラン「頤
宮 - ル・パレ・御膳房」では、「ミ
シュラン三ツ星広東料理コー
ス」通常2万4880元を宿泊
費込みで1万3800元～で味わ
える。料理に合わせてお茶ソム
リエがサーブしてくれる台湾茶
も絶品！

※料理は変動する。詳細はHPのメニューを参照のこと

頤宮中餐廳 Le Palais イーゴンヂョンツァンティン　ル・パレ

台北駅 [MAP] P.125-C1 [MRT] 淡水信義線・板南線「台北車站」駅地下街出口Y8から徒歩約3分 📍承德路一段3號 ホテルパレ・デ・シン ホテル台北 17F ☎(02)2181-9985 🕐12:00～14:30、18:00～21:30 📅無休 [CARD] A J M V 💰税＆サービス10% ※要予約 ※宿泊プランはHPから予約可能。レストランのみの利用は、予約サイト「inline」から予約可 🗨日本語

078 台湾生まれ！
タイ料理店にある
「月亮蝦餅」とは？

ベトナムやタイ、香港、日本など
からの移住者が多い台湾では、本
格的なアジア料理を楽しめる。タ
イ料理店で見かける「月亮蝦餅」
は、台湾版のトートマンクン（エ
ビのすり身揚げ）。カットをする
前の形が満月に似ていることか
ら、この名前がつけられたという。

原味月亮 370 元

瓦城泰國料理 安和店
ワーチョンタイグオリャオリー アンフーディエン

台北市街 [MAP] P.123-D2 [MRT] 淡水信義線「信義安和」駅2番出口から徒歩約7分 📍安和路二段133號1～2F ☎(02)2735-9638 🕐11:30～14:30（土・日～15:00）、17:30～21:30 📅旧正月 [CARD] A J M V

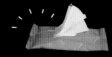

083

持ち物や気をつけることは？
夜市を 120% 楽しむ コツ

夜市を満喫するために、持っていきたい物や歩き方を事前に確認しよう。

- ☑ バッグは、両手が空くジッパー付きのショルダータイプがおすすめ
- ☑ ジューシーな食べ物が多いので、ウェットティッシュを忘れずに
- ☑ ヒールはNG！歩きやすいスニーカーやフラットシューズで出かけよう
- ☑ 1000円札はおつりがない店があるので、夜市へ行く前に小銭を準備しておこう
- ☑ トイレの場所を確認しておこう。並ぶ場合が多いので早めに行動しよう
- ☑ 台湾人は夜市で飲酒をする習慣がないためお酒は販売していない

084

よく見るこれは何？
夜市で食べたい
B級グルメ図鑑

屋台から漂う強烈な匂いや、見たことがない謎の食べ物とは……。夜市でよく見かけるローカルフードを一挙紹介！

ジーパイ
雞排
フライドチキン。特に士林観光夜市の特大チキンが有名！

ダーチャンパオシャオチャン
大腸包小腸
もち米の腸詰めに、ソーセージを挟んだホットドッグ。ジューシー

ツォンヨウビン
葱油餅
小麦粉の生地にネギを入れて揚げ焼きにした物。卵入りとなしがある

チョウドウフ
臭豆腐
野菜を発酵させた漬け汁などに豆腐を漬け込んだ物。野菜とよく合う

ヤオドンパイグー
薬燉排骨
漢方で煮込んだ豚骨スープ。体が温まり、貧血気味や滋養強壮に効果あり

ōーアージェン
蚵仔煎
小さなカキが入った台湾風オムレツ。寧夏観光夜市は店内で食べられる

ルーウェイ
滷味
台湾風煮込み料理。好きな具を選ぶと、醤油などで煮込んでくれる

タンフールー
糖葫蘆
リンゴ飴のように、プチトマトを水飴でコーティングした物

シュエザイシャオ
雪在燒
アイスクリーム、ピーナッツの粉、パクチーをクレープで包んだ物

081

台北市内の
必訪夜市 リスト

無数にある夜市のなかから、編集部のいち押しだけをピックアップ！今日はどこへ行こう？

夜市	特徴
士林觀光夜市 台北市街 MAP P.123-B2	台北最大の夜市。グルメ、装飾、ゲーム屋台が並ぶ。周辺にはファッション雑貨やかき氷の名店も。
寧夏觀光夜市 ➡ P.56 迪化街〜中山 MAP P.126-A2〜B2	グルメ屋台がぎっしり並び、食のレベルは台北一。台北中心部に位置し、適度な大きさで回りやすい。
饒河街觀光夜市 台北市街 MAP P.123-C3	一本道にグルメと雑貨の屋台がずらり。鳥占いや、糸で顔の産毛を抜く「挽面」などもある。
南機場夜市 ➡ P.57 台北市街 MAP P.123-D1	ローカル色が強く、規模は小さいが、水餃子やパパイヤミルク店などの隠れた名店が多い。
臨江街觀光夜市 ➡ P.57 台北市街 MAP P.123-D2	臨江街と通化街、ふたつの夜市が交差しており、規模は大きめ。愛玉之夢遊仙草（➡ P.50）など人気店も。
公館夜市 台北市街 MAP P.123-D2	國立台湾大学が近く、グルメよりもファッションや雑貨店が多い。週末にはフリーマーケットも開催。
延三夜市 台北駅 MAP P.125-A1	大小100軒以上の米糕や薬膳スープなどの小吃屋台が並ぶ。車通りが多いので気をつけて。
遼寧街夜市 松山〜頂好 MAP P.124-B1	規模は小さいがグルメ屋台が並ぶ。台湾風居酒屋など店内で食べられる店も点在する。
華西街觀光夜市 西門町〜龍山寺 MAP P.126-D1	台北最古の夜市。蛇やスッポン専門店などディープな店舗が並ぶ。足裏マッサージ店も多い。
師大夜市 康青龍 MAP P.126-D3	國立台湾師範大学が近く、学生向けのリーズナブルなグルメやファッション系のショップが多い。

082

寧夏觀光夜市は
悠遊卡 が使える

寧夏觀光夜市では、悠遊卡（→ P.17）が使える屋台がある。スムーズな会計ができて便利。

寧夏觀光夜市 ➡ P.56
ニンシアグワングワンイエシー

支払いの際、店員に悠遊卡を見せ、タッチするだけでOK

B級グルメパラダイス

夜市攻略法

を大公開！

独自の食文化があって、見ているだけでも楽しめる夜市散策。毎日繰り出そう！

087 栄養たっぷり！

具がぎっしり入った薬膳スープであったまる

薬燉排骨は、スペアリブや羊肉を漢方でじっくり煮込んだスープ。クコの実など美容によい食材も配合。体を温めてくれる効果があり、関節痛や生理後の栄養補給におすすめ。

薬燉排骨 70 元。台湾ではポピュラーなスープで人気が高い

全林 チュエンリン 饒河街観光夜市 → P.42

085 地元っ子の大好物

夜市や街中で見かけるQQってナンダ??

夜市やスーパーで見かける「QQ（キューキュー）」とは、コシがあってモチモチ、プルプルしているという意味。タピオカや団子、麺類のほか、豆花やゼリーなど日常的に使われている。

夜市は QQ なものであふれている。台湾人は、この QQ 食感が大好きで何かにつけて使う

---

088 華西街夜市に来たら

スッポンスープを飲んでエネルギーチャージ！

華西街観光夜市にあるスッポン専門店。中国皇帝も強壮剤として食べたというスッポンスープが名物。コラーゲンが豊富で、血液浄化や疲労回復の効果も期待できる。1杯に半匹分のスッポンを使用。

薬燉鼈肉湯 300元。見た目はグロテスクだが効果あり！

亜洲鼈店 ヤーヂョンビエディエン 華西街観光夜市 → P.42

089 ここは遊園地？

メリーゴーランドが回る北台湾最大級の夜市

北台湾最大級の夜市。1万 5000 坪に、700 軒以上の屋台が並ぶ。園内にはメリーゴーランドなどのアトラクションも。台北中心部からは少し離れているが週末はにぎわう。

樹林興仁夜市 シューリンシンレンイエシー

台湾全図 MAP P.123-A3 🚃 台鐵「樹林」駅からタクシー約 6 分 📍 新北市樹林區保安街二段 70 号 🕐 17:00 〜 24:00 休 月・火

雨よけやゴミ箱などが設置されていて快適。ゲーム屋台も充実している

---

086 並んでも食べに行きたい！

ビブグルマン掲載の夜市グルメ

灶頂原汁排骨湯高麗菜飯
ザオディンユエンヂーパイグータンガオリーツァイファン

キャベツの炊き込みご飯と、スペアリブとダイコン入りのスープが名物。ランチにも◎。

高麗菜飯（小）
30 元

台北駅
MAP P.125-A1
🚇 MRT 中和新蘆線「大橋頭」駅 1A 番出口から徒歩約 2 分 📍 延平北路三段 17 巷 2 號
☎ 0983-646-688
🕐 10:00 〜 20:00
休 無休

臭老闆現蒸臭豆腐
チョウラオバンシエンヂェンチョウドウフウ

中国・江浙地方の臭豆腐。野菜を加えて肉厚豆腐を発酵させ、秘伝の醬油だれで煮込む。

現蒸臭豆腐
100 元

台北市街
MAP P.123-D1
🚇 MRT 松山新店線「小南門」駅 3 番出口から徒歩約 17 分 📍 中華路二段 313 巷 6 號
☎ (02)2305-2078
🕐 11:00 〜 22:30
休 水

梁記滷味
リャンジールウウェイ

鶏の脚やトサカ、臓物系食材などを醬油や漢方で煮込んだもの。酸菜やネギとあえて。

鶏の脚（白雞脚）
5 本 **35 元**ほか

台北市街
MAP P.123-D2
🚇 MRT 淡水信義線「信義安和」駅 4 番出口から徒歩約 6 分 📍 通化街 39 巷 50 弄 33 號
☎ (02)2738-5052
🕐 17:50 〜翌 1:30
休 火

092

2018年から袋が有料に！
マイドリンクホルダーを持って出かけよう！

環境保護のため袋が有料になり、ドリンクホルダーを持参する人が多い。袋が必要な人は、「袋をください＝我要袋子（ウォヤオダイズ）」と伝えよう。またプラスチック製のストローを紙製にしたり、ストローの使用をやめる店が増えている。

093

つい長居したくなる
台北ブックカフェ 5 選

台北はイケてるブックカフェが増加中。静かな空間が多く、Wi-Fi も完備なのでパソコンで作業をしている人の姿もよく見かける。

🔖 郭怡美書店 グオイーメイシュウディエン

2022年にオープン。出版社（讀書共和國）社長の郭重興さんが手がけたブックカフェ。人文社会系やアート系など幅広い。

迪化街〜中山 MAP P.126-A1 MRT 中和新蘆線「大橋頭」駅1番出口から徒歩約13分 📍 迪化街一段 129 號 ☎ (02) 2550-8291 🕐 14:00 〜 22:00（土・日 11:00 〜）🈺 旧正月

🔖 青鳥書店 チンニャオシュウディエン

華山1914文化創意產業園區に入る。デザインや文学、旅行雑誌などセンスのよい書籍が並ぶ。

台北駅 MAP P.125-C3 MRT 板南線「忠孝新生」駅1番出口から徒歩約5分 📍 八德路一段1號 華山1914文化創意產業園區 千層野台玻璃屋 2F ☎ (02) 2341-8865 🕐 10:00 〜 21:00 🈺 旧正月

🔖 窩著咖啡 ウォーヂョーカーフェイ

誠品書店に勤務していたオーナーが営むカフェ。国内外のクリエイティブ系雑誌が並ぶ。

台北駅 MAP P.125-C3 MRT 中和新蘆線・松山新店線「松江南京」駅4番出口から徒歩約1分 📍 松江路 97 巷 2 號 ☎ (02) 2517 -7792 🕐 12:00 〜 22:00 🈺 旧正月

🔖 浮光書店 フーグアンシュウディエン

古民家を改装しており、明るく開放的な空間。店主が厳選した人文社会系の書籍が多い。

迪化街〜中山 MAP P.126-B2 MRT 淡水信義線・松山新店線「中山」駅4番出口から徒歩約4分 📍 赤峰街 47 巷 16 號 2F ☎ (02) 2550-7288 🕐 12:00 〜 22:00 🈺 旧正月

🔖 一間書店 イージエンシュウディエン

書店、カフェ、民宿が一体になったお店。文学書から児童書、旅行雑誌まで幅広く扱っている。

台北駅 MAP P.125-C2 MRT 淡水信義線・板南線「台北車站」駅Y8番出口から徒歩約6分 📍 長安西路 138 巷 3 弄 11 號 ☎ (02) 2559-9080 🕐 14:00 〜 22:00 🈺 旧正月

090

街歩きのお供に！
ドリンクスタンドでの注文方法

散策途中で渇いたのどを潤してくれるドリンクスタンド。台湾ならではのメニューもあるから試してみよう。人気チェーン店の50嵐を例に注文方法を解説！

STEP 1
レジで商品を選ぶ
メニューを見て指さし注文する。サイズは、MとLがあり、Mでも500㎖。チェーン店ならば、日本語か英語表記のメニューがある。

ドリンク名 (一例)		
茉莉 モーリー	ジャスミン茶
阿薩姆 アーサムウ	アッサム茶
拿鐵 ナーティエ	ラテ
奶茶 ナイチャー	ミルクティー
養樂多 ヤンルードゥオ	ヤクルト
布丁 ブゥディン	プリン

STEP 2
砂糖＆氷の量を伝える
日本ではストレートで飲む緑茶や烏龍茶でも砂糖を入れるのが標準。この甘さに慣れてくると、入っていないと物足りなく感じる。

砂糖の量		
太甜 タイティエン	かなり甘い
正常甜 ヂェンチャンティエン	まだかなり甘い
小糖 シャオタン	甘め
半糖 バンタン	日本の標準
微糖 ウェイタン	甘さ控えめ
無糖 ウータン	砂糖なし

STEP 3
持ち帰る
台北や高雄の地下鉄では飲食禁止となっているため、疑われないよう注意。袋は有料で「袋子（ダイズ）」という。

氷の量		
多冰 ドゥオビン	多め
正常冰 ヂェンチャンビン	標準
少冰 シャオビン	少なめ
去冰 チュービン	氷なし

091

豊富で迷っちゃう
スイーツ店で選べるトッピングを制覇

かき氷や豆花を提供するスイーツ店では、トッピングを自分で選べることが多い。気分や体調に合わせて組み合わせをいろいろ試せるので、何度食べても飽きがこない。料金設定は店により異なる。

中国語	日本語名	
粉圓 フェンユエン	タピオカ	珍珠は小粒、波霸は大粒
芋頭 ユィートウ	タロイモ	台中・大甲産が有名
花生 ホアシェン	ピーナッツ	桃園・龍譚産が有名
仙草 シエンツァオ	センソウ	植物由来のゼリー。解熱作用あり
紅豆 ホンドウ	小豆	屏東・萬丹産が有名
愛玉 アイユィー	アイユィ	クワ科の植物の果実で作るゼリー

095 絶妙なハーモニー
台湾茶と味わいたいお茶請け図鑑

茶藝館を訪れたなら、茶葉と一緒にお茶請けのオーダーもお忘れなく。
おすすめのお茶請けはこちら。

ルゥドウガオ
緑豆糕
緑豆を使った落雁。夏は冷やして食べることが多い

フォンリースー
鳳梨酥
台湾名物パイナップルケーキ。甘酸っぱくお茶との相性◎

ピンアンゲイ
平安亀
ピーナッツ入りの生地に、香ばしく炒った黒ゴマあん入り

ヘイタンガオ
黒糖糕
黒糖を使った蒸しケーキ。甘さは控えめで、しっとり食感

バオヂョンチャードン
包種茶凍
包種茶のゼリー。甘さ控えめで、ほんのりお茶の香りがする

ファンチェガン
蕃茄乾
ドライミニトマト。ナツメやハイビスカス、グアバも人気

チャーメイ
茶梅
烏龍茶などに漬けたほんのりと甘い梅。おみやげにもよい

ホンドウソンガオ
紅豆鬆糕
小豆のライスケーキ。ベースは米粉なので、モチモチ食感

リエンロンヂーマーチウ
蓮蓉芝麻球
香ばしく揚げたゴマ団子の中に、蓮の実あんが入っている

シンレンガオ
杏仁糕
杏仁を使った落雁。独特な甘い風味がお茶とぴったり

094
日本語OK！
台湾で台湾茶レッスンに参加する

1996年創立の茶藝館。初心者を対象にした台湾茶教室を開催しており、日本語にて参加できる。所要時間は約1時間30分～2時間。レッスン詳細はHP参照。

レッスン詳細

五大名茶を知ろう	功夫茶体験	台湾茶を学んで体験しよう
料金：1500元	料金：1500元	料金：2500元
予約人数：2名～	予約人数：2名～	予約人数：1名～
言語：日本語対応可		
予約方法：URL isteashop.com/reservation		

竹里館 ヂュウリーグワン ➡ P.54

---

096 茶藝館を120％楽しむ
正しい茶藝マナーをプチスタディ

知れば知るほど奥が深い茶藝の世界。中国茶の本場・台湾を訪れたなら、ぜひ茶藝館で茶藝を体験しよう。

チャーフー 茶壺
チャーピャオ 茶杓
チャージン 茶巾
チャートン 茶筒
チャーズー 茶則
シュェイモン 水盂
チャーベイ 茶杯
チャーハイ 茶海

STEP 1
茶壺にお湯を入れ、茶器を温める。熱湯消毒や茶壺自体の温度を上げる意味もある

STEP 2
茶壺に入れていたお湯を茶海→茶杯へと移していき、最後は水盂に捨てる

STEP 3
茶筒から茶則に取り出した茶葉を茶壺に入れる。量は茶葉の種類によって調節する

STEP 4
茶壺にお湯を勢いよく注ぎ、茶壺に蓋をする。蓋をした上からさらにお湯をかけ蒸らす

STEP 5
茶杓を茶壺の口に入れて詰まりを取り、茶海にお茶を移して濃さを均一にする

STEP 6
茶海からお茶を注ぐ。初めの1杯分は捨てることもある

STEP 7
湯に乗って漂うお茶の香りを楽しむ

STEP 8
お茶を口に含む。飲んだあとは、茶杯の底に残った香りも楽しもう

---

097 代表的な8種類
茶葉の特徴を事前にチェック！

茶藝館で見かけたらぜひ試してほしい台湾茶。産地や焙煎度合いによっても味わいが異なる。

ビールオチュンチャー
碧螺春茶
滋味の少ない緑茶で、豆のような濃厚で芳醇な香りが特徴。清明節前につむ明前碧螺春茶なども人気が高い。台北三峡鎮などが産地。

ジンシュエンチャー
金萱茶
烏龍茶の一種で、ミルクやバニラのような独特な香り。甘味もありながら、あと味はあっさりとしている。台湾で開発された台湾特有の茶葉。

バオヂョンチャー
包種茶
緑茶に近い味わいで、すがすがしく、飲んだあとに甘味が残る。蘭のような高貴な花の香り。台北文山区一帯の茶が良質とされる。

ガオシャンチャー
高山茶
阿里山や梨山など海抜1000～1500mの霧が深く立ち込める高山の、冷涼な空気を吸収し栽培される高級茶。高原に咲く花のようなさわやかさ。

ドンディンウーロンチャー
凍頂烏龍茶
台湾を代表する茶葉として世界的に人気が高い。球状の葉が特徴で、黄金色の茶水、余韻のある甘味が特徴。南投鹿谷などが産地。

ドンファンメイレンチャー
東方美人茶
オリエンタルビューティと謳われる烏龍茶の極上品。ウンカという昆虫が若芽をかむことで、ハチミツのような甘く清らかな香りが生まれる。

ティエグァンインチャー
鐵観音茶
脂肪分解効果があり、茶葉自体は黒みがかった色合いで、深く芳醇な味わいにしてまろやか。台湾では台北市木柵や新北市石碇で栽培。

リーユエタンホンチャー
日月潭紅茶
深い褐色で味わいは濃いが、紅茶のなかでもインド産のものに比べ、滋味が少なく飲みやすい。冷え性にも効果があるといわれている。

グルメ｜テクニック

101

日本では手に入らない日本酒も！
一度はチャレンジしたい
台湾のお酒

最も有名な台湾ビールから、原住民の小米酒、日本統治時代に日本人が持ち込んだ日本酒まで紹介！

台灣啤酒	小米酒	金門高粱酒
AL. 4.5%	**AL. 12%**	**AL. 60%**
台湾ビール。すっきりしていて飲みやすい。パイナップル味やマンゴー味もある	小米（粟）が主原料の原住民に伝わる酒。マッコリのような甘い風味が特徴	「白酒」とも呼ばれる中国の伝統的な蒸留酒。主原料は高粱（モロコシ）である

紅標米酒	初霧	噶瑪蘭威士忌
AL. 22%	**AL. 16.2%**	**AL. 40%**
中華料理に欠かせない酒でポピュラーな料理酒。米を主原料とした蒸留酒	日本統治時代から台湾で生産されている本格的な清酒。米焼酎もある	世界的に有名なカバランウイスキー。宜蘭の蒸留所で国内生産されている

102

ブーム到来！
今行きたい
クラフトビール店3軒

台湾ではクラフトビールが流行中！ おしゃれ空間で本格的なクラフトビールを飲める店が点在。

❶ 掌門精釀 Taproom Zhangmen
ヂャンメンジンニャン タップルーム ヂャンメン
カジュアルな店内で、16種類の台湾産クラフトビールが飲める。永康街にありアクセスしやすい。
康青龍 [MAP] P.126-C3 🚇[MRT] 淡水信義線・中和新蘆線「東門」駅5番出口から徒歩約3分 📍永康街4巷10號 ☎(02)2395-2366 ⏰16:00～24:00（金・土～翌1:00）📅旧正月 💰150元～ [CARD] A J M V

❷ You&Me 牛肉麺 Bar
ユー＆ミー ニウロウミェン バーンディエン
牛肉麺と8種類のクラフトビールが楽しめる店。
松山～頂好 [MAP] P.124-A3 🚇[MRT] 松山新店線「南京三民」駅1番出口から徒歩約8分 📍延壽街145號 ☎(02)2742-2445 ⏰17:30～翌1:00 📅無休 💰250元～ [CARD] 不可

❸ Mikkeller Taipei ミッケラータイペイ
デンマークの人気ビールメーカーが運営する。築100年の洋館をリノベしたおしゃれな店内。
迪化街～中山 [MAP] P.126-B1 🚇[MRT] 松山新店線「北門」駅3番出口から徒歩約6分 📍南京西路241號 ☎(02)2558-6978 ⏰16:00～24:00（金・土～翌1:00、日14:00～22:00）📅月・旧正月 💰500元～ [CARD] M V

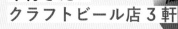

上／嘎瑪米魯150元～。台湾産のコーヒーを使用 下／滿漢牛肉麺220元と合うクラフトビール❷

陶器ブランド「陸寶」が運営する複合型施設。1階は茶器・茶葉の販売と台湾茶を楽しめるティーサロン、2階はギャラリー、3階は陶芸教室（Facebookから要予約）を開催している。

迪化半日 ディーホアバンリー➡ P.73

099

英国調のインテリアに囲まれて
香り高い台湾紅茶を堪能！

台湾産の紅茶を中心に、オーガニックハーブティーや台湾茶を楽しめるカフェ。おすすめは、セイロン茶、自家製スコーン、スプレッドがセットになった王爾德英式午茶360元。日月潭紅茶や東方美人茶、烏龍茶を使ったカクテルも人気。

ASW Tea House
エーエスダブリュー ティー ハウス
迪化街～中山 [MAP] P.126-B1 🚇[MRT] 松山新店線「北門」駅3番出口から徒歩約7分 📍迪化街一段34號2F ☎(02)2555-9913 ⏰9:00～18:00 📅旧正月（Facebookで要確認）💰350～450元 ※税＆サービス10% [CARD] J M V 🗣日本語

100

日本でもおなじみ
ファストフードチェーンで
味わえる台湾限定メニュー

日本で人気のファストフード店は台湾でも大人気！サイゼリヤでは台湾ビールが飲めたり、マクドナルドには朝食にトーストメニューがあったりする。

❶ KFC ケーエフシー
[URL] www.kfcclub.com.tw

日本ではしっとり系の衣が中心だが、台湾はクリスピーが中心。燒餅や粥など台湾らしい朝食もある。

上／日本未上陸のエッグタルト。原味蛋撻45元 下／高鐵桃園駅1階にあるエッグタルトの自動販売機❶

❷ MOS BURGER
モスバーガー
[URL] www.mos.com.tw

ライスバーガーの種類が多く、台湾米やキヌアを使用している。台湾茶を用いたドリンクも販売する。

上／台湾産キヌアを使った藜麥海洋珍珠堡80元 右／期間限定のドリンクも登場する❷

105 台湾固有！
台湾で愛される ヘルシーな愛玉

愛玉とは、愛玉子という植物から作られるゼリーのこと。日本統治時代に牧野富太郎博士によって発見され、むくみ解消の効果が期待できるといわれる。阿里山や高雄で栽培されている。

鳳梨愛玉凍 70元

天日干しした愛玉子の種。これを水でもんで愛玉にする

ここで食べる！ 幸福手作天然愛玉
シンフーショウズオ ティエンランアイユー

愛玉子を仕入れて店主自ら愛玉に。フルーツジャムなどのトッピングもほとんど手作り。

台北駅 MAP P.125-A3 MRT 中和新蘆線「中山國小」駅3番出口から徒歩約6分 中原街105號 ☎(02)2521-2566 ⏰12:00～21:00 休日・旧正月 CARD 不可

---

106 日本でもジワジワブーム??
夏にうれしい 仙草スイーツ

仙草 綜合冰 60元 ❶

仙草は、植物由来の天然ゼリーで、ほろ苦い味わいがクセになる。解毒作用や解熱作用が期待できることから夏におすすめ。台湾スイーツのトッピングでもよく使われている。關西産が有名。

ここで食べる！
❶ 愛玉之夢遊仙草
アイユィーデーモン ヨウシエンツァオ ➡ P.50
❷ 永吉樂 羊仔湯屋
ヨンジーラー ヤンザイタンウー ➡ P.32

仙草羊肉湯 170元 ❷

---

107 毎日食べたい
スーパーフルーツ・ナツメで美を上げる！

（漢方としても使われる万能食材）

ナツメはスーパーマーケットで手に入る身近な食材。中国の言い伝えによると「1日3粒食べると年を取らない」といわれているほど栄養素たっぷり。台湾でも栽培されており、ビタミンが豊富。生ナツメはさわやかな味でサラダに、ドライナツメはスープやお茶にして飲む。冷えやむくみ、貧血によいとされている。

---

103 日本では食べられない
豊富なフルーツは 食べ頃をCheck!

フルーツが安くておいしい台湾だが、食べ過ぎると体に害を与えるので注意。マンゴーは口がかぶれることがあり、スターフルーツは下痢の原因になることも。

名称	中国語名	シーズン
ライチ	荔枝	4～8月
ドラゴンフルーツ	火龍果	6～10月
龍眼	龍眼	7～9月
バンレイシ	釈迦頭	11～4月
レンブ	蓮霧	11～6月
バナナ	香蕉	通年
スターフルーツ	楊桃	通年
グアバ	芭樂	通年
マンゴー	芒果	5～10月

アボカド、ドラゴンフルーツ、グアバ、パッションフルーツ、バナナ

上／ライチ 下／マンゴー

---

104 アジア初の旗艦店！
伊・老舗ジェラート店 の味を台北で！

2023年4月、ローマのジェラート専門店「Old Bridge Gelateria」が台北にオープンした。本場イタリアの製法にこだわり、台湾の新鮮なフルーツや新鮮なミルクを使った本格的な味を楽しめる。

2種 200元、3種 260元、4種 320元

Old Bridge 義式冰淇淋
オールド ブリッジ イーシーピンチーリン

台北市街 MAP P.123-B2 MRT 文湖線「劍南路」駅3番出口から徒歩約3分 樂群三路200號 NOKE 忠泰樂生活3F ☎(02)8501-5601 ⏰12:00～21:00（金・土～21:30）休無休 CARD A J M V

（日本 未上陸！）

グルメ｜テクニック

台湾
GOURMET RANKING
歓迎惠臨　歓迎惠臨
好　吃

伝統系から変わり種まで！

かき氷 ランキング BEST 5

必食のふわふわ氷×マンゴーや
ザクザク氷×豆、今大注目の
ミルクティー氷×パンナコッタ。

第1位　冰讃の 芒果雪花冰

190元

夏限定で営業する 超人気かき氷店

愛文マンゴーが市場に出回る5月〜10月上旬頃のみ営業。注文を受けてからマンゴーをカットし、自家製マンゴーソースをかける。

冰讃 ピンザン
先にレジで注文して席で待つシステム

迪化街〜中山　MAP P.126-A2　MRT 淡水信義線「雙連」駅2番出口から徒歩約2分　📍雙連街2號　☎(02)2550-6769　🕐5〜10月頃 11:00〜22:30　㊡11〜4月頃（毎年変更あり）、台風の日　🈯予算170元　CARD 不可　📖日本語

RECOMMEND
生マンゴーが入荷できる期間しか営業しない、マンゴーがゴロゴロ入ったふわふわかき氷は食べ応えあり（台湾日和さん）

夏に台北に行くと一度は食べたくなる。ミルク味の氷がマンゴーと絶妙なバランス（谷口佳恵さん）

第3位　龍都冰菓専業家 の八寶冰

80元

RECOMMEND
夏にはかき氷と搾りたてジュース、冬には体があったまるお汁粉、季節に合った甘味が楽しめる（台湾日和さん）

豆がどっさりのった 素朴系かき氷

小豆、金時豆、緑豆、ピーナッツ、タロイモ団子、ハトムギなど8種類のトッピングがのり、さまざまな食感が楽しめる。

龍都冰菓専業家 ロンドウビングオヂュワンイエジア
1929年創業。トッピングは常時25種類以上

西門町〜龍山寺　MAP P.126-D1　MRT 板南線「龍山寺」駅1番出口から徒歩約3分　📍和平西路三段192號　☎(02)2308-2227　🕐11:30〜22:00　㊡水・旧正月　🈯予算80元　CARD 不可　📖日本語

第2位　御品元冰火湯圓の 桂花綜合湯圓冰

90元

アツアツの団子が やみつきに！

キンモクセイ（桂花）のシロップがかけられたザクザクのかき氷に、ゴマあんとピーナッツあん入りの団子がのった桂花綜合湯圓冰が人気。

御品元冰 火湯圓 ユィーピンユエンビンフオタンユエン
饒河街夜市と士林觀光夜市の近くにも支店がある

台北市街　MAP P.123-D2　MRT 淡水信義線「信義安和」駅4番出口から徒歩約6分　📍通化街39巷50弄31號　☎0955-861-816　🕐18:00〜23:30（金・土〜24:00）　㊡旧正月　🈯予算90元　CARD 不可

RECOMMEND
絶妙な組み合わせにセンスしか感じられません。湯圓を食べ終わったあとにレモンシロップで味変できるところも粋！（コバシイケ子さん）

冷たさとアツアツがマッチして超おいしい！（荘寧さん）

第5位　Mr.雪腐 公館店の 台18珍奶

90元

台湾大学生が通う 大人気かき氷店

香りがよい日月潭産の紅玉紅茶と、大粒でモチモチな黒糖タピオカとの相性が抜群！　お好みでミルクソースをかけて。

RECOMMEND
大粒タピオカとミルクティー味のふわふわかき氷、異なる食感が同時に楽しめる（台湾日和さん）

Mr.雪腐 公館店 ミスター シュエフー ゴングワンディエン
火鍋で食べるかき氷で話題になった店

台北市街　MAP P.123-D2　MRT 松山新店線「公館」駅1番出口から徒歩約6分　📍羅斯福路三段244巷21號　☎(02)2363-5200　🕐12:00〜22:00　㊡旧正月　🈯予算90元　CARD 不可

第4位　春美冰菓室の 珍珠奶茶冰

150元

ゴマのパンナコッタ が決め手！

濃厚なミルクティー氷に、タピオカ、黒ゴマのパンナコッタがのったかき氷。甘さ控えめなので幅広い世代から人気。

自慢のかき氷をぜひ食べに来て

RECOMMEND
黒ゴマのパンナコッタとの相性がばっちり。ここの傳統糖水豆花もおすすめで、なめらかさ、硬さ、豆花の香り、どれもバツグンのバランス（阿多静香さん）

春美冰菓室 チュンメイビングオシー
懐石料理店でシェフをしていた店主が考案した

松山〜頂好　MAP P.124-B1　MRT 文湖線・松山新店線「南京復興」駅6番出口から徒歩約6分　📍敦化北路120巷54號　☎(02)2712-9186　🕐12:00〜21:00　㊡旧正月　🈯予算45元〜　CARD 不可

★「于記杏仁豆腐」の杏仁豆腐かき氷は、杏仁豆腐味のふわふわかき氷！　氷の中に具材が詰まっているので、宝探しをする気分で食べられる（田中伶さん）

第1位

台　湾
GOURMET RANKING
ひとりでも大人数でも！

豆花
ランキング
BEST 5

素材にこだわる話題の新顔から
伝統市場で愛され続ける店まで
ヘルシーで胃に優しい豆花。

歓迎惠来　歓迎惠来
好　吃

140元

RECOMMEND
映えるだけでなく、フレッシュなフルーツ
に埋もれているなめらかな焦がし風味
豆花にも注目（台湾日和さん）

騒豆花旗艦店
サオドウホア
チージエンディエン

2001年創業。カフェ
のようなかわいい店
内。テラス席も人気

松山〜頂好
MAP P.124-C2
MRT 板南線「國父紀
念館」駅1番出口から
徒歩約4分　延吉街
131巷26號　(02)
8771-8901　12:30
〜21:30　土・日・
旧正月　予算120元
CARD 不可　日本語

🍴

グルメ／ランキング

騒豆花旗艦店 芒果西瓜豆花（夏限定）

新鮮なフルーツとなめらかな豆花

毎日店内で有機大豆から搾る豆乳を使った豆
花専門店。季節限定メニューが人気で、夏は
マンゴーやスイカ、冬はイチゴが登場する。

完熟の
マンゴーどっさり

RECOMMEND
寧夏夜市の近くにあって
アクセスしやすいので、よく行きます。
深夜まで営業しているのがうれしい！
（田中伶さん）

第3位

冰霖古早味豆花
の 傳統豆花1號

厳選した豆を使用した
伝統豆花

良質な大豆を6時間以上
煮込む昔ながらの製法にこ
だわり、非常になめらか。
傳統豆花1號は、黒タピオ
カとピーナッツのコンビ。

50元

冰霖古早味豆花
ビンリングーザオウェイドウホア

寧夏夜市の帰りにあっさりしたスイーツが食べたくなったらここへ

迪化街〜中山　MAP P.126-A2　MRT 淡水信義線「雙連」駅1番出口から徒歩
約8分　民生西路210號　(02) 2558-1800　11:00〜翌0:30　旧正月
予算50元　CARD 不可　日本語

第2位

白水豆花の
麥芽糖花生粉圓豆

宜蘭発の人気豆花店
が台北に進出！

宜蘭の新鮮な湧き水と、
深層水から生成したにが
りを凝固剤として使い、
昔ながらの製法にこだ
わった豆花。大豆はオー
ガニック大豆を使う。

85元

RECOMMEND
宜蘭の花生糖が
スペシャルです！
（莊寧さん）

白水豆花
バイシュェイドウホア

2021年11月、永康街にオープン。行列店だが回転は早い

康青街　MAP P.126-C3　MRT 淡水信義線・中和新蘆線「東門」駅5番出
口から徒歩約6分　永康街34號　非公開　13:00〜21:00　水・
木　予算85元　CARD 不可

RECOMMEND
かつて屋台で提供していた豆花を継承。
添加物を一切使わず、具材もすべて
自家製（富永直美さん）

第4位

榕美樹館の
三品豆花

ナチュラルな
空間で
こだわり豆花を

厳選食材を使い、
トッピングもすべ
て手作り。好きな
トッピングを3種
類選べる「三品豆
花」。写真は、ピー
ナッツ、仙草ゼ
リー、ハトムギ。

80元

榕美樹館　ロンメイシュウグワン

2022年に移転オープン。甘さ控えめのシロップが美味

迪化街〜中山　MAP P.126-A3　MRT 淡水信義線「雙連」駅1番出口から徒
歩約1分　民生西路66巷21號　(02) 2523-3459　12:00〜21:00
旧正月　予算80元　CARD A J M V　日本語

第5位

江記東門豆花の 豆花

伝統市場にある地元で愛される名店

東門市場にある豆花専門店。冷たい「冰
豆花」と温かい「熱豆花」を選べる。「熱
豆花」にはショウガシロップを追加可。

50元

RECOMMEND
言わずと知れた名店ですが、
やっぱりおいしい。シンプル
なトッピングとその潔さに
ホッとする味です
（十川雅子さん）

江記東門豆花
ジャンジードンメンドウホア

早朝から営業をしているので、
朝食代わりに食べる人も多い

康青龍　MAP P.126-C3
MRT 淡水信義線・中和新蘆線「東門」駅2
番出口から徒歩約2分　金山南路一段142
巷5號　なし　7:30〜15:00　月
予算50元　CARD 不可

★「楊記冰店の花生玉米冰」は、甘く煮込んだトウモロコシとピーナッツをのせた変わり種のかき氷、トウモロコシは甘さの中に塩気を感じる（台湾日和さん）

台 湾 好 吃
BOURMET RANKING
歓迎惠来 歓迎惠来
伝統スイーツで心まで癒やされて

伝統スイーツ
ランキング
BEST 5

台湾で昔から愛されてきた伝統系。
淡い店内でいただく本格派から、
フォトジェニックな穴場まで。

第1位 愛玉之夢遊仙草の 仙草綜合冰

のど越しさわやかな健康ゼリー！

体を冷やす作用が期待できる仙草という薬草から作った伝統的なゼリー。ポーションミルクをかけるとマイルドな味わいに。

〇 60元

愛玉之夢遊仙草
アイユィーヂーモンヨウシエンツァオ
仙草のほか台湾特有の植物・愛玉をゼリーにしたスイーツも

台北市街 [MAP] P.123-D2 [MRT] 淡水信義線「信義安和」駅4番出口から徒歩約3分 ♦ 通化街 56 号 ☎ (02)2706-1257 ⏰ 12:00 ～翌 3:00 休 旧正月 料 予算 60 元 CARD 不可

> **RECOMMEND**
> 台北に行ったら必ず行く店！ 仙草ゼリーのツルッとした食感は一度食べるとトリコになります。甘過ぎないのでぺろりと食べられる（田中伶さん）

> **RECOMMEND**
> 自然な甘さでおなかいっぱいのときでもつるつる食べられる（谷口佳恵さん）

第3位 永富冰淇淋の 冰淇淋

1945 年創業の老舗でアイスクリーム

ウメ、パッションフルーツ、タロイモ、リュウガンなど常時9種類のアイスが並ぶ。保存料や着色料は一切使っていない。

〇 3 個 50 元

おいしいよ～♥

> **RECOMMEND**
> 日本では味わえない台湾らしさのあるフレーバーは、あっさりしているのに味は濃厚。価格もお手頃で通いたくなる（コバシイケ子さん）

永富冰淇淋
ヨンフーピンチーリン
1945 年創業。シャーベットのようにあっさりした味わい

西門町～龍山寺 [MAP] P.126-D1 [MRT] 板南線「西門」駅1番出口から徒歩約5分 ♦ 貴陽街二段 68 號 ☎ (02)2314-0306 ⏰ 10:00 ～ 22:00 休 12 月末から約 2 ヵ月間、旧正月 料 予算 50 元 CARD 不可 日本語

第2位 八時神仙草 中山店の 無鹼嫩仙草

植物由来の仙草をカフェ空間で！

仙草ゼリーは、熟成したドライ仙草を使い、8時間煮込んで作られている。トッピングもすべて手作り。かき氷も人気！

〇 89 元

八時神仙草 中山店
バーシーシェンシエンツァオ ヂョンシャンディエン
カフェ空間には少人数用のテーブルが配されている

迪化街～中山 [MAP] P.126-B3 [MRT] 淡水信義線・松山新店線「中山」駅2番出口から徒歩約3分 ♦ 中山北路一段 135 巷 5 號 ☎ 0970-677-582 ⏰ 12:30 ～ 21:00 休 旧正月 料 予算 69 元～ CARD 不可

> **RECOMMEND**
> 暑い台湾の徒歩旅のなかでとても重宝した仙草スイーツ。台北の中心地にある気軽さとおしゃれさを兼ねたおすすめ店（田中佑典さん）

第5位 解解渇有限公司の 愛玉

手作り愛玉と台湾フルーツを

台湾由来の愛玉を使ったゼリーを食べられる。トッピングはマンゴー、パイナップル、パッションフルーツ、冬瓜など。

解解渇有限公司
ジェジエクー ヨウシエンゴンスー
象山の登山歩道からほど近い愛玉専門店

台北市街 [MAP] P.123-D3 [MRT] 淡水信義線「象山」駅2番出口から徒歩約10分 ♦ 信義路五段 150 巷 22 弄 65 號 ☎ (02)2758-3232 ⏰ 11:00 ～ 22:00（土 9:00 ～ 21:00、日 9:00 ～）休 旧正月 料 予算 50 元～ CARD 不可

> **RECOMMEND**
> ビュースポット・象山の登山口にある小さな店。登山で疲れた体にしみるプルプル愛玉（富永直美さん）

〇 50 元～

第4位 日本 剪刀式立體 雞蛋糕の 雞蛋糕

台湾でも人気のベビーカステラ

かわいいフォルムが絵になる台湾ベビーカステラ（雞蛋糕）。懐かしい味わいで、幅広い世代に人気。食べ歩きにぴったり！

〇 小 50 元

日本 剪刀式立體雞蛋糕
リーベン ジエンダオシーリーティー ジーダンガオ
通化夜市にある行列ができる屋台

台北市街 [MAP] P.123-D2 [MRT] 淡水信義線「信義安和」駅4番出口から徒歩約6分 ♦ 臨江街 89 號 ☎ 0918-019-577 ⏰ 17:00 ～ 24:00（土 16:00 ～）休 旧正月 料 予算 50 元 CARD 不可

> **RECOMMEND**
> 軽食にもよい。素朴な甘さで思い出の味わい（莊寧さん）

RECOMMEND
うっとりするほど美しいアフタヌーンティー。見た目だけではなく繊細なケーキの一つひとつがパーフェクトなおいしさ（コバシイケ子さん）

第1位

○ 1580 元〜

The Jade Lounge の 下午茶

エレガントなラウンジで台湾茶を

厳選された台湾茶や中国茶と一緒に、極上のペストリーを楽しめる。内容は季節などによって変動する。ドレスコードがある。

湾

GOURMET RANKING

胸キュンなスイーツがずらり！

歓迎惠來 歓迎惠來

美スイーツ
ランキング
BEST 5

好 吃

ホテルのアフタヌーンティーや美し過ぎるケーキ、ふわふわのかき氷がランクイン！

The Jade Lounge
ザ ジェイド ラウンジ
マンダリン オリエンタル 台北の1階に入るラウンジ

松山〜頂好 MAP P.124-A1 MRT 文湖線・松山新店線「南京復興」駅7番出口から徒歩約9分 ◆敦化北路158號 臺北文華東方酒店1F ☎(02)2715-6668 ⏰11:00〜19:00（アフタヌーンティー13:00〜17:00）休無休 料最低消費1580元、サービス料10% CARD A D J M V URL www.sevenrooms.com/reservations/motpejadelounge/mo-com ※HPより要予約

グルメ｜ランキング

第3位

Ponpie 澎派 大安門市 の 澎湃水果塔

華やかなフルーツタルトにうっとり

季節に合わせて使うフルーツを変えるフルーツタルトが名物。オリジナルのタルト生地は、シンプルな食材にこだわり香ばしい。

Ponpie 澎派 大安門市
ポンパイポンパイ ダーアンメンシー
季節限定のケーキのほか、台湾烏龍茶を使ったものも！

松山〜頂好 MAP P.126-C3 MRT 中和新蘆線・松山新店線「古亭」駅5番出口から徒歩約8分 ◆金山南路二段148號 ☎(02)3393-2016 ⏰12:00〜19:30 休旧正月 料予算50元 CARD J M V

○ 950 元

RECOMMEND
旬の台湾食材を使ったフルーツタルトと、フランス式スイーツが食べられます（莊齊さん）

RECOMMEND
日本に未出店。安室奈美恵さんが引退アジアツアーで来台した際に訪れたニューヨーク発のケーキ店（台湾日和さん）

第2位

Lady M Taiwan 台北旗艦店 の 經典原味千層蛋糕

日本未上陸の美しいミルクレープ

看板メニューは、20層以上に重ねたミルクレープ。日本発祥のミルクレープだが、ニューヨークで大人気になり、台湾にも進出！

○ 270 元

Lady M Taiwan
台北旗艦店
レディ エム タイワン タイペイチージエンディエン

季節のフルーツを使った季節限定商品も登場する

松山〜頂好 MAP P.124-C2 MRT 板南線「國父紀念館」駅2番出口から徒歩約1分 ◆光復南路240巷26號 ⏰非公開 ⏰11:00〜20:00（最終入店18:00）休不定休 料予算270元 CARD J M V

第5位

Mr. 雪腐 公館店 の 台18 珍奶

美スイーツ部門でもランクイン！

繊細な見た目はもちろん、濃厚なミルクティーの雪花冰（ふわふわかき氷）と、弾力のあるタピオカの相性が◎。火鍋メニューも人気。

○ 80 元

Mr. 雪腐 公館店
ミスター シュエフー ゴングワンディエン ➡ P.48
フルーツ系など雪花冰のバリエーションが豊富

RECOMMEND
タピオカミルクティー味のふわふわかき氷にゆでたてのタピオカと練乳をとろーりかけていただくのが、ムービージェニック（田中伶さん）

第4位

金雞母 永康店 の 燒冰瑰蜜

人気のふわふわかき氷店

季節限定メニューが多数。有機栽培のバラやイチゴを使ったかき氷が人気。客席で炙るクレームブリュレはカリトロ食感。

RECOMMEND
クレームブリュレをあぶって完成させるかき氷。カラフルでまん丸な形がかわいい（谷口佳恵さん）

○ 280 元

金雞母 永康店
ジンジームー ヨンカンディエン
カフェ空間のようなウッディな店内でのんびり休憩できる

康青龍 MAP P.126-C3 MRT 淡水信義線・中和新蘆線「東門」駅5番出口から徒歩約6分 ◆麗水街7巷11號 ☎(02)2393-9990 ⏰12:30〜20:30（LO20:00）休旧正月 料予算80元 CARD不可 日本語

51 ★「龍潭豆花」のトッピングは、ピーナッツのみという潔さ。ふんわりとした豆花の食感は唯一無二。ほんのり香ばしいシロップの風味も好みです（コバシイケ子さん）

台湾
GOURMET RANKING
好吃
ほっとひと息はここで
歓迎您来
歓迎您来
カフェ
ランキング
BEST 7
自家焙煎にこだわる老舗から
すてき空間な穴場カフェ、
アルコールが飲める新顔まで。

第1位 蜂大咖啡

のんびり味わいたい 老舗の味

人気は台灣咖啡 150 元。阿里山の契約農家から仕入れた豆を焙煎後3日以内に提供している。自家製クッキーと一緒に。

蜂大咖啡
フォンダーカーフェイ

1956 年創業の味わいある喫茶店

西門町〜龍山寺 [MAP] P.126-C1 [MRT] 板南線・松山新店線「西門」駅1番出口から徒歩約2分 📍成都路 42 號 ☎ (02)2331-6110 🕐 8:00 〜 22:00 ㊡旧正月 ￥予算 150 元〜 [CARD] 不可

第2位 Woolloomooloo

夜もひとりで 入りやすいカフェ

おいしいコーヒーをはじめ、ブランチ、ランチ、夜はバーへと姿を変えるカフェ。季節の食材を使ったスイーツも◎。

Woolloo mooloo
ウールームールー

広々としたカフェ。雑貨店が併設

松山〜頂好 [MAP] P.124-D3 [MRT] 淡水信義線「台北 101/世貿」駅1番出口から徒歩約5分 📍信義路四段 379 號 ☎ (02)8789-0128 🕐 7:30 〜 24:00 (金・土〜翌 1:00) ㊡旧正月 ￥予算 300 元〜 [CARD] A J M V

第3位 緑咖生活概念店

アンティークと 緑のすてき空間へ

キャラメルフレンチトースト(老奶奶焦糖法式吐司)260 元、自家製ジャムのソーダ水(緑咖手工果 Jam 汽水)180 元も美味。

緑咖生活概念店
ルウカーシェンフオ ガイニエンディエン

緑あふれる店内。スイーツは手作り

松山〜頂好 [MAP] P.124-D2 [MRT] 淡水信義線「信義安和」駅5番出口から徒歩約6分 📍延吉街 244 號 2F ☎ (02)2703-2130 🕐 11:00 〜 18:00 ㊡火・旧正月 ￥予算 50 元 [CARD] 不可

第4位 星巴克 艋舺門市

台北市の指定古跡でひと休み

日本統治時代に建てられた古民家をリノベした店。おすすめは、店舗限定のサイフォンで入れるコーヒー(虹吸式咖啡)160 元。

星巴克 艋舺門市
シンパークー モンシアメンシー

4 階建て。林細保が建てた邸宅(萬華林宅)跡を使う

西門町〜龍山寺 [MAP] P.126-D1 [MRT] 板南線「龍山寺」駅2番出口から徒歩約5分 📍西園路一段 306 巷 24 號 ☎ (02)2302-86430 🕐 7:00 〜 21:30 (土・日 7:30 〜) ㊡旧正月 ￥予算 160 元 [CARD] M V

第6位 CAMA COFFEE ROASTERS 豆留文青

おしゃれなリノベスポットへ

台東、南投、台南などで作られた台湾産コーヒー豆を使用したドリップコーヒー280〜がおすすめ。季節限定メニューも◎。

CAMA COFFEE ROASTERS 豆留文青
カマ コーヒー ロースターズ ドウリョウウェンチン

1939年に建てられた、元たばこ工場のボイラー室をリノベ

松山→頂好　MAP P.124-C3
MRT 板南線「市政府」駅1番出口から徒歩約8分　♀ 光復南路133號 松山文創園區内
☎(02)2765-1008
⏰11:30〜20:00　休 旧正月
料予算280元〜　CARD J M V

> RECOMMEND
> 松山文創園區の旧ボイラー室をリノベしたカフェ。遊び心のあるメニューが楽しめます（富永直美さん）

> RECOMMEND
> コーヒーもケーキも味がよく、2階席のカウンターから、目の前の北門が見えるところがとにかくお気に入り（コバシイケ子さん）

グルメ｜ランキング

第7位 TAMED FOX 信義

スタイリッシュな店内でカフェを

野菜たっぷりのブランチのほか、台湾産のフルーツや茶葉を使ったドリンクが人気。おすすめは有機茶葉と南投産グアバの東方美人茶芭樂氣泡茶 200元。

TAMED FOX 信義
テイム フォックス シンイー

休憩はもちろん、野菜が取りたいときにもおすすめ

台北市街　MAP P.123-C3　MRT 淡水信義線「象山」駅3番出口から徒歩約7分　♀ 松仁路91號 B1F　☎(02)8786-3389
⏰9:00〜17:30　休 旧正月　料予算280元〜　CARD J M V

> RECOMMEND
> 明るくて広い店内＆屋外の席もあり。ドリンクメニューも豊富。ヘルシーなフードもおいしい。ゆっくり過ごせる（阿多静香さん）

第5位 山小孩咖啡

北門を眺めながらくつろぐ

産地と生豆を厳選し、自家焙煎したスペシャリティコーヒーを楽しめる。エスプレッソ120元。コーヒー豆の販売もあり。

山小孩咖啡
シャンシャオハイカーフェイ

2018年にオープン。白を基調とした明るい店内

台北駅　MAP P.125-C1　MRT 板南線・松山新店線「西門」駅5番出口から徒歩約2分　♀ 成都路42號
☎(02)2331-6110　⏰8:00〜22:00　休 旧正月
料予算150元〜　CARD 不可

＋MORE 街歩きの強い味方！　今、台湾カフェチェーンが熱い！

散策の途中に気軽に立ち寄れるカフェチェーン店のありがたさは、台湾でも同じ。
立地よし、味よし、コスパよしの3ブランドを紹介！

LOUISA COFFEE　路易莎咖啡

● ルーイーシャー カーフェイ

台湾全土で500店舗以上を展開する台湾No.1のコーヒーチェーン店。コーヒー以外にもフルーツティーやフラッペ、期間限定メニューなど豊富なドリンクメニューが人気。すっきりとしたカジュアルな店内では、仕事や勉強をする人の姿をよく見かける。ベーグルやサンドイッチ、ケーキなどもあり。

CAMA COFFEE ROASTERS

● カマ コーヒー ロースターズ

台湾全土で100店舗以上を展開する。ハンドピックして選別したコーヒー豆を自家焙煎するこだわりよう。2021年には初のフラッグショップ「CAMA COFFEE ROASTERS 豆留森林」をオープン！　コーヒー豆のほか、ユルいマスコットキャラクター「Beano」をモチーフにしたオリジナルグッズも販売する。

彼得好咖啡

● ピードーハオカーフェイ

台湾北部のみで展開するチェーン店。自家焙煎したコーヒーが好評で、サンドイッチ、ハンバーガー、サラダなどブランチ利用にぴったり。店舗によって内装が異なる。エッグロールの名店「一口宜口」とコラボしたキャラメル＆コーヒー味のエッグロール（彼得勁厚酥捲）はおみやげにも◎。店内は電源完備！

第1位

南街得意

風情ある茶藝館で台湾茶を

レトロとモダンが融合する茶藝館。老舗の茶問屋から仕入れた、高品質のお茶を手頃価格で堪能できる。古建築のため12歳以下は入店不可。

南街得意 ナンジエダイー
オーナーが収集したセンスのよいアンティークが並ぶ

迪化街〜中山 [MAP] P.126-A1 [MRT] 松山新店線「北門」駅3番出口から徒歩約8分 ♦迪化街一段67號2F ☎(02)2552-1367 ⏰10:30〜18:30 🚫旧正月 🈯予算280元 [CARD] [A] [J] [M] [V] 📖日本語

お茶請けがセットで付く

第3位

竹里館

自家焙煎のこだわり台湾茶

看板商品である凍頂烏龍茶は、店主の黄浩然さんが気候や湿度に合わせて自家焙煎している。食事やお茶請けも豊富！

竹里館 ヂュウリーグワン
1996年創業。日本語で台湾茶レッスン（P.45）を受けられる

松山〜頂好 [MAP] P.124-A1 [MRT] 文湖線「中山國中」駅から徒歩約5分 ♦民生東路三段113巷6弄15號 ☎(02)2717-1455 ⏰11:00〜20:30 🚫水・旧正月 🈯予算200元〜 [CARD] [A] [J] [M] [V] 📖日本語

第2位

紫藤廬

多彩に揃う茶葉の数々

築60年以上の建物を再利用した茶藝館。茶葉の種類は豊富で、烏来に湧く天然水で入れたお茶をいただける。インテリアにも注目。

紫藤廬 ズートンルー
1981年創業。建物の老朽化にともない2007年に改装

康青龍 [MAP] P.126-D3 [MRT] 松山新店線「台電大樓」駅2番出口から徒歩約14分 ♦新生南路三段16巷1號 ☎(02)2363-7375 ⏰11:00〜18:30（金〜日）・19:30）🚫旧正月4日間 🈯予算280元〜、サービス料10% [CARD] [A] [J] [M] [V] 📖日本語

第5位

琥泊 Liquide Ambré

美しい空間で台湾茶を味わう

台湾茶に魅了された店主が、若い世代に台湾茶の魅力を伝えたいとオープンさせた空間。良質な茶葉をカウンターで気軽に楽しめる。

琥泊 Liquide Ambré フウボー リキド アンブレ
6席のみ。1階にはおしゃれな文房具店・禮拜文房具が入る

台北市街 [MAP] P.123-D2 [MRT] 文湖線「六張犁」駅から徒歩約5分 ♦楽利路72巷15號2F ☎(02)2736-7287 ⏰12:00〜19:00 🚫月・旧正月 🈯予算200元〜 [CARD] [A] [M] [V] [URL] inline.app/booking/liquideambre ※上記予約フォームから要予約

第4位

三徑就荒

洗練されたおしゃれ茶藝館

有機栽培の烏龍茶や特級東方美人茶などの台湾茶や中国茶も扱う。ほかでは珍しい茶葉を自分で炒っていただくスタイル。

三徑就荒 サンジンジウホアン
展示会やイベントも頻繁に開催。詳細は公式Instagramをチェック

松山〜頂好 [MAP] P.124-C3 [MRT] 板南線「市政府」駅1番出口から徒歩約8分 ♦忠孝東路四段553巷46弄15號 ☎(02)2746-6929 ⏰11:30〜20:00（展示会やイベントにより変動する）🚫旧正月 🈯予算 最低消費350元、サービス料10% [CARD] [A] [J] [M] [V] 📷@hermits_hut

第1位 Soft Drink Bar TTI 昇興食品坊

台北駅で搾りたてジュースを！

毎朝市場で仕入れたフルーツを使う。フレッシュジュースのほか、お茶やヤクルトを入れたものも。グアバジュース60元、キウイジュース70元。

Soft Drink Bar TTI 昇興食品坊
ソフト ドリンク バー ティーティーアイ シェンシンシーピンファン

家族経営のドリンクスタンド。3代目は日本語堪能。

台北駅 [MAP] P.125-C1 [MRT] 淡水信義線・板南線「台北車站」駅Y19出口付近から徒歩すぐ ♦ 鄭州路63號B1F ☎ (02)2559-2052 ⊙ 12:00～21:30 ㊡ 無休 ㊙ 予算30元～ [CARD] 不可 📖 日本語

> **RECOMMEND**
> 風邪をひいたとき、台湾人の友人が「ビタミン取って！グアバ食べて！」とおすすめしてくれて。グアバを取ると元気になるような気がします（十川雅子さん）

> 台北地下街にあるジューススタンド。果肉そのまま！という感じのキウイジュースは忘れられないおいしさ……。いつも迷子になってたどり着けない（田中伶さん）

街歩きのお供に！

ドリンクスタンド ランキング BEST 5

搾りたてのフルーツジュース 一度は飲みたいタピオカ入りまで納得のラインアップ！

第3位 COMEBUY 台北中華

コスパ◎のフルーツティーはこちらへ

おすすめの荔枝玉露50元は、ライチ（荔枝）ジュースにライチゼリーを合わせたさわやかなドリンク。ラテやミルクティーも人気。

COMEBUY 台北中華
カムバイ タイペイヂョンホア

コスパ◎のドリンクスタンド。桃園国際空港にも店舗がある

西門町・龍山寺 [MAP] P.126-C2 [MRT] 板南線・松山新店線「西門」駅6番出口から徒歩約3分 ♦ 中華路一段116號 ☎ (02)2388-1198 ⊙ 11:00～22:00（金・土～22:30）㊡ 旧正月 ㊙ 予算25元～ [CARD] 不可

> **RECOMMEND**
> 日本でもおなじみのジューススタンド。ここの目玉でもある「荔枝玉露」は、ライチ好きにはたまらない1杯。ライチゼリーの食感も絶妙でクセになります（田中佑典さん）

第2位 Mr.Wish 台北延吉店

フルーツ系ドリンクが豊富に揃う！

新鮮なフルーツとお茶を割ったドリンクが人気。おすすめは、オレンジ×緑茶（鮮搾柳橙緑）55元にバジルシード（羅勒子）5元をトッピング。

Mr.Wish 台北延吉店
ミスターウィッシュ タイペイイエンジーディエン

白を基調とした店内。4席あり座って休憩できる

松山・頂好 [MAP] P.124-C2 [MRT] 板南線「國父紀念館」駅1番出口から徒歩約4分 ♦ 延吉街133號 ☎ (02)8772-3721 ⊙ 10:00～21:30 ㊡ 旧正月 ㊙ 予算35元～ [CARD] 不可

> **RECOMMEND**
> 季節の台湾フルーツを味わうならここ。ピンクグアバ、マンゴー、ライチなどがおすすめです（荘寧さん）

第4位 果果香

台湾フルーツのおいしさを実感！

注文を受けてから搾るフレッシュジュースが名物。おすすめは、ドラゴンフルーツとパイナップルを搾った火龍果鳳梨汁70元。

果果香
グオグオシャン

細い路地にある。路地を抜けた公園で休憩できる

台北駅 [MAP] P.125-C1 [MRT] 淡水信義線・板南線「台北車站」駅Z2番出口から徒歩約4分 ♦ 信陽街26-9號 ☎ (02)2375-1387 ⊙ 9:30～20:00 ㊡ 土・日・旧正月 ㊙ 予算80元～ [CARD] 不可

> **RECOMMEND**
> メニューの種類が豊富で、何を飲んでもおいしい。フルーツ系ジューススタンドです（コバシイケ子さん）

第5位 50嵐 北車店

タピオカミルクティーならここ！

言わずと知れた有名ドリンクスタンド。タピオカ紅茶ラテ（珍珠紅茶拿鐵）45元は、モチモチのタピオカと紅茶、ミルクのバランスが◎。

50嵐 北車店
ウーシーラン ベイチョーディエン

台北駅から地方へ移動する際に便利な立地

台北駅 [MAP] P.125-C2 [MRT] 淡水信義線・板南線「台北車站」駅構内 ♦ 忠孝西路一段49號B1F ☎ (02)2331-2330 ⊙ 10:00～20:00 ㊡ 旧正月 ㊙ 予算30元～ [CARD] 不可

> **RECOMMEND**
> マイ・ベスト・タピオカミルクティー。微糖去冰料少（微糖で氷抜き、タピオカ少なめ）で注文すると、味と食感のバランスが◎（台湾日和さん）

★「台北牛乳大王」のオーソドックスなパパイヤミルク（木瓜牛奶）は、近くを通ったらつい頼んでしまう（谷口佳恵さん）　その場で搾る＝現打果汁を見つけたら飲む！（阿多静香さん）

寧夏觀光夜市

台湾
GOURMET RANKING
台湾は夜からがおもしろい！
夜市
ランキング
BEST 3
緑日の屋台のようなワクワクを
毎晩楽しめる台湾夜市。
夜市によって個性はさまざま！

歓迎惠臨
歓迎惠臨
好
吃

小吃のハシゴならここ！

約300mの通りにフードを中心に、ゲームの屋台も並ぶ。蚵仔煎や雞肉飯が人気。観光客はもちろん、仕事帰りの台湾人も多い。

寧夏觀光夜市 ニンシアグワングワンイエシー

台北中心部にあり、大き過ぎない規模で回りやすい

迪化街～中山 [MAP] P.126-A2 ～ B2 [MRT] 淡水信義線「雙連」駅1番出口から徒歩約6分 📍民生西路と寧夏路の交差点 🕐17:30 ～翌1:00頃（店舗により異なる） 🈳無休 [CARD] 不可

RECOMMEND
ビブグルマン人気店。看板メニューの蚵仔煎はもちろんだが、大粒のカキを使用した蒜泥乾蚵（ニンニク醬油のゆでガキ）もハズせない（台湾日和さん）

圓環邊蚵仔煎の
蚵仔煎 90元

蚵仔煎（カキのオムレツ）が名物。行列店だが回転は早い

方家の 雞肉飯 50元

ゆでた鶏胸肉を裂いてご飯にのせたあっさりメニュー

旺來蛋糕の戚風蛋糕 70元

素朴な味わいのシフォンケーキ（戚風蛋糕）が人気

アツアツです！

牛媽媽の
控肉飯 75元

牛肉のスープや炒め物のほか、控肉飯もある

RECOMMEND
豚の角煮がのった控肉飯が隠れた人気メニュー（本誌編集N）

秋雲潤餅の
潤餅 55元

たっぷりの野菜と豚肉、ピーナッツ粉が入ったクレープ巻き

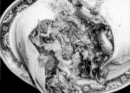

RECOMMEND
素朴な甘さのタロイモと黄身の塩気が絶妙！ 揚げたてをぜひ！（本誌編集O）

劉芋仔蛋黃芋餅
の 蛋黃芋餅 35元

タロイモあんに卵の黄身を包んで揚げた蛋黃芋餅が名物

ローカル感満載！ 地元密着型夜市

第3位

駅から少し離れているものの、舌が肥えた人が集まるディープな夜市。屋台も並ぶが、店内でゆっくり食べられる店も多い。

南機場夜市 ナンジーチャンイエシー

昔は空港（機場）があったことから、この名前がつけられている

台北市街 [MAP] P.123-D1
[MRT] 板南線「龍山寺」駅2番出口から徒歩約17分 ◉中華路二段 307 巷 ⏰17:00～24:00 頃（店舗により異なる）無休
[CARD] 不可

MUST EAT!

來來水餃の韮菜水餃 80元～

モチモチの皮にたっぷりのニラと豚肉あんがイン

RECOMMEND

店頭でおじさんたちがまるで踊っているように水餃子を作るチームワークが絵になる。あえて不均一に伸ばした手作り皮は、ツルツルとモチモチを兼ね備えた独特食感を生み出す職人技。「吾旺再季」の潤餅もおすすめ！（台湾日和さん）

話題のお店が集まる人気夜市

第2位

別名「通化街夜市」と呼ばれ、正好鮮肉小龍湯包（P.36）や御品元冰火湯圓（P.48）などの人気店が集まる。道が狭過ぎず、ゆっくり散策できる。

臨江街觀光夜市 リンジャンジエグワングワンイエシー

プチプラアクセサリーを販売する店もあり買い物も楽しめる

台北市街 [MAP] P.123-D2
[MRT] 淡水信義線「信義安和」駅4番出口から徒歩約6分 ◉臨江街 ⏰18:00～24:00 頃（店舗により異なる）無休
[CARD] 不可

MUST EAT!

台灣鹽酥雞の鹽酥雞 20元～

好きな食材を選び揚げてもらうから揚げ専門店

RECOMMEND

鹽酥雞を屋台で買うのはハードルが高いと感じる方に超おすすめの店。マークシートで注文、できあがったら番号で呼ばれるので、注文してから近くのコンビニへビールを買いに行き、店に戻って受け取り、ホテルに帰ってゆっくり晩酌を楽しむのが鉄板（田中伶さん）

雙城街夜市 シュアンチェンジエイエシー

夜市散策のあとに勝立生活百貨（P.78）で買い物を楽しめる。

台北駅 [MAP] P.125-A2 [MRT] 中和新蘆線「中山國小」駅1番出口から徒歩約5分 ◉雙城街 ⏰8:00～24:00 頃（店舗により異なる）無休 [CARD] 不可

RECOMMEND：台湾日和さん
コンパクトで水餃子や雞肉飯など家庭的な食べ物が多い。「康廚」の麻油雙腰が◎

RECOMMEND：コバシイケ子さん
「鴻з水餃牛肉麵」は皮から透けて見えるほど、ニラたっぷりの水餃子。やみつきになるおいしさ！

景美夜市 ジンメイイエシー

観光客は少なくローカルな雰囲気が味わえる地域密着型。

RECOMMEND：田中佑典さん
台北でいちばん愛着のある夜市。台北一だと思う台湾ソーセージの「光頭哥肉串・香腸」は強面のスキンヘッドの店主（実はめっちゃ優しくてお茶目）のソーセージを一本一本真剣に焼く姿、そして最後にかける魔法の粉、めっちゃおいしい1本を召し上がれ

台湾全図 [MAP] P.123-A3 [MRT] 松山新店線「景美」駅1番出口から徒歩約3分 ◉景美街 ⏰17:00～翌1:00 頃（店舗により異なる）無休 [CARD] 不可

林口街夜市 リンコウジエイエシー

知る人ぞ知る穴場の夜市。住宅街にうまい店が点在する。

こころ私のお気に入り
我的偏愛
MY FAVORITE FOOD

台北市街 [MAP] P.123-C3 [MRT] 板南線「永春」駅4番出口から徒歩約9分 ◉林口街 40-44 號 ⏰17:00～24:00 頃（店舗により異なる）無休 [CARD] 不可

RECOMMEND：阿多静香さん
「林食坊」の沙茶羊肉蛋炒飯はヤギ肉と沙茶醬が合うチャーハン。「慶林鐵板燒」では、豆芽菜炒め、魚卵炒めを。シャキシャキに炒めたもやしがシンプルに美味。「極品鹽酥雞」はレンコンなど野菜の種類が多く、味付けもいい

グルメ｜ランキング

小隱茶庵　東門店
シャオインチャーアン ドンメンディエン

落ち着いたカフェ空間で台湾茶を

台湾作家の茶器を使って、台湾茶や中国茶をいただける。入れ方はスタッフが教えてくれる。茶葉の香りを確かめながら茶葉を選べる。

永康街から近いためショッピング後の休憩におすすめ

台北駅　MAP P.125-D2　MRT 淡水信義線・中和新蘆線「東門」駅2番出口から徒歩約5分
📍 杭州南路一段143巷12-1號
☎ (02)2343-5859　🕐 11:30～19:00　休 旧正月　料 最低消費380元　CARD 不可

RECOMMEND: 十川雅子さん
プレーンは雪のように真っ白、ドラゴンフルーツ味はピンクと白のツートンカラーでシンプルに美しい。派手さはなくてもきれいだなぁと思います。そしてあのふっかふかな口当たり。濃いめのコーヒーと合わせれば間違いなしです

RECOMMEND: 台湾日和さん
閑静な住宅街の曲がり角にたたずむ隠れ家茶屋。店内は落ち着いた暗めの照明とビンテージ家具で茶禅の世界を表現。丸い窓が絵になる

RECOMMEND: 十川雅子さん
とにかくお店の方の感じがよくて、ゆったりと香り高いコーヒーを飲める場所。ただ席数が少なくて人気のためすぐに満席に。コーヒー好きにはおすすめです

慢動作咖啡館
マンドンズオカーフェイグワン

コーヒー好きに行ってもらいたい

小さな公園の横にひっそりとあり、ゆったり過ごせるカフェ。さまざまな地域の豆があり、店の人に相談するとていねいに教えてくれる。

席数が少ないのでオープンを狙って訪問がおすすめ

台北駅　MAP P.125-C2　MRT 淡水信義線・板南線「台北車站」駅M2番出口から徒歩約5分　📍 中山北路一段33巷20弄6號
☎ 0966-655-368　🕐 11:30～17:00　休 月・火・旧正月
料 予算170元～　CARD 不可

明星西點咖啡館
ミンシンシーディエンカーフェイグワン

愛らしいロシアンソフトキャンディ

上海で明星咖啡館を開いたロシア人が台湾へ渡り、パン屋とカフェをオープン。ロシアンソフトキャンディ（俄羅斯軟糖）120元はおみやげに人気。

1階はパン屋、2階のカフェでは本格ロシア料理も楽しめる

台北駅　MAP P.125-C1　MRT 板南線・松山新店線「西門」駅5番出口から徒歩約10分　📍 武昌街一段5號　☎ (02)2381-5589　🕐 11:30～20:30（金・土～21:00）　休 旧正月　料 予算220元～、サービス料10%　CARD 不可

＋MORE
今注目の　台湾茶ドリンクスタンド

台中発。台北に続々と店舗を増やしている注目の台湾茶専門店。烏龍茶を中心としたメニューで、焙煎度合いを気分で選べる！

得正 北車信陽計劃
ダヂェン ベイチョーシンヤンジーホア

台北駅　MAP P.125-C1　MRT 淡水信義線・板南線「台北車站」駅M6番出口から徒歩約3分　📍 信陽街13-1號　☎ (02)2311-0977
🕐 11:00～18:30　休 旧正月
料 予算25元～　CARD 不可

RECOMMEND: 台湾日和さん
揚げたてのカリ、フワ、モチをミックスした食感は最高

台灣人ㄟ甜甜圈
タイワンレンエイティエンティエンチュエン

行列必至のクリスピードーナツ

創業20年以上のクリスピードーナツ専門店。オリジナル25元のほか、タロイモ、カレー、チーズ、トマト、チョコレートなどのフレーバーも。

台北に2店舗。行列必至だが回転は早い
台北駅　MAP P.125-C1　MRT 淡水信義線・板南線「台北車站」駅M11番出口から徒歩約3分　📍 華陰街183號　☎ 0958-900-138　🕐 11:00～19:30　休 旧正月
料 予算25元～　CARD 不可

台湾発　漢方ブランド・DAYLILY 推薦

体にうれしいヘルシースイーツ

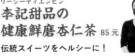

お客さんからのリクエストで完成した漢方ドリンク。纖美紅心芭樂甜梅茶、清潤白鶴魚腥草桑葉茶各 60 元

リージーティエンピン 李記甜品の
健康鮮磨杏仁茶 85 元

伝統スイーツをヘルシーに！

伝統的なスイーツを毎日手作りしている。トッピングを選ぶ「健康鮮磨杏仁茶」は、カナダ産の大豆で作った豆花や大甲産のタロイモあん＋15 元などに、杏仁茶をかけて食べる。

台北市街　MAP P.123-C3 外
MRT 文湖線「港墘」駅2番出口から徒歩約9分
📍 江南街 123 號　☎ (02)2657-9930　🕐 12:00 ～ 21:00　休 日・旧正月　CARD 不可　料 予算 55 元～

リュウドウイーレン ジンシャンディエン
綠逗薏人 金山店の
蒟蒻綠豆薏仁湯 65 元

美容にも健康にもうれしい豆スイーツ

着色料や保存料、余計な砂糖を加えないので素材のおいしさを楽しめる。「蒟蒻綠豆薏仁湯」は、綠豆、ハトムギ、コンニャクがどっさり入ったデザートスープ。立地も抜群！

康青龍　MAP P.126-C3　MRT 淡水信義線・中和新蘆線「東門」駅2番出口から徒歩約1分　📍 金山南路一段 148 號　☎ (02)2322-2356　🕐 10:00 ～ 22:00（土・日 9:00 ～）　休 旧正月　CARD 不可　料 予算 65 元　📖 日本語

ズーリーピングオシー
滋粒冰菓室の
小燕窩單料豆花 80 元

燕の巣をかける美肌豆花

甘さ控えめでヘルシーな豆花に、厳選した高品質な燕の巣をかけた「小燕窩單料豆花」がおすすめ。愛玉やかき氷、漢方スープもある。店内は、白を基調としたおしゃれな空間。

漢

方薬剤師と開発した食べるお茶「EAT BEAU-TEA」や、鉄観音茶入りのプロテイン「TAIWAN TEA PROTEIN」などで話題の商品を展開している DAYLILY。彼女たちのいち押しはこちら！

DAYLILY（デイリリー）

URL daylily.com.tw
📷 @daylily.tw
▶ YouTube
「DAYLILY Channel」@daylilychannel7556

台湾で漢方薬局を営む父を持つ台北出身の Eri と、北海道出身の Moe が始めた漢方のライフスタイルブランド。クラウドファンディングにより 2018 年に第 1 号店（MAP P.124-A3）をオープン。2019 年に日本上陸し、国内に 4 店舗のほか取り扱い店舗も増加中。

右／山査子スティック 850 円
山査子（サンザシ）の実と少量の砂糖を練り上げたスティック
左／台湾甜杏仁茶 3200 円
台湾の昔ながらの味。高純度の杏仁パウダーを湯に溶かすだけ

康青龍　MAP P.126-C3
MRT 淡水信義線・中和新蘆線「東門」駅3番出口から徒歩約5分　📍 金山南路二段 5 號
☎ (02)2396-7700　🕐 10:30 ～ 21:00　休 旧正月　CARD 不可　料 予算 80 元

マンシャンシエンツァオチャーインチュアンマイディエン
滿上仙草茶飲專賣店の
仙草凍紅茶拿鐵 65 元

ほろ苦の仙草がクセになる！

台湾で愛されているハーブ・仙草のドリンク専門店。「仙草凍紅茶拿鐵」は、ミルクティーに苦栗で有機栽培された仙草ゼリーを入れた人気メニュー。阿里産の愛玉も。

台北駅　MAP P.125-C3
MRT 中和新蘆線・松山新店線「松江南京」駅3番出口から徒歩約4分
📍 松江路 58 號　☎ (02)2396-7700
🕐 10:00 ～ 21:00（土～ 18:00）　休 日・旧正月　CARD 不可　料 予算 65 元

シアシューティエンピン
夏樹甜品の
杏仁豆腐 80 元

天然素材で作った体に優しい杏仁

「自分たちで作れる食材は自分たちで」がモットー。トッピングも豊富で、ナツメ、キクラゲ、ハトムギなど。添加物は一切使わず、砂糖はサトウキビから作るこだわり。

迪化街～中山　MAP P.126-A1　MRT 中和新蘆線「大橋頭」迪化街一段 240 號　☎ (02)2553-6580　🕐 10:30 ～ 18:30　休 旧正月　CARD 不可　料 予算 80 元　📖 日本語

狙いを定めて、上手に＆お得にショッピング

SHOPPING
ショッピング

お得に買い物ができるテクから、自分用にも友人用にも持ち帰りたい台湾メイドの雑貨まで。
街なかに点在するコンビニは、ショッピングや小休止のほか、旅に使えるサービスも充実！

111 2000元以上の買い物をしたら
TRS カウンターで営業税の返還手続きを

還付認定を受けているこの看板が目印

還付認定を受けている店にて 3000 元以上の買い物をした場合、営業税（5%）が還付される。店で領収証（統一發票）と免税申請書をもらい、空港の TRS カウンターで申請する。

外国人限定。購入日から 30 日以内に出国する場合のみ有効となる

112 急な豪雨でも安心！
各種雨具は現地で手に入れて

雨が多い台湾では、日本よりも雨具が充実。100 元程度で買える折り畳み傘は、裏面に UV カット用の銀色シートが貼られ、晴雨兼用で使えるものが多い。子供用レインコートや靴カバーまで手に入る。

雨具はコンビニやスーパーのほか、雨が降り始めると、どこからともなく傘を売る人が出現する

113 防水ならなおよし！
台湾の街歩きにはエコバッグ持参が常識

コンビニやスーパー、ドラッグストアなどでは、ビニール袋が有料（2～3 元程度）なので、エコバッグを持ち歩こう。袋が欲しい場合は、袋子（ダイズ）と伝えればよい。おみやげをまとめるときにも使える。

防水加工の袋なら、雨の日でも安心。大きめが便利

108 バラマキみやげに！
買えば買うほどお得になる 買 1 送 1

「買 1 送 1」は「ひとつ買えば、もうひとつプレゼント」という意味。この文字を見つけたら、同じ商品をふたつレジへ持っていこう。「任選 2 件 50 元」は「好きな商品ふたつで 50 元」という意味。

買6送1
（6個買うと1個プレゼント）なども！

109 捨てちゃもったいない！
レシートは宝くじ付きなんです

台湾のレシートには、宝くじ番号があり、当選すると最大 1000 万元が当たる。当選番号は、奇数月の 25 日に下記ウェブサイトで発表。当選したら、レシートとパスポートを持参し、5 等 6 等はコンビニ、4 等以上は指定の銀行へ。

URL invoice.etax.nat.gov.tw

レシートの番号もしくは二次元コードをアプリで読み取ると簡単に検索できる

110 地元っ子も実践！
買い物上手は折と週年慶を使いこなす

「2件6折」は
2個買うと4割引きに！

バーゲンセールで見かける「8 折」「5 折」は割引率を表し、8 折は 2 割引き、5 折は半額という意味。また、10～12 月頃までは、「週年慶」という創業祭が百貨店などで開催され、高級ブランド品も割引対象になる。

116 安くて万能！
チャイナシューズを大人買い！

日常使いはもちろん、フォーマルなシーンにも◎。
スーツケースの中でもかさばらない。

緑が美しいサテン
ですべて手作り
1090 元 ❶

シノワテイストの花柄
やコーディネートにな
じむ藍色 各 300 元 ❷

❶ 小花園 シャオホアユエン

1936 年に上海で創業。上質な生地を使い、手作業で作り上げている。
刺繍が美しい！

迪化街～中山 MAP P.126-B1 MRT 松山新店線「北門」駅 3 番出口から徒歩約 6 分 ♦ 南京西路 237 號 ☎ (02) 2555-8468 ◷ 9:30 ～ 19:00 ㊡旧正月 CARD J M V

❷ 鼎隆百貨 ディンロンパイフオ

刺繍、ビーズ、サテンなどさまざまな生地やデザインを扱う。オーダーメイドも可能。

台北駅 MAP P.125-C1 MRT 板南線・松山新店線「西門」駅 5 番出口から徒歩約 5 分 ♦ 武昌街一段 42 號 ☎ (02) 2331-1195 ◷ 11:00 ～ 18:00 ㊡無休 CARD 不可

117 ひょうたん型の門が目印！
中華カルチャーが集まる書店

台湾と中国の伝統文化に関する
書籍や雑貨を扱う。縁起のよい
意味を持つ「吉祥茶」は、切り
絵作家が手がけたパッケージ
に、凍頂烏龍茶が入る。

漢聲巷門市
ハンションシャンメンシー

松山～頂好 MAP P.124-C3 MRT 板南線「國父紀念館」駅 5 番出口から徒歩約 8 分 ♦ 八德路四段 72 巷 16 弄 1 號 ☎ (02) 2763-1452 ◷ 11:00 ～ 18:00 ㊡土・日 CARD J M V

吉祥茶 120 元
ノート 99 元～

上海合興糕糰店

114 フードコート＆トイレ完備！
南門市場がリニューアルオープン！

2023 年 10 月にリニュー
アルオープン。地下 1 階は
生鮮食品、1 階は加工品・
乾物、2 階は衣類、3 階は
フードコートが入る。おす
すめは、点心専門店の「上
海合興糕糰店」、乾物が並
ぶ「大連食品」(P.74)。

上/1 階にある正月飾りの
専門店 右下/大連食品の
花生酥

南門市場 ナンメンシーチャン

台北市街 MAP P.123-D1 MRT 淡水信義線・松山新店線「中正紀念堂」駅 2 番出口から徒歩すぐ ♦ 羅斯福路一段 8 號 ☎ (02) 2321-8069 ◷ 7:00 ～ 19:00 ㊡月・旧正月 CARD 不可

115 キッチュかわいい♡
漁師バッグは
種類豊富なここで買う

ハンドメイドの竹製品を販売する創
業 100 年以上の老舗。カゴ、セイロ、
ザルなどのほか、日本人から漁師
バッグと呼ばれているナイロンバッ
グ（茄芷袋）も人気。種類も多数！

ナイロンバッグ 35 元～、
ポーチ 120 元

高建桶店 ガオジエントンディエン

迪化街～中山 MAP P.126-A1 MRT 中和新蘆線「大橋頭」駅 1 番出口から徒歩約 10 分 ♦ 迪化街一段 204 號 ☎ (02) 2557-3604 ◷ 9:00 ～ 19:00 ㊡旧正月 CARD 不可

ショッピング｜テクニック

119

右／布袋劇で使われる人形も購入できる　下／ひもを絞ると巾着に。バッグ 1280 元

すべて手作り！
台湾花布の研究者が営む
激かわショップ

花布の研究開発をしている陳宗萍さんが営む店。台湾の民間芸能である布袋劇（台湾語でポテヒ）で用いられる布と、花布を使ったバッグやポーチ、ブックカバーなどを扱う。個性的でビビッドな色がかわいい。

右／ストライプ網フラワーバック 790 元　下／永康街エリアの路地裏にある隠れ家のようなお店

布調 Bu Diao　ブーディアオ
康青龍　[MAP] P.126-C3
🚇 [MRT] 淡水信義線・中和新蘆線「東門」駅 5 番出口から徒歩約 7 分　永康街 47 巷 27 號　☎ (02)3393-7330　🕚 11:00～17:00　㊡ 火～木・旧正月　[CARD] [A] [J] [M] [V]

118

台湾みやげの定番！
M.I.T. ショップ 來好
が愛される理由

理由 ① 品揃え

台湾モチーフ雑貨、パイナップルケーキやドライフルーツなどの菓子、スキンケアやコスメほか幅広い M.I.T. が集まる。

右奥／台湾でおなじみ「小心地滑」型のミニミラー＆スマホスタンド 180 元　右／パイナップルケーキ 15 個入り 350 元

右上／ TAIWAN CITY シリーズ（花蓮・台南）のビールグラス各 150 元　上／花布柄の折り畳み小物入れ各 280 元

理由 ② 立地

MRT 東門駅から徒歩約 2 分、さまざまなみやげ店が軒を連ねる永康街（P.86）エリアにある。近所には姉妹店の Bao Maison（P.63）も！

地下 1 階には食品や花布雑貨、ポストカードがぎっしり。オリジナルも多数！

理由 ③ 日本語 OK

日本語を話せるスタッフが必ずいて、きめ細かいサービスに定評がある。商品説明のポップもすべて日本語にて解説があるので安心。

理由 ④ 試食できる

パイナップルケーキやヌガーが並ぶ棚には、商品の前に小分けの袋が置かれていて、自由に試食できるようになっている。

理由 ⑤ おみやげ用の袋

エコバッグがないと他店では通常有料となるが、無料提供してくれる。個包装用に多めに袋を入れてくれるのもうれしいサービス。

試食は個包装になっているので衛生的。初めて購入する菓子でも安心！

來好　ライハオ
康青龍　[MAP] P.126-C3　🚇 [MRT] 淡水信義線・中和新蘆線「東門」駅 5 番出口から徒歩約 2 分　永康街 6 巷 11 號　☎ (02)3322-6136　🕚 9:30～21:30　㊡ 旧正月　[CARD] [A] [J] [M] [V]

120

台北市内でいちばんの品揃え① 迪化街なので観光途中に立ち寄りやすい② 富錦街にあるおしゃれな店③

地元マダムに大人気！
台北市内にある
鄭惠中ブランド
取り扱い店

シンプルなデザインと着心地のよさで、日本人のファンも多い鄭惠中ブランドはここで。

① 漢聲巷門市
　ハンションシャンメンシー → P.61

② 你好我好
　ニーハオウォハオ → P.74

③ FUJIN TREE 355
　フージンツリー 355

松山～頂好　[MAP] P.124-A3
🚇 [MRT] 文湖線「松山機場」駅 3 番出口から徒歩約 15 分　📍 富錦街 355 號　☎ (02)2765-2705　🕚 12:00～19:30（金～ 17:00）　㊡ 旧正月　[CARD] [A] [J] [M] [V]

9割くらいが日本からのお客さまです

124 人気インフルエンサーがオープン！ M.I.T. が集まるセレクトショップ

2023年11月、台湾日和さんによるカルチャースポットがオープンした。台湾各地から集めた台湾メイド雑貨の販売をはじめ、台湾茶が飲めるカフェや不定期でイベント開催も予定している。

台湾日和 taiwanbiyori
たいわんびより

10坪の空間に、彼が厳選して集めた雑貨が並ぶ

迪化街〜中山 MAP P.126-B1 MRT 松山新店線「北門」駅3番出口から徒歩約10分 延平北路二段41號 ☎(02)2555-7745 10:30〜18:30 休 火・水 CARD J M V

121 日本語で遊べる！ 台湾夜市のボードゲームに注目！

夜市人参（イエス！ジンセイ）国際版 350元。日本語の説明書付き

ここで買う！ 來好 ライハオ ➡ P.62

台湾夜市をテーマにしたボードゲーム。プレイヤーは夜市の経営者になって料理を作り、困難を乗り越えながら注文を捌き切れば終了。中国語の勉強にも使える。台湾ラバーへのおみやげに◎。

122 全シリーズ集めたい！ 台湾モチーフの刺繍

2008年創業。帆布や藍染め工房で染めた布を使い、デザイン、染め、製作にいたるまで、一つひとつ手作業で作り上げている。

蘑菇 MOGU モーグー URL mogu.com.tw

ここで買う！ **然後 Furthermore**
ラホー ファーザーモア

迪化街〜中山 MAP P.126-B2 MRT 淡水信義線・松山新店線「中山」駅4番出口から徒歩約3分 南京西路25巷18號 ☎(02)2556-1656 13:00〜20:00 休 無休 CARD A J M V

刺繍ワッペン台灣100景盒一號《冰果店》280元

125 デザインが超おしゃれ 見つけたら即購入！「THE BIG ISSUE」

1991年にロンドンで設立し、日本でも見かけるストリート新聞。ホームレスや生活困窮者に正当な報酬を支払い、社会復帰してもらうことを目的としている。台湾版のデザインは、新進気鋭のデザイナー余宥棋さんなどが手がけており、おみやげとして購入する人も多い。駅前などで販売していることが多いので、見つけたらゲットしたい。

1冊100元。半分が販売員の利益になる

123 台北駅近の穴場リノベスポット M.I.T. 雑貨&台湾産コーヒーを持ち帰る

築80年以上の建物をリノベして、2021年にオープン。店内には台湾メイドの雑貨販売のほか、カフェ「COFFEE TO」もあり、阿里山産コーヒーなどを味わえる。

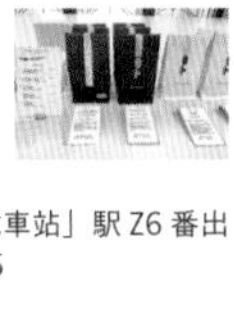

未來市 THE GALA ASIA
ウェイライシー ガーラ エイジア

台北駅 MAP P.125-C1 MRT 淡水信義線・板南線「台北車站」駅Z6番出口から徒歩すぐ 忠孝西路一段70號 ☎(02)2375-5475 10:00〜19:00 休 無休 CARD A J M V

126 プチプラ雑貨が手に入る バラマキ系はここ

左／茶器とコースターのセット270元。インテリアとしても◎

右／ポケットティッシュ&小銭入れ200元、3個550元。カラー展開が豊富で迷ってしまう！

來好（P.62）の姉妹店。花布柄やシノワ柄のポーチは、サイズや形が豊富に揃い、バラマキみやげにぴったり。オリジナルキーホルダーや雑貨などの小物系もたくさん。

Bao Maison バオ メゾン

康青龍 MAP P.126-C3 MRT 淡水信義線・中和新蘆線「東門」駅5番出口から徒歩約2分 永康街6巷3號 ☎(02)2397-5689 10:00〜21:30 休 無休 CARD A J M V

130

バイヤー御用達

装飾品を揃えるなら五分埔が断然お得！

およそ1000軒もの店がひしめき合う大規模マーケット。服、バッグ、シューズ、小物がリーズナブルに手に入る。

もとは中南部から出稼ぎに来た人が集まり、海外向けの衣服製作で余った布切れを、つなぎ合わせて下着などを作り販売していた

五分埔 ウーフェンブー

台北市街 MAP P.123-C3 MRT 松山新店線「松山」駅4番出口、板南線「後山埤」駅1番出口から徒歩約5分 松隆路、松山路、永吉路 11:00頃〜24:00頃 CARD 店舗により異なる

131

安い物多数！

台北駅すぐのプチプラ問屋街華陰街へ

ホアインジェ

台北車站駅の北にあるファッション雑貨や、ラッピング用品などを多彩に揃える問屋街。バラマキみやげにぴったりなアクセサリーや、おみやげを入れる袋が並ぶ。

台湾製、韓国製のキュートなアクセサリーが100〜300元程度で手に入る！❶

1964年創業の袋問屋。ペーパーバッグやギフトボックスも販売している❷

❶ **TREASURE SHOP**
トレジャー ショップ

台北駅 MAP P.125-C1 MRT 淡水信義線・板南線「台北車站」駅Y13出口から徒歩約2分 華陰街189號 (02)2559-3685 11:00〜19:00 旧正月 CARD A V

❷ **袋袋相傳** ダイダイシアンチュアン

台北駅 MAP P.125-C1 MRT 淡水信義線・板南線「台北車站」駅Y13出口すぐ 太原路11之6號 (02)2556-1551 9:00〜20:00（金〜日 10:00〜17:30）旧正月 CARD 不可

127

高級茶も無料！

茶葉は購入前にテイスティングが当たり前！

気になる茶葉はどんどん試飲して！

茶葉の値段に関係なく試飲は無料。高い茶葉が好みとはかぎらないので、まずは試飲をしてみよう。お茶の入れ方や、茶葉に合う湯の温度なども確認しておくとよい。自分の好みの味を伝えると、新しい茶葉との出合いも。

128

台湾茶の焙煎を学ぶ

買い物ついでに焙煎工場を無料で見学

3代目オーナーが切り盛りする1890年創業の店。炭を使った伝統的な焙煎方法を引き継ぐ製茶工場を併設しており見学できる。

有記名茶 ヨウジーミンチャー

迪化街〜中山 MAP P.126-B1 MRT 淡水信義線「雙連」駅1番出口から徒歩約13分 重慶北路二段64巷26號 (02)2555-9164 9:00〜18:00 旧正月 CARD A J M V

129

歩くだけでも楽しい！

薬草茶を販売する青草巷をぶらり

チンツァオシャン

薬草街の一角で、薬草茶が飲める。夏バテのときは青草茶、美容や胃にはアロエ（蘆薈）茶、むくみや貧血にはローゼル（洛神花）茶がおすすめ。店頭では茶葉の販売も。

洛神花茶110元と千草茶80元

安安青草店 アンアンチンツァオディエン

西門町〜龍山寺 MAP P.126-D1 MRT 板南線「龍山寺」駅3番出口から徒歩約1分 西昌街224巷2號 (02)2302-1408 8:00〜20:00 日・旧正月5日間 CARD 不可

134
台湾でしか作れない
日本語で参加できる
オリジナル茶器 &
台湾型プレート作り
にトライ

地元マダムから観光客までが訪れる人気のレッスン教室。磁器に転写紙を貼るポーセラーツは、初心者や子供でも満足度の高い作品を作ることができる。焼成に20時間かかるので、受け取りは最短2日後となる。

LaReine Taipei Handmade ラレーヌ タイペイ ハンドメイド
台北駅 MAP P.125-C1 MRT 板南線・淡水信義線「台北車站」駅Z8番出口から徒歩約1分 ♀忠孝西路一段72號11F-19 ☎ 0978-701-378 体無休 CARD 不可 ✉yoyakulareine1314@gmail.com

--- レッスン詳細 ---
料金：体験レッスン1000元（台湾プレート）　所要時間：2時間
体験時間：9:00〜19:00
予約方法：前日までにE-Mailで要予約。日本語可

STEP 1

転写紙を選び、絵柄を切り取る

STEP 2

切り取った転写紙を水につける

STEP 3

さらに別の転写紙を同様に貼る

STEP 4

磁器に貼り、ゴムヘラで水分と空気を抜くと完成！

台湾柄のオリジナル転写紙が人気

左／美しい茶器に感動！
下／台湾型プレート作り体験1000元もキュート

132
大人気DIY！
自分で作る
パイナップルケーキを
おみやげに

パイナップルケーキ・フェスティバルで金賞を受賞した郭元益の博物館。パイナップルケーキ作り体験のほか、ブランドの歴史展示もある。体験当日は、日本語の通訳が付く。

上／オリジナル包装に包んで完成
下／衛生的な環境

--- レッスン詳細 ---
料金：400元　　所要時間：3時間
体験時間：毎日9:00〜、13:00〜
予約方法：1週間前までに日本語HP予約フォームから要予約
URL www.kuos.com/museum/guide_tourist_jp.html

子供から大人まで楽しめる

郭元益糕餅博物館 グオユエンイーガオビンボーウーグワン
台北市街 MAP P.123-B2 MRT 淡水信義線「士林」駅1番出口から徒歩約15分 ♀文林路546號4 ☎(02)2838-2700 ⏰9:00〜17:30 体月・旧正月 ￥入場料50元（DIY体験とは別途必要） CARD A D J M V

133
花布好きなら一度はトライ！
オーダーメイドで
My 花布雑貨を作る

2階で生地を販売、3階には仕立て屋が入る。日本への発送も可。

永樂市場／永樂布業商場
ヨンラーシーチャン／ヨンラープーイーシャンチャン
迪化街〜中山 MAP P.126-B1 MRT 松山新店線「北門」駅3番出口から徒歩約10分 ♀迪化街一段21號 ☎(02)2556-8483 ⏰8:00〜18:30 体旧正月 CARD 不可

1 2階で布を買う

好みの生地を選んで購入する。客家花布柄が多く、日本人に人気

2 3階でオーダーする

ポーチは50元〜、チャイナ服は2500元〜。工賃は3500元〜、1週間程度でできる

138 台湾の最高学府
台湾大学の公式オリジナルグッズ

キャンパスにある台湾大学公認のアパレルショップ。パーカー、Tシャツ、キャップなど、台湾大学の略称「NTU」ロゴが入ったキュートなアイテムがずらり。2022年に移転オープンした。

キャップ550元、トレーナー1180元、マグカップ450元、Tシャツ500元

酷鵸設計 クーマーショージー
台北市街 MAP P.123-D2 MRT 松山新店線「公館」駅3番出口から徒歩約3分 ♀羅斯福路四段 國立台灣大學 綠色小屋一號 ☎(02)3365-2112 ⏰11:00～18:00 ㊡土・日・祝・旧正月 CARD J M V (3000以上)

---

139 履き心地も抜群！
台湾小吃＆台湾雑貨がソックスに！

魯肉飯や牛肉麺などの台湾小吃、台湾で昔から愛されているスリッパ、漁師バッグなどをモチーフにしたソックス。誠品生活松菸店（P.66）などで購入可能。日本からの注文はアジア最大級のデザイナーズサイト「Pinkoi」へ！

木森好襪 ムーセンハオワー URL www.musensocks.com
Pinkoi ピンコイ URL jp.pinkoi.com

---

140 ギフトにもおすすめ！
鹽酥雞専門店の限定発売オリジナルグッズ

師園啤酒杯80元

師大夜市で人気の屋台グルメ・鹽酥雞を食べられる。店舗では、オリジナルのおしゃれなコップやバッグを購入可能。限定発売なのでお急ぎを！

師園鹽酥雞 西門店
シーユエンイエンスージー シーメンディエン
西門町～龍山寺 MAP P.126-C1 MRT 板南線・松山新店線「西門」駅1番出口から徒歩約1分 ♀成都路28號 ☎(02)2314-3966 ⏰12:00～24:00 ㊡旧正月 CARD 不可

---

135 MRT中山駅近！
台湾モチーフの文房具を大人買い！

台北中心部にあり、ロケーション抜群。台湾フルーツ柄や花布柄などのマスキングテープが充実している。文房具のほかコスメ、美容グッズ、ファッション雑貨なども手に入る。

上／マスキングテープ40元～
左／ポストイット64元

金興發生活百貨
ジンシンファーシェンフオバイフオ
迪化街～中山 MAP P.126-B3 MRT 淡水信義線・松山新店線「中山」駅3番出口から徒歩すぐ ♀南京西路5-1號 ☎(02)2100-2966 ⏰9:30～23:30 ㊡無休 CARD J M V

136
松山国際空港をモチーフにしたマグカップ580元。空港限定

季節限定商品も！
スターバックスで台湾限定品をゲット

台湾のスターバックスでは、台湾各地の街並みやフルーツをモチーフにしたグッズが期間限定で販売される。オリジナルのパイナップルケーキや、秋限定の月餅も見逃せない。

右／台湾スタバ25周年記念のデザイン 左／台湾限定のスターバックスカード150元

---

137 深夜にのんびり
誠品生活松菸店の3階が24時間営業に！

2024年1月に誠品生活松菸店がリニューアルオープン。台湾最大のアートブックコーナーや、書店員の選書コーナー、児童書コーナーなど書籍量は3倍となり、10万点以上の品揃えに。

誠品生活松菸店 チェンピンシェンフオソンヤンディエン
松山～頂好 MAP P.124-C3 MRT 板南線「市政府」駅1番出口から徒歩約15分 ♀菸廠路88號 ☎(02)6636-5888 ⏰1F・2F文具館・3F兒童館 11:00～22:00、3F書店・音樂館 24時間、3Fカフェ 10:00～24:00、そのほか詳細はHP参照 ㊡無休 CARD A J M V URL meet.eslite.com/tw/tc/store/20180220034

144 殺菌効果がすごい！
究極の吹き出物対策
ニキビパッチとは？

台湾のドラッグストアに必ず置いてあるニキビパッチ（痘痘貼）。これをニキビに貼ると、分泌物を吸収してアクネ菌を抑える効果が。サイズがいろいろあり、ニキビの大きさによって選べる。

ニキビパッチ各約100元。ピンセット入りなので衛生的。薄くて目立たないので付けたまま外出する人も

145 リピート確定！
台湾発の優秀ナチュラルコスメ

台湾で取れた原材料を使ったナチュラルコスメ。リピートしたい場合は、Pinkoiを使って日本から取り寄せもできる。

URL www.235n.com.tw

❶ expo SELECT 南西
エクスポ セレクトナンシー

台湾メイドのスキンケアなどが手に入る。「23.5° N」は、雲林産の米や新竹産の東方美人茶で作られた人気のスキンケア商品。

迪化街〜中山 MAP P.126-B3 MRT 淡水信義線・松山新店線「中山」駅1番出口から徒歩すぐ ♀南京西路14號 誠品生活南西4F ☎ (02) 2581-3358 ⏰ 11:00〜22:00（金・土〜 22:30）⊗旧正月 CARD J M V

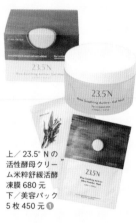

上／23.5° Nの活性酵母クリーム 米粒舒緩活酵凍膜 680元 下／美容パック5枚 450元 ❶

❷ 茶籽堂 永康街概念店
チャーズータン ヨンカンジ エガイニエンディエン

茶籽（茶の実）を砕いて絞り出した苦茶油を使ったシャンプーやハンドクリームを扱う。さわやかな香りは日本人にもファンが多い。

康青龍 MAP P.126-C3 MRT 淡水信義線・中和新蘆線「東門」駅5番出口から徒歩約6分 ♀永 康 街 11-1 號 ☎ (02)2395-5877 ⏰ 10:30〜21:00（金・土〜21:30）⊗旧正月 CARD J M V

上／ハンドクリーム 480元
下／トラベルセット 600元 ❷

141 阿原リピーターは必読！
VIP会員になって
割引サービスを受ける

大人気の阿原では、5000元以上の買い物をすると、VIPカード会員になれる。会員になると、毎回5％引きとなり、誕生日には20％引きに。さらに4・8・12月に買い物をするとプレゼントをもらえる！

保湿効果が期待できる月桃の美容パック月桃・水澎潤面膜 680元ほか

阿原 Yuan ユアン

康青龍 MAP P.126-C3 MRT 淡水信義線・中和新蘆線「東門」駅5番出口から徒歩約5分 ♀永康街8巷2號 ☎ (02)3393-6891 ⏰ 10:00〜21:00（旧暦大晦日〜17:00）⊗旧正月 CARD J M V

142 即効性あり！
老舗漢方薬局で手に入れる
美容パック＆美容茶

漢方のお茶やコスメが豊富。いち押しは、美白とシワに効果があるという真珠粉のパックと、美肌効果がある養顔美容茶。効能や使用法をまとめた日本語の資料もある。

左から養顔美容茶 300元、真珠粉のパック 400元

六安堂参藥行 リゥアンタンツァンヤオハン

迪化街〜中山 MAP P.126-A1 MRT 松山新店線「北門」駅3番出口から徒歩約10分 ♀迪化街一段75號 ☎ (02)2559-8599 ⏰ 9:30〜19:00（日〜18:00）⊗旧正月 CARD J M V

143 日本で買うより断然お得！
自然食品専門店の
酵素＆サプリメント

自家農園産の有機栽培食材を使った自然食品を販売。高品質な酵素が格安で手に入る。おすすめは、清淨光無糖酵素 7200元（610㎖）。梅が主原料の無糖の酵素液で、呼吸器の機能を助ける効果が期待できる。

左／店内にはドライパイナップル鳳梨乾 160元や、エッセンシャルオイル諾麗精油 3450元などが並ぶ 右／清淨光無糖酵素

清淨母語 チンジンムーユィ

康青龍 MAP P.126-C3 MRT 淡水信義線・中和新蘆線「東門」駅5番出口から徒歩約6分 ♀金華街253-2號 ☎ (02) 2594-5111 ⏰ 11:00〜20:00（火・木・土 9:00〜20:00）⊗旧正月 CARD J M V

飲むコラーゲン！若返り効果もあるよ

行くたびに思わぬ発見！
最新コンビニ事情をチェック！

便利 [ビエンリー]
CONVENIENCE STORE
商店 [シャンディエン]

街なかのコンビニを上手に
使いこなして何倍も楽しむ

150 便利機能をフル活用！台湾セブン-イレブンのibonを使いこなして快適旅を！

台湾のセブン-イレブンにあるマルチメディア機器「ibon」では、24時間体制でさまざまなサービスを受けられる。旅に使えそうな機能をピックアップ！

便利1 高鐵＆台鐵のチケットを買う、受け取る

ibonで予約購入ができるほか、予約アプリ「台鐵e訂通」や「T Express」（P.102）で予約したチケットの受け取りもできる。コンビニで受け取る場合、手数料10元が必要。切符の変更は駅の窓口へ。ファミリーマート、OKマート、ハイライフでも購入可能。

操作方法
1. 票券中心
2. 交通票
3. 台灣高鐵 THSR
4. 購票
5. 出発駅と到着駅を選択
6. 單程票（片道）もしくは去回票（往復）
7. 人数、座席選択、出発日時
8. 控えを持ってレジへ

便利2 モバイルバッテリーのレンタル

Googleマップを頻繁に使う旅行では、スマホバッテリーの減りが早い。一部のセブン-イレブンではバッテリーをレンタルできる。10分以内は無料、1時間ごとに12元、24時間当たり最大36元。

操作方法
1. 生活服務
2. 行動電源租賃
3. 手機掃描租借
4. スマホで二次元コードを読み取り支払い方法を選択
5. バッテリーを受け取る

便利3 タクシーを呼ぶ

流しや配車アプリ（P.14）でなかなかタクシーがつかまらないときは、コンビニで配車を手配することもできる。控えにある番号とタクシー番号を確認してから乗車しよう。

操作方法
1. 生活服務
2. タクシー会社を選択
3. 一般叫車
4. 電話番号を入力
5. 支払い方法を選択
6. 控えを持ってタクシーを待つ

146 多彩なデザインも魅力 悠遊卡の購入＆チャージができちゃう！

MRTやバス、コンビニなどで使える便利な悠遊卡は、コンビニのレジ横で購入できる。レジでチャージも可能で、「請加值（チンジャーヂー）」と伝え、チャージしたい金額を伝える。

キャラクター柄もあり、形もカード型からキーホルダー型までさまざま

147 烏龍茶が甘い!? お茶は甘さを確認してからレジへ！

表示をチェック！
［無糖］
滞在中、一度は買う編集部いち押しの無糖烏龍茶

台湾では緑茶や烏龍茶にも砂糖を入れる習慣があり、「無糖だと思って飲んでみたら甘かった！」という衝撃体験が一度はある。加糖や微糖が基本なので、気をつけて購入しよう。

148 コンビニならではの少量サイズやバラ売りがうれしい！

台湾リプトンはおみやげに人気！

スーパーの商品は大容量が多いが、コンビニでは1袋ずつ販売しているので、試して買ってみたいときや、少人数へのおみやげにぴったり。虫除けスプレーなどもミニサイズがある。

上から／ミルクティー粉末12元、統一麺のインスタントラーメン18元、虫除けスプレー45元

149 大人買いしたい！かわいいパッケージのコンビニ限定商品

左から／桃＆烏龍茶55元、ドライフルーツ45元、グアバ＆オレンジ風味のグミ45元

ファミリーマートのオリジナル商品は、パッケージデザインがかわいく、おいしいアイテムが多い。頻繁に新商品が発売され、季節限定商品もあるので、チェックしてみて。

152 書店やジム付きもあり

散策途中で気軽に寄れる
コンビニのイートインコーナー

中華まんやウインナーなどは小腹がすいたときにぴったり！

ほとんどのコンビニにイートインスペースが設置されている

気温と湿度が高い日が多い台湾では、思った以上に体力を奪われることがある。わざわざカフェに入るまでもないが、少し休憩をしたいときにコンビニのイートインコーナーが便利。トイレは付いていない店舗もある。最近では、書店やスポーツジムが併設されたコンビニまで登場している。

153 台湾コンビニの独特なにおいはこれ

台湾っ子のソウルフード
茶葉蛋とは？
チャーイエダン

1個10元。どこのコンビニにもあるので試してみて！

においが苦手な人も多い台湾コンビニ。日本のコンビニにはない香りの正体は、茶葉蛋という伝統煮込み。醤油や茶、漢方、八角などで煮た卵のこと。トングで挟んでポリ袋に入れ、レジで会計をするシステム。

台湾で昔から使われている電気鍋で煮込んでいるコンビニが多い

151

地方限定も！

ソフトクリーム&ドリンクの
期間限定商品を
見逃すな！

老舗メーカーとコラボしたソフトクリームや季節限定のドリンクを販売している。時期にもよるが、セブン - イレブンでは人気のタピオカミルクティーもよく販売されている。レジにて注文し、支払いを行う。ドリンクは砂糖の量を調整できるので、自分好みに注文しよう。

本格的な味をぜひ試してみて！

上・右／ファミリーマートの期間限定商品。台湾で昔から親しまれている仙女紅茶を用いたソフトクリーム。注文を受けると専用の機械で作ってくれる

上奥／セブン - イレブンの台湾南部、夏季限定の黒糖冬瓜タピオカドリンク

154 送料が断然お得！

台湾の通販サイトで買って
現地コンビニで受け取る！

台湾版 Amazon「博客來」などで購入した商品を現地のファミリーマートやセブン - イレブンで受け取れる。商品を探す時間が省け、送料も安い。※注文＆受け取りには台湾の電話番号が必要

ホテル近くの店舗を指定できる！

STEP 1	STEP 2	STEP 3

商品を WEB で注文する

台湾の通販サイトで商品を購入。配送先指定の際、コンビニ受け取り可能な商品かを確認し、受け取り店舗を指定する

メールに受付番号が届く

荷物が届いたらメールで通知が来る。発送から受け取りまで3日～1週間程度。コンビニなので、24時間受け取りができる

指定した店舗で受け取る

レジでメールを見せて荷物を受け取る。パスポートを持参しよう。荷物は、コンビニ到着から5日程度は預かってもらえる

158 台湾産にこだわる！自然派スーパー3選

産地がわかるオーガニック食材店で、パッケージがおしゃれでおみやげに最適な商品をパトロール！

🛒 神農生活 誠品南西店
シェンノンシェンフオ チェンピンナンシーディエン

神農生活のオリジナル商品「神農好食」のほか、台湾各地から厳選した食材が並ぶ。台湾で昔から使われてきた生活雑貨や衣服も販売。

迪化街〜中山 [MAP] P.126-B3 [MRT] 淡水信義線・松山新店線「中山」駅1番出口徒歩すぐ ♀ 南京西路14號4F ☎(02)2563-0818 ⏰11:00〜22:00（金〜日〜22:30）[休] 無休 [CARD] A J M V

上から／台中大甲の麺職人が作った麺條各39元、秘伝のレシピで作ったカラスミソース烏魚子醤390元、カボチャの種とナッツ南瓜籽南杏仁酥189元、小茶栽堂の黄梔（クチナシ）烏龍茶220元

澎湖海風日曜麺線120元。離島・澎湖で作られたモチモチの麺線

🛒 天和鮮物 華山旗艦店
ティエンフーシエンウー ホアシャンチージエンディエン → P.41

台湾各地から集められた自然食品を販売する。調味料や菓子はおみやげにぴったり。野菜たっぷりの滋養強壮ドリンク（P.41）もおすすめ。

左から／天然成分のリップクリーム KI 媽迷迭香護唇膏各65元、台湾産のピーナッツのピーナッツバター東和石磨花生醤200元

🛒 GREEN & SAFE 東門店
グリーンアンドセーフ ドンメンディエン

東門駅の近くにあるオーガニック食材店。オリジナル商品が多数あり、パッケージもシンプルでおしゃれ。調味料、麺、菓子が人気。

康青龍 [MAP] P.126-C3 [MRT] 淡水信義線・中和新蘆線「東門」駅4番出口から徒歩すぐ ♀ 信義路二段158號2F ☎(02)2341-6002 ⏰9:30〜21:00 [休] 旧正月 [CARD] A J M V

左から／ひまわり油とエシャロットを使った油蔥150元、砂糖や香辛料は不使用のドライマンゴー愛文芒果乾180元

155 食べて運気アップ！縁起のよいキュートな開運ドロップ

日本にも支店があるスペイン発のキャンディショップ。台湾限定のキャンディには、重なる喜びを意味する「囍」柄や台湾小吃柄150〜400元、麻雀柄150元などがある。旧正月などには季節限定商品も登場する。

papabubble ババブブレ

松山〜頂好 [MAP] P.124-D2 [🚌][MRT] 板南線「忠孝敦化」駅3番出口から徒歩5分 ♀ 安和路一段49巷15號 ☎(02)8773-0955 ⏰11:00〜20:00（月〜17:00）[休] 無休 [CARD] J M V（500元以上で利用可能）

156 台湾味のかわいいお菓子 台灣貓舌菓のラングドシャが戻ってきた！

タピオカ、杏仁豆腐、烏龍茶味のチョコレート、台湾ドライパインなどをサンドしたラングドシャ。休業していたが2024年3月に営業再開した。Instagramなどから予約（日本語可能）をして店舗で受け取る流れ。ホテルへの配送も可能（別途要送料）。

台灣貓舌菓 タイワンマオショーグオ

台北市街 [MAP] P.123-B1 [MRT] 淡水信義線「圓山」駅2番出口から徒歩約11分 ♀ 哈密街59巷38弄19號 ☎なし ⏰10:30〜16:00 [休] 月・旧正月 [CARD] 不可 [📷] @nekojica

157 パッケージもグッド 世界チョコレート大賞受賞の食べるコーヒーとは？

台湾のコーヒー文化を広めようと開発されたチョコレート、COFE Bar。台湾産の厳選したコーヒー豆と屏東産カカオが配合されている。2杯ぶんのブラックコーヒーエキス入り。

COFE Bar380元。南投、阿里山、屏東のコーヒー豆を使う

COFE コフィ

台北駅 [MAP] P.125-A1 [MRT] 中和新蘆線「大橋頭」駅1番出口から徒歩約9分 ♀ 迪化街一段248號2F ☎(02)2552-8386 ⏰10:00〜18:00 [休] 旧正月 [CARD] 不可

162 判断を誤りがちな物
台湾から日本へ 持ち帰れない物に注意！

発火するものや液体物は、機内持ち込み制限があることはよく知られているが、ほかにも意外と持ち込めない物が多い。事前に植物防疫所のWEB（URL: maff.go.jp/pps）を確認。

明星花露水
香水。アルコール度数70度以上なので、手荷物持ち込みも預け入れもNG

肉製品
肉製品や動物由来製品のほとんどは持ち帰れない。豚肉で作られた肉でんぶは持ち帰れないが、魚でんぶは持ち帰れる

電蚊拍
電気で殺虫する装置。手荷物持ち込みNG。バッテリー充電式も預け入れもNG

台湾フルーツ
生のライチ、マンゴー、パパイヤ、バナナなどは持ち帰れない。ドライフルーツはOK

☑ 薬	☑ ジャム
軟膏や点眼薬などは24個以内、化粧品も24個以内、使い捨てコンタクトレンズ類は2ヵ月ぶん以内なら持ち込める	液体物扱いとなる。100mℓ以下でジッパー付きの透明な袋に入っていないと機内持ち込みはNG。預け入れはOK
☑ プリン、ゼリー	☑ 生のコーヒー豆
液体扱いとなる。煮物や漬物、チョコレートソース（固形ならOK）、生クリームも機内持ち込みNG	生の場合は、入国時に植物防疫所で審査が必要。ローストしたコーヒー豆は審査なしで持ち込める
☑ 香辛料	☑ スプレー
チリパウダーやクミンなどの乾燥香辛料、漢方薬の粉末は、小売用の容器に密封されている物は持ち込める	化粧水スプレー、ヘアスプレー（100mℓ以下）は機内持ち込みOK（再密閉可能な透明なプラスチック袋に入れる）。防水スプレーは預け入れのみOK

163 ひと振りで台湾味！
調味料を持ち帰って自宅で本格台湾料理

スーパーマーケットやコンビニの調味料売り場にある鹽酥雞椒鹽粉は、夜市にあるから揚げ（鹽酥雞）の味を再現できる万能調味料。甜辣醬は、甘辛がクセになるスイートチリソース。台湾では粽やチャーハンのアクセントに使う。

ここで買う！
全聯福利中心 大同延平北店 → P.76
家樂福 桂林店 → P.76
各種コンビニ

---

159 簡単にできる！
持ち帰ったカラスミの保存方法と調理方法

> そのまま焼くほか、ピザやパスタにかけても◎

真空パックのカラスミは、常温で1週間、冷蔵で1ヵ月、冷凍で1年間保存できる。食べる前にパックから取り出し、焼酎を塗ってしばらく置く。最後にフライパンで炙ろう。

ダイコンやネギ、リンゴと一緒に食べるのがおすすめ！

160 給湯機パラダイス！
台湾式水筒をゲットして台北っ子気分を味わう

台湾はかき氷店やジューススタンドが多い一方で、体を冷やさないよう白湯や温かいお茶を飲む習慣があり、マイ水筒を持ち歩く人が多い。街なかや駅構内には給湯機が点在している。

茶葉をそのまま入れられる茶こし付きの水筒。スーパーなどで購入できる

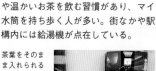

> 駅や空港の給湯器はトイレ付近にあるよ

161 帰国直前まで堪能する！
桃園空港の免税エリアで台湾コスメを爆買い！

免税エリアにある薬局には、台湾で人気のスキンケアブランドがずらり。美容パックや化粧品が出発直前に購入できる。写真は、桃園空港第2ターミナルD2搭乗口付近。

上から／提ър研（P.77）や森田薬妆の美容パック、廣源良の化粧水（P.78）

台 湾 好 吃 歓迎您來

SHOPPING RANKING

定番だけどハズせない

パイナップルケーキランキング BEST 5

定番だけどやっぱりハズせないパイナップルケーキ（鳳梨酥）。お気に入りの店を探してみて！

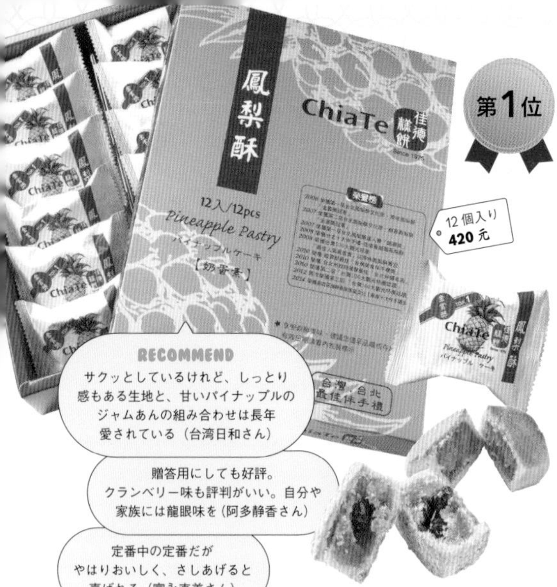

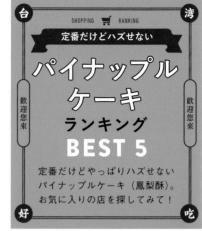

12 個入り 420 元

RECOMMEND
サクッとしているけれど、しっとり感もある生地と、甘いパイナップルのジャムあんの組み合わせは長年愛されている（台湾日和さん）

贈答用にしても好評。クランベリー味も評判がいい。自分や家族には龍眼味を（阿多静香さん）

定番中の定番だがやはりおいしく、さしあげると喜ばれる（富永直美さん）

第1位 佳德糕餅

行列ができることも！コンテストの常連受賞店

冬瓜入りパイナップルケーキ。オリジナルの原味鳳梨酥は1個35元、12個入り420元。4000元以上購入でホテルまで配送可。

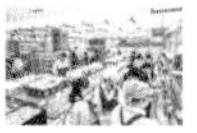

佳德糕餅
ジアドーガオビン

1975年創業。1日100～200個を売り上げる

松山～頂好 MAP P.124-B3
MRT 松山新店線「南京三民」駅2番出口から徒歩約2分
南京東路五段88號 ☎(02)8787-8186 8:30～20:30
休 旧正月 CARD 不可

第2位 but. we love butter

遊び心あふれる焼き菓子専門店

看板メニューは、金鑽パイナップルに、フランス産エシレバター、嘉義産の塩を使ったパイナップルケーキ「Soul mate」6個入り468元。

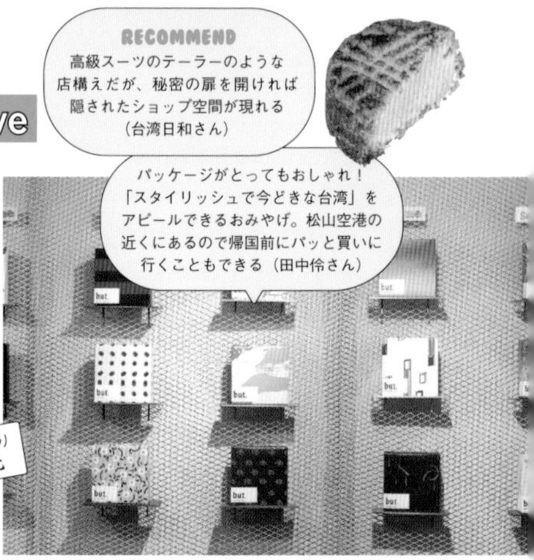

6 個入り 468 元

RECOMMEND
高級スーツのテーラーのような店構えだが、秘密の扉を開ければ隠されたショップ空間が現れる（台湾日和さん）

パッケージがとってもおしゃれ！「スタイリッシュで今どきな台湾」をアピールできるおみやげ。松山空港の近くにあるので帰国前にパッと買いに行くこともできる（田中伶さん）

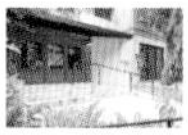

but. we love butter
バット ウィー ラブ バター

スーツが並ぶテーラーが店の入口。店内で試食可能

松山～頂好 MAP P.124-A2 MRT 文湖線「松山機場」駅2番出口から徒歩約15分 富錦街102號 ☎(02)2547-1207 13:00～20:30（土・日12:30～20:00） 休 旧正月 CARD J M V

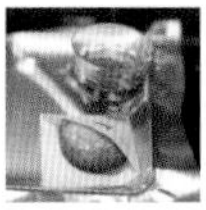

第3位 The Nine

上質食材がたっぷりインでパッケージもおしゃれ

金鑽パイナップルやフランスバターを使ったリッチな風味。生地がサクッとしていて、あんはしっとり。12個入り550元。

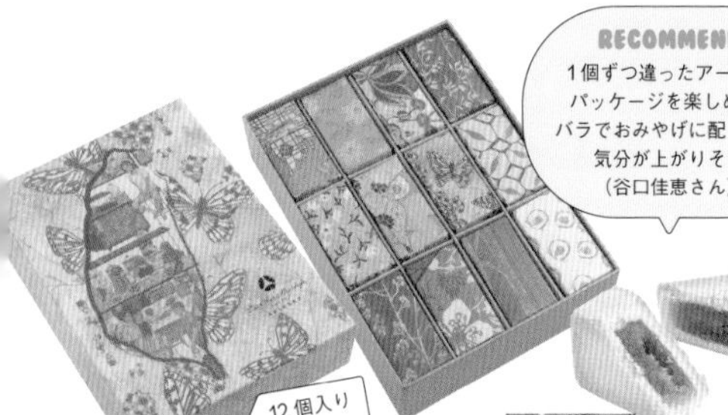

12 個入り 550 元

RECOMMEND
1個ずつ違ったアートなパッケージを楽しめる。バラでおみやげに配っても気分が上がりそう（谷口佳恵さん）

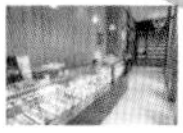

The Nine
ザ ナイン

オークラプレステージ台北に入るデリカッセン

迪化街～中山 MAP P.126-B3
MRT 淡水信義線・松山新店線「中山」駅3番出口から徒歩約4分 南京東路一段9號 オークラプレステージ台北1F ☎(02)2181-5138 8:30～20:30
休 無休 CARD A J M V

第4位 la vie bonbon 林森旗艦店

新食感で話題のパイナップルケーキ

チーズが練り込まれた生地に、パイン果汁入りのギモーブとパインあんが入る。ギモーブパイナップルケーキ9個入り620元。

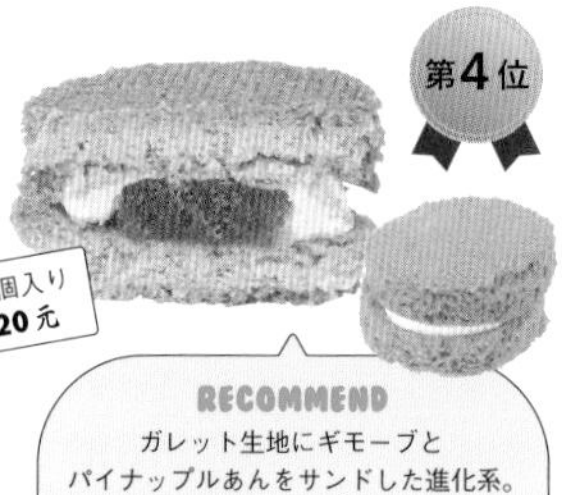

9 個入り 620 元

RECOMMEND
ガレット生地にギモーブとパイナップルあんをサンドした進化系。とっておきのパイナップルケーキです（コバシイケ子さん）

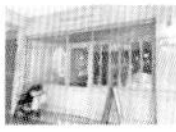

la vie bonbon 林森旗艦店
ラビーボンボン リンセンチージンディエン

店名は「スイートですてきな人生を」という意味

台北市街 MAP P.123-C1 MRT 淡水信義線「圓山」駅1番出口から徒歩約14分 林森北路644號 ☎(02)2586-5388 11:30～21:00 休 旧正月 CARD 不可

第5位 微熱山丘 台北民生公園門市

試食をしてから購入できる

あんは台湾原種のパイナップル（土鳳梨）、生地には日本産の小麦粉やニュージャージー産の天然バター。鳳梨酥6個入り300元。

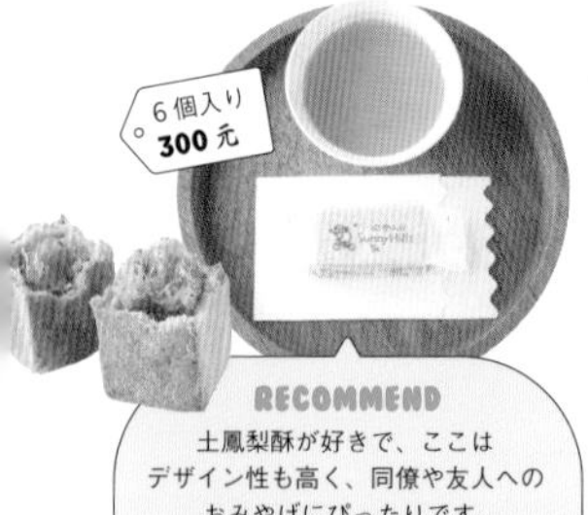

6 個入り 300 元

RECOMMEND
土鳳梨酥が好きで、ここはデザイン性も高く、同僚や友人へのおみやげにぴったりです。ゆっくり座って無料で試食とお茶が飲めますよ（莊寧さん）

微熱山丘 台北民生公園門市
ウェイルーシャンチウ
タイペイミンションゴンユエンメンシー

桃園空港第2ターミナル2階にも店舗がある

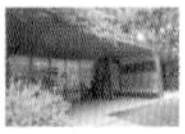

松山～頂好 MAP P.124-A2 MRT 文湖線「松山機場」駅3番出口から徒歩約15分 民生東路五段36巷4弄1號 ☎(02)2760-0508
10:00～18:00 休 無休 CARD A J M V

★「滋養和菓子」は、和菓子の技法を取り入れ、あんをクッキーでサンドした新感覚パイナップルケーキ（台湾日和さん）

各6袋入り **220元**

第1位 小茶栽堂 永康門市

永康街中心部にある自然栽培茶の専門店

無農薬、無化学肥料で栽培した南投産の茶葉を扱う。写真は左から烏龍茶、クチナシ（黄梔）烏龍茶、キンモクセイ（桂花）烏龍茶。

小茶栽堂 永康門市
シャオチャーザイタンヨンカンメンシー

松山空港に近い富錦門市 MAP P.124-A3 外）も便利

康青龍 MAP P.126-C3
🚇 淡水信義線・中和新蘆線「東門」駅5番出口から徒歩約1分 ♀ 永康街7-1号 ☎ (02) 3393-2198 🕙 10:30 ～ 20:30 🈺 無休 CARD A J M V

台湾紅茶入りのパイナップルケーキも人気！
紅茶土鳳梨酥 1個 80元

林華泰茶行

コスパ抜群！早朝から営業する茶葉店

「品質よく、値段を安く」をモットーに、台湾茶を販売。凍頂烏龍茶1斤（600g）600元～。店舗の奥にある工場を見学できる。

第2位

600g **600元**～

第3位 ## 迪化半日

迪化街の隠れ家みたいな複合型施設

建物内には、陸寶ブランドの茶器や自家焙煎した茶葉を販売。建物奥には台湾茶カフェも。写真は、左から野菊金萱、桂花四季春。

5袋入り **200元**
30袋入り **580元**

迪化半日 ディーホアバンリー

築100年以上の歴史的建造物をリノベーション

迪化街～中山 MAP P.126-A1 🚇 中和新蘆線「大橋頭」駅1番出口から徒歩約13分 ♀ 迪化街一段133号 ☎ (02) 2552-8081 🕙 10:00 ～ 18:30 🈺 火・旧正月 CARD J M V

林華泰茶行 リンホアタイチャーハン

1883年創業。台北で最も歴史がある茶葉問屋

迪化街～中山 MAP P.126-A1 🚇 中和新蘆線「大橋頭」駅2番出口から徒歩約5分 ♀ 重慶北路二段193号 ☎ (02) 2557-3506 🕙 7:30 ～ 21:00 🈺 旧正月 CARD 不可

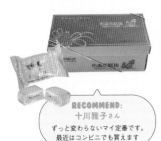

小潘蛋糕坊 板橋中正店
シャオパンダンガオファン
パンチャオヂョンヂェンディエン

コンビニでも手に入る！地元で愛されるケーキ

パイナップルケーキに塩漬け卵が入った「鳳凰酥（有蛋）」1個23元は、レジに並んで個数を伝えて購入する。

台湾全図 MAP P.123-A3 🚇 板南線「板橋」駅1番出口から徒歩約12分 ♀ 中正路135巷11之1号 ☎ (02) 2969-2803 🕙 8:00 ～ 20:00 🈺 木・旧正月 CARD 不可

PREMIER SWEET
プレミアスイーツ

2021年オープンのホテルでおみやげゲット

ホテル1階のパティスリーで買える台湾バニラを加えた「台湾バニラ パイナップルケーキ」12個入り660元。

中国料理店「凱華樓」の養生茶360元もおすすめ

松山～頂好 MAP P.124-B1 🚇 文湖線・松山新店線「南京復興」駅1番出口から徒歩すぐ ♀ 南京東路三段133号 ホテルメトロポリタン プレミア 台北1F ☎ (02) 7750-0919 🕙 10:00 ～ 20:00 🈺 無休 CARD A D J M V

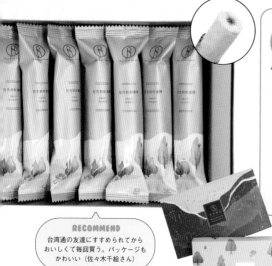

台 湾
歓迎您来　歓迎您来
好 吃

SHOPPING 🛒 RANKING
台湾みやげの新定番も！

人と差がつく グルメみやげ ランキング BEST 7

台湾のスペシャリストが持ち帰る
ひと味違うグルメなあれこれ。
お菓子から調味料まで！

第1位 蛋捲（ダンジュエン）

エッグロール

台湾みやげの新定番！
子供から大人まで大人気

薄焼きにした生地を巻いた菓子。ピーナッツ（花生）クリームを入れたものが人気。豚の肉でんぶ（肉鬆）入りも多いが、肉でんぶ入りは日本へ持ち帰れないので要注意。

RECOMMEND
台湾通の友達にすすめられてからおいしくて毎回買う。パッケージもかわいい（佐々木千絵さん）

（上）350元 ②
（下）280元 ②

ここで買う！

② 青鳥旅行 台北誠品站前 B1店
チンニャオルウシン
タイペイチェンピンヂャンチェン

厳選食材を使った厚めの生地が特徴。写真は下からピーナッツクリームが入った花生粒粒蛋捲８本入り、鐵觀音烏龍クリーム入り。

台北駅 MAP P.125-C1 🚇 MRT 淡水信義線・板南線「台北車站」駅M3番出口から徒歩約1分 ♦忠孝西路一段 47 號 ☎(02)2388-7785 🕙10:00～22:00 ㊡旧正月 CARD Ⓐ Ⓙ Ⓜ Ⓥ

① 義美食品 延平門市
イーメイシーピン
ヤンピンメンシー

義美蛋捲は、クリームなしで、生地の香ばしさを味わえる。ゴマ入りもあり。コンビニやスーパーでも手に入る。

迪化街～中山 MAP P.126-B1 🚇 MRT 松山新店線「北門」駅３番出口から徒歩約10分 ♦延平北路二段 29 號 ☎(02)2556-9211 🕙7:00～22:00 ㊡旧正月 CARD 不可

RECOMMEND
サクサクなロール焼き菓子、噛めば噛むほど甘い卵の風味が口の中で広がっていく（台湾日和さん）

180g 100元 ◎
60g 37元 ①
38g 22元 ①

バラマキに◎な小さなボックスも！

+ MORE

ドライフルーツはここでゲット！

1986 年創業の地元で愛される乾物店。自然栽培のサトウキビから作る砂糖を使ったドライフルーツが人気。

台湾産の愛文マンゴー190元、雲林産のオレンジ 120 元。

富自山中
フーズーシャンヂョン

台北駅 MAP P.125-B1 🚇 MRT 中和新蘆線「大橋頭」駅1A番出口から徒歩約10分 ♦迪化街一段 220 號 ☎(02)2557-8605 🕙9:00～18:30 ㊡日・旧正月 CARD 不可

RECOMMEND
特に「正一」のものは甘過ぎず、ピーナッツ感強めで好み。パッケージもレトロでかわいいです。よく買っていたのは「你好我好」で。「大連食品」やスーパーで買うこともあります（十川雅子さん）

150元
（大連食品）

第2位 花生酥（ホアシェンスー）

ピーナッツキャンディ

個包装になっているのでバラマキみやげにも！

台湾の離島・澎湖発祥のピーナッツ菓子。ピーナッツ、砂糖、水飴で作られ素朴な味わい。ホロホロ食感がクセになる。有名店は「正一」と「正義」。

ここで買う！

大連食品 ダーリエンシーピン

ドライフルーツなどの乾物や、カラスミを販売する食品店。

台北市街 MAP P.123-D1 🚇 MRT 淡水信義線・松山新店線「中正紀念堂」駅２番出口から徒歩すぐ ♦中正區羅斯福路一段8號 南門市場 1F ☎(02)3393-6913 🕙7:00～19:00 ㊡月・旧正月（南門市場は不定休。詳細は HP 参照）CARD 不可

你好我好 ニーハオウォハオ

青木由香さんが運営する台湾各地のいいものを扱う店。

迪化街～中山 MAP P.126-B1 🚇 MRT 松山新店線「北門」駅３番出口から徒歩約7分 ♦迪化街一段 14 巷 8 號 ☎(02)2556-5616 🕙10:00～18:00 ㊡水・旧正月 CARD Ⓙ Ⓜ Ⓥ

ショッピング／ランキング

RECOMMEND
花雕雞麺は、高級インスタントラーメンという感じ。紹興酒が入っている（雪希さん）

RECOMMEND
曽拌麺は、即席袋麺の代表格。麺のクオリティがインスタントとは思えない。迪化街に試食もできる直営ショップもあります（田中佑典さん）

RECOMMEND
長年、客から信頼されているカラスミ専門店（台湾日和さん）

● 600 元（重さなどにより異なる）

● 139 元（全聯）

ここで買う！

各 168 元（全聯）

※ 肉類の日本持ち込みについては、動物検疫所のHP参照

第3位　ミエン 麺
（袋麺）

**手軽に台湾の味を楽しめる
進化が止まらない袋麺**

人気は台湾発の汁なし麺ブランド「曽拌麺」と、老酒を使った台酒 TTL の人気シリーズ「花雕雞麺」。たれの種類や地域限定商品も登場しているので店をのぞいてみて！

家樂福 桂林店 ジアラーフー グイリンディエン
24時間営業のカルフール。食品をはじめ、衣類や雑貨、家電も扱う。 ➡ P.76

全聯福利中心 大同延平北店
チュエンリエンフーリーヂョンシン ダートンヤンピンベイディエン
生鮮食品や菓子、麺類、雑貨などを販売するスーパーマーケット。 ➡ P.76

第4位　ウーユィーズー 烏魚子
（カラスミ）

**日本よりお得に買える！
大切な人や自分にもおすすめ**

光に当てて筋が少ないものが◎。色は味わいに関係ない。嘉義や高雄などで取れる天然カラスミのほか、養殖も盛ん。カラスミの食べ方は P.71 をチェック！

ここで買う！

永久號 ヨンジウハオ
手頃な価格でカラスミを販売する専門店。台湾海峡で取れた天然ボラの卵を自社工場で塩漬けし、製品化している。

迪化街〜中山　MAP P.126-B1　MRT 松山新店線「北門」駅3番出口から徒歩約12分
📍 延平北路二段 36 巷 10 號　☎ (02)2555-7581　🕐 9:00 〜 18:00　🈺旧正月　CARD 不可

第5位　イエザオフータオ 椰棗核桃
（デーツクルミ）

**やみつきのおいしさが
幅広い世代に人気！**

デーツにクルミをはさんだ定番おやつ。デーツのコクのある甘味と、クルミの味と食感がよい。お茶請けにも小腹がすいてもぴったりで、年齢を問わず喜ばれる。

RECOMMEND
「大連」はいつ行ってもお店の方の感じがよくて、量り売りで好きなだけ買えます（十川雅子さん）

● 200 元

ここで買う！

大連食品 ダーリエンシーピン
南門市場のなかでも特ににぎわっている人気店。乾物はこちらへ。 ➡ P.74

第7位　ポンダーシー 烹大師（干貝風味）
（ほんだし（ホタテ風味））

**台湾限定！安心
ブランドの万能調味料**

ほんだしのホタテ風味。厳選されたホタテを使っている。スープ、炒め物、煮物、蒸し物など何かと重宝する。最近は日本でも手に入るが、台湾で買うほうがお得！

RECOMMEND
台湾限定のホタテ風味のほんだし。冬瓜のスープに入れたり、鶏肉のゆで汁に溶かして台湾風スープを作れる（谷口佳恵さん）

● 30 元

ここで買う！

家樂福 桂林店
ジアラーフー
グイリンディエン ➡ P.76

全聯福利中心 大同延平北店
チュエンリエンフーリーヂョンシン
ダートンヤンピンベイディエン ➡ P.76

第6位　ピンアングイ 平安龜
（縁起菓子）

**愛らしい見た目と
本格的な味わいの銘菓**

厳選したピーナッツ粉と麦芽糖を混ぜて成型、炒めた黒ゴマを包んだ菓子。平和への願いが込められている。1個から購入可能。10個入りのセット平安龜禮盒も◎。

● 400 元

RECOMMEND
きなこねじりのような食感のピーナッツ菓子に黒ゴマのあんを入れた縁起菓子。見た目のかわいらしさと、素朴な味が気に入っています（コバシイケ子さん）

ここで買う！

李亭香 リーティンシャン
1895年創業。伝統菓子が並ぶ店内。店内には喫茶スペースもあり、ひと休みもできる。亀型の金色パッケージはヌガー入り。

台北駅　MAP P.125-A1　MRT 中和新蘆線「大橋頭」駅1A番出口から徒歩約6分
📍 迪化街一段 309 號　☎ (02)7746-2200　🕐 10:00 〜 19:00　🈺旧正月
CARD J M V

スーパーマーケット ランキング BEST 3

バラマキみやげにおすすめ

SHOPPING 🛒 RANKING

台湾

歓迎您来 / 歓迎您来

好 / 吃

本格的な台湾の味を楽しめる調味料や手軽に台湾茶を飲める画期的なティーバッグまで。

第1位 康寶の酸辣湯
（カンバオ）（マーラータン）

RECOMMEND
自分用にもおみやげ用にも最適。鍋に湯を沸かし、スープの素を入れ、1分ほどゆでるだけの手軽さ（田中佑典さん）

日本では味わえない台湾クノールのスープ

酸辣湯はマイルドな香港式（港式）と、辛味が強い四川式（川式）がある。防腐剤や人工着色料は入っていない。トウモロコシ（玉米）や海鮮なども人気。

70元 / 98元

第3位 三點一刻經典奶茶
（サンディエンイークージンディエンナイチャー）

RECOMMEND
台湾発の茶葉、ミルク、砂糖が ALL IN ONE のティーバッグ。お湯を注ぐだけで、濃厚で本格的なミルクティーが楽しめる（台湾日和さん）

世界でも珍しい！ティーバッグ式ミルクティー

茶葉（台湾烏龍茶、セイロン茶）、ミルク、砂糖が入った画期的なティーバッグ。粉末タイプでは味わえない濃厚な風味が人気。アイスでもホットでも楽しめる。

170元

第2位 鵝油金葱
（アーヨウジンツォン）

228元

料理好きの人にぴったり！香り高いガチョウ油

RECOMMEND
料理好きな友人にプレゼントすると喜ばれる。これを使って野菜炒めを作ると、驚くほどうま味たっぷり。ゆでた麺などに絡めてもおいしい（田中伶さん）

ガチョウ油でエシャロットを揚げたもの。写真は、人気ガチョウ肉店（阿城鵝肉 P.40）がプロデュースした商品。少し加えるだけでうま味アップ！

＋MORE 本誌編集のこれもおすすめ！

229元

小磨坊の 川味麻辣鍋醬
（シャオモーファン）（チュワンウェイマーラーグオジャン）

香辛料を多数販売している小磨坊。本格的な火鍋を手軽に楽しめる鍋の素は、凝縮タイプで軽量。日本への持ち帰りに◎。

RECOMMEND スーパーマーケットに並んでいる鍋の素。凝縮タイプは持ち帰りに便利なのでおみやげの定番に（編集 O）

真好家の紅蔥酥
（チェンハオジア）（ホンツォンスー）

85元

台湾産のエシャロットを揚げたもの。手作業で芯や皮剥きを行い、防腐剤無添加にこだわる。スープや麺類に入れて。

RECOMMEND 台湾料理に欠かせない紅蔥酥。材料はエシャロットと油のみ。添加物を気にする人にも◎（編集 O）

可樂果の檸檬玫瑰鹽口味
（クーラーグオ）（ニンモンメイグイイエンコウウェイ）

小 20元

エンドウ豆のスナック。レモンの酸味と塩味がおいしい檸檬玫瑰鹽口味がいち押し。

RECOMMEND ニンニク風味のオリジナル、台湾バジル、スパイシー、期間限定など種類豊富でいつも悩みます（編集 N）

乖乖の奶油椰子口味
（クワイクワイ）（ナイヨウイエズーコウウェイ）

25元

台湾でベストセラーのスナック菓子。ココナッツミルク＆フルーツコーン味。チョコレート味も人気。

RECOMMEND 台湾では、この緑色の袋を機械の近くに置くと「機械が正常に動く」というまじないがあります（編集 O）

立頓の茗閒情
（リードン）（ミンシェンチン）

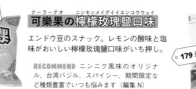

179元

台湾リプトンの台湾名茶シリーズ。高山烏龍茶、東方美人茶、蜜香紅茶など。

RECOMMEND 手軽にマグカップで飲めるので重宝する。スーツケースの中でクッション代わりにもなる（編集 N）

ここで買う！

家樂福 桂林店 ジアラーフー グイリンディエン

24時間営業のカルフール。菓子や麺、茶葉、衛生用品、衣類、雑貨、雨や日差し対策グッズを探すのに重宝する。オリジナル商品も。

西門町〜龍山寺 MAP P.126-D1 MRT 板南線・松山新店線「西門」駅1番出口から徒歩約8分 ♥桂林路1號 ☎(02)2388-9887 ⏰24時間 CARD J M V

全聯福利中心 大同延平北店
チュエンリエンフーリーヂョンシン ダートンヤンピンベイディエン

生鮮食品をはじめとした食品、衛生用品などを販売するスーパーマーケット。クレジットカードは使えないので気をつけて。

迪化街〜中山 MAP P.126-A1 MRT 中和新蘆線「大橋頭」駅1A番出口から徒歩約8分 ♥延平路北二段 202號 B1F ☎(02)2557-5611 ⏰8:00〜23:00 ㊡無休 CARD 不可

★「康寶私廚料理醬の麻婆豆腐」は、台湾クノールの麻婆豆腐の素。花椒の効いた本格的な味がお家で簡単に楽しめます。おみやげと自宅用にいくつかまとめ買い（コバシイケ子さん）

台湾
SHOPPING 🛒 RANKING
良質コスメを持ち帰り！

歓迎您来　歓迎您来

ドラッグストア
ランキング
BEST 3

台湾で愛され続けるスキンケア、日差し対策グッズなども！何かと使えるドラッグストア。

好　吃

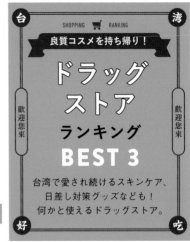

提提研の面膜
ティーティーイエン　ミエンモー

第1位

コスパ抜群！台湾発のフェイスマスク

フランスやイギリスの美容業界で人気が高い台湾発のフェイスマスクブランド。ブラックシリーズは、低価格ながら日本の備長炭を使っていて使い心地や保湿力が抜群！

各60〜65元

RECOMMEND
ドラッグストアではお得な割引サービスをよく見かけます（荘寧さん）

第2位

京都念慈菴
ジンドウニエンツーアン
の枇杷潤喉糖
ビーパールンホウタン

パッケージがかわいい台湾で愛される喉飴

1946年に香港で創業し、1961年に台湾へ進出したブランド。看板商品は、漢方入りのビワシロップ（川貝枇杷膏）。手軽に楽しめる喉飴（潤喉糖）はおみやげに◎。

RECOMMEND
台湾の家庭で重宝されている漢方シロップの喉飴バージョン（台湾日和さん）

105元

ビワシロップの小分け用もあり。無糖や子供用もあり。蜜煉枇杷膏12袋入り340元

第3位

RECOMMEND
美容マニアからも定評のあるDr.wuシリーズ。杏仁酸（マンデル酸）は角質ケアに重宝しています。買1送1（P.60）などのキャンペーンを要チェック（田中伶さん）

DR.WU
ドクター　ウー

一度使うとハマる人続出台湾メイドで美肌ケア

台湾を代表するスキンケアブランド。ビターアーモンドから抽出したマンデル酸入りの杏仁酸亮白焕膚精華は、古い角質を優しく取り除き、肌の代謝を促す。

850元

＋MORE　本誌編集のこれもおすすめ！

雪芙蘭の滋養霜
シュエフーラン　ズーヤンシュアン

台湾で愛され続けるスキンケアブランド。人気は、ラノリンとアロエベラを配合した保湿クリーム（滋養霜）。上品な香り。

29〜94元

RECOMMEND 香りは数種類ありますが、どこか懐かしさを感じるオリジナルが好き。同ブランドのフェイスパックも人気です（編集N）

防曬運動袖套
ファンシャイユンドンシウタオ

台湾の日差し対策はドラッグストアへ。通気性がよく、冷感タイプのUVカットのアームカバーや長袖パーカーは旅先で便利。

RECOMMEND 半袖にプラスできるアームカバー。湿度も日差しも強い台湾ならではの商品が充実（編集N）

晴雨傘
チンユィーサン

晴雨兼用の折りたたみ傘。遮熱、遮光、UVカット構造になっているものがおすすめ。家楽福や全聯福利中心、コンビニなどでも販売している。

169元

RECOMMEND 雨が多い台北では、晴雨兼用の折りたたみ傘が便利。最近は軽量なものも増えていますよ（編集N）

150元

花王のめぐリズム 漢温ごこち

日本でおなじみのホットアイマスク。台湾限定の陳皮の香り、ヨモギの香りは、漢香製法で癒やされる。

各210元

RECOMMEND 仕事関係の方へのプチみやげで、いつも喜ばれる。軽量なのもよい（編集O）

ユニ・チャームの蘇菲 清新涼感
スーフェイ　チンシンリャンガン

台湾ソフィの生理用ナプキン。清新涼感は、天然ミントオイル配合で、湿度が高い台湾の夏場にぴったり。

99元

RECOMMEND コンビニやスーパーマーケットでも日本ブランドの生理用品を買えます（編集O）

ここで買う！

康是美 敦北門市 カンシーメイドンベイメンシー

台湾全土に展開しているドラッグストア。特に台湾メイドのドクターズコスメ、プチプラコスメ、フェイスパックが充実。頻繁にお得なキャンペーンを実施している。

松山〜頂好　**MAP** P.124-B2　**MRT** 松山新店線「台北小巨蛋」駅1番出口から徒歩約5分　📍敦化北路147號　☎(02)2546-9332　🕐8:00〜23:00
CARD A J M V

寶雅 台北南西店 バオヤー タイペイナンシーディエン

台南発のドラッグストア。化粧品や医薬品をはじめ、衣類、菓子、麺類、雑貨など幅広いラインアップ。プライベートブランドやコラボ商品も多い。立地のよさも魅力のひとつ。

迪化街〜中山　**MAP** P.126-B3　**MRT** 淡水信義線・松山新店線「中山」駅3番出口から徒歩約1分　📍南京西路1號　☎(02)2521-7575　🕐10:00〜22:30
🈺無休　**CARD** A J M V

6袋入り
270元

ヨウシャンチャーファン
遊山茶訪
タイペイヨンカンディエン
台北永康店

700元

550元

お店の立地抜群！
味もパッケージも◎

有機栽培の台湾高山茶が充実し
ている茶葉店。写真は日本人に
人気がある商品。左から6種
類のティーバッグ、清香阿里山
金萱烏龍茶、清香梨山烏龍茶。

> RECOMMEND: 田中伶さん
> 両親や取引先など、
> ちょっと質のよいおみやげをプレゼント
> したいなというときに重宝しています

店舗限定でタピオカミルクのDIY体験650元も開催

康青龍 MAP P.126-C3 MRT 淡水信義線・中和新蘆線「東
門」駅5番出口から徒歩約2分 ♥永康街6巷9號 ☎(02)
2395-2919 ⏰10:00～20:30 旧正月 CARD A J M V

こでも私のお気に入り♥
我的偏愛
MY FAVORITE ITEM

リーヂーピンジア
李製餅家

コスパ抜群！
老舗の伝統菓子店

看板商品は、昔ながらの冬瓜入
りのパイナップルケーキで、1
日100～200個を売り上げる。
台湾茶によく合うまろやかな味
わい。月餅や紅豆沙なども並ぶ。

> RECOMMEND: 台湾日和さん
> 本店を基隆に構える中華焼き菓子の老舗。
> 昔から変わらない素朴な紙パッケージは
> 愛嬌すら感じる。しかも値段が安く、
> コスパ最強のパイナップルケーキ

1個22元
12個入り260元

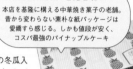

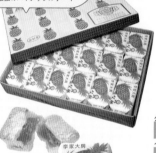

基隆発の老舗。連
休前などは行列が
できる人気店

迪化街～中山 MAP P.126-B3
MRT 淡水信義線・松山新店線「中
山」駅2番出口から徒歩約8分 ♥
林森北路156號 ☎(02)2537-2074
⏰9:30～21:30 旧正月
CARD 不可

> RECOMMEND: 十川雅子さん
> ひとパックで大量に買うには
> 勇気がいるタイプの飴を、量り売りで
> 少しずつ買えるのが楽しいです。
> 台湾好きへのおみやげに

約30個
130元

シェンリーシェンフオバイフオ
勝立生活百貨
シュアンチョンディエン
雙城店

台湾キャンディを大人買い！

台湾レトロな雑貨や食器、電化製品を扱う。1階には、1両
（約37.5g）10元で飴の量り売りがある。台湾コーラ（沙士）、
プリン、スターフルーツ（楊桃）など。

雙城街夜市の近く。雑貨や食器などを販売する

台北駅 MAP P.125-A2 MRT 中和新蘆線「中
山國小」駅1番出口から徒歩約7分 ♥雙城街21
號 ☎(02)2591-7452 ⏰9:00～24:00 無休
CARD 不可

グアンユエンリャン
廣源良の
イエグアシュエイ
葉瓜水

天然のヘチマ成分で
たっぷり潤う

台湾産のヘチマを使った化粧水。スプレータイプなの
で、乾燥が気になるときにすぐ使えて、付け心地もナ
チュラル。ヘチマのフェイシャルパックもある。

> RECOMMEND:
> 田中佑典さん
> 「寶雅」はコスメや薬以外にも
> 雑貨や衣類など取り扱いが豊富。
> 「葉瓜水」は気軽に使える
> さっぱり系万能化粧水！

149元

寶雅 台北南西店 バオヤー タイペイナンシーディエン ➡ P.77
康是美 敦北門市 カンシーメイド ドンベイメンシー ➡ P.77

12袋入り
420元

ランチャーベンプー
琅茶本舖
Wolf Tea
Shop+Gallery

店主がセレクトした
台湾各地の厳選茶葉

茶葉の産地・阿里山出身の
オーナーが営む茶葉店。シン
グルオリジンの茶葉や、
台湾作家とコラボした茶器
を扱う。人気の奶萱紅茶は、
キャラメルに似た風味。

> RECOMMEND:
> 谷口佳恵さん
> ふんわりキャラメルの香りがする
> 台湾紅茶。ティーバッグで手軽に
> 飲めるので、仕事の合間に
> ひと息入れたいときにいい

2022年末にリニューアルオープン。日本語HPあり

松山～頂好 MAP P.124-A2 MRT 文湖線「松山機場」
駅3番出口から徒歩約10分 ♥民生東路四段97巷6弄8
號 ☎0970-844-235 ⏰13:00～19:00 日・旧正月
CARD A J M V 日本語

ガーマーラン
噶瑪蘭
Kavalan

台湾を代表する
東部のウイスキー

> RECOMMEND:
> 台湾日和さん
> 歴史は浅いが、国際大会で
> 最高金賞を受賞している
> 台湾初のウイスキー
> ブランド

990元～

日本でも知名度を上げている台
湾産ウイスキー。強烈な湿度の
中で熟成させ、台湾・宜蘭の雪
山の雪解け水を使って精製され
る。フルーティな味わいが特徴。

2,070 990 1,380 1,380 1,890

家樂福 桂林店 ジアラーフー グイリンディエン ➡ P.76

台・湾・最・大！

\ 2023年5月オープン！ /

無印良品 微風松高門市の
スタッフ激推し台湾限定商品

台湾進出20周年を迎え、63店舗（2024年4月現在）を展開する無印良品。2019年からスタートした台湾限定商品はおみやげの定番になりつつある。商品開発部に推薦商品をうかがった。

万能！

Recommend
魯肉飯を作るととてもおいしくて社内で好評でした！台湾茶葉と卵を煮込む茶葉蛋も簡単にできます

紅韻茶香萬用滷包
●3袋入り 89元

紅韻紅茶の茶葉、キノコ、八角、玄米、フェンネル、陳皮、五香粉（台湾で常用されるミックススパイス）などを調合した調味料。卵や肉料理の煮込みに使うと本格的な味に！

右 **地瓜甜湯** ●250g 49元

サツマイモのデザートスープ。冷やしても温めてもおいしい。仙草、緑豆もある。

左 **番薯年糕銅鑼燒**
●3個入り 99元

モチモチの香ばしい生地で、台湾産サツマイモあんと餅をサンドしたどら焼き。上品な味わい。

Recommend
オレンジ色の果肉が特徴の台湾産サツマイモ（台農57號）シリーズは、どの商品もおすすめです！

Recommend
醤油と塩だけを使ったシンプルな即席麺です。煮込みに強くて弾力がたまりません。ソースと一緒に

左 原味速食麺
●5袋入り 49元
右 黒豆麻油薑泥
●180g 189元

お湯を注ぐだけでできる即席麺。コシのある麺は、シンプルにも火鍋にもぴったり！黒豆麻油薑泥は、台東産黒豆、ゴマ油、ショウガ入りで麺はもちろん、炒めものにも使える。

右 **柚子果乾** ●80g 199元　左 **紅龍果乾** ●80g 179元

上質な台湾フルーツを厳選したドライフルーツ。無糖で防腐剤や着色料は不使用。ドラゴンフルーツ、ブンタン、マンゴー、グアバ、パイナップル、バナナなど。

Recommend
水に溶かす粉末飲料（即溶氣泡飲）に、炭酸水とドライフルーツを入れれば夏にぴったりのさわやかなドリンクに！

Recommend
台湾茶を使った菓子は多数ありますが、特にこれは日本での販売を熱望される方もいらっしゃるほどです！

超好吃～

鐵觀音爆米花 ●130g 49元

鉄観音茶の特徴である果実のような濃厚な味わいと、ほうじ茶に似た香ばしさがクセになるポップコーン。甘さ控えめ。遺伝子組み換えでない台湾産トウモロコシを使用している。

無印良品 微風松高門市
ウーインリャンピン
ウェイフォンソンガオメンシー

1階は衣類、化粧品、文房具、ギャラリー、2階はカフェ、台湾限定商品などが並ぶ。廃棄処分する布を使ったトートバッグなど環境に優しい取り組みにも積極的。各販売コーナーに合わせて選書した「MUJI BOOKS」も必見。

台北市街 [MAP] P.123-C3 [MRT] 板南線「市政府」駅1番出口から徒歩約4分 📍松高路16號1・2F ☎(02)2722-3351 ◎日～水 11:00～21:30、木～土～22:00（カフェLO20:30）㊡無休 [CARD] [A][J][M][V]

MUJI Q&A

Ｑ 台湾限定商品の点数は？

Ａ 約300点！

很多!!

Ｑ 微風松高門市限定は？

Ａ 1階入口にある展示コーナーと、刺繍コーナーではボボモフォ（注音符号）で「台北」と入れられる

台北限定

Ｑ 台湾限定商品で人気No.1は？

Ａ 國産豆奶 35元。高雄産大豆を使用しており、小豆入りもある

Ｑ カフェはどんなメニュー？

Ａ 台湾食材を使った日本式おにぎりセット250元が人気

Ｑ お得なサービスは？

Ａ 日本にもある無料給水サービスが台湾でも受けられる。台湾製ガラスボトルや水出しにおすすめの台湾茶葉も販売

SIGHTSEEING

観光

テッパンの台北101や國立故宮博物院をお得に満喫するテクニックから、今行くべき最旬スポット情報、さらにはオープントップバスやガイドツアーなどひと味違う楽しみ方まで紹介！

165

クレジットカード＆悠遊卡が使える！
2階建てオープントップバスで効率よく回る

主要観光地を巡る観光バス「台北市雙層觀光巴士」。台北101や永康街などの人気エリアへ連れて行ってくれる。途中下車もOKで4時間300元から！

URL www.taipeisightseeing.com.tw

166

チャイナ服の変身体験も！
サービス満点のツーリストサービスセンター

大稲埕の最上階にはフォトスポットも

空港や駅に設置されている観光案内所。携帯電話の無料充電のほか、大稲埕では、チャイナドレスの無料変身体験（要予約）や写真映えする撮影セットも！

大稲埕遊客中心 ダーダオチョンヨウクーヂョンシン

迪化街〜中山 **MAP** P.126-B1 **MRT** 松山新店線「北門」駅3番出口から徒歩約8分

⚲迪化街一段44號 ☎(02)2550-1069 🕐11Fインフォメーションセンター 9:00〜18:00、2〜3F展示エリア 9:30〜17:30、変身体験 10:00〜17:00※変身体験は要予約、要デポジット1000元 📮無料 **URL** travel.taipei/vintage-clothing/ja

164

斬新な2スポット！
今話題のニュースポットへ

斬新なデザインが目を引くアートセンターと、世界唯一の月経をテーマにした博物館がオープン！

SPOT 1 臺北表演藝術中心
タイペイビャオイエンイーシューヂョンシン

2022年7月にオープンした台北パフォーミングアーツセンター。3つのシアターが特徴的。

© 臺北表演藝術中心

台北市街 **MAP** P.123-B2 **MRT** 淡水信義線「劍潭」駅3番出口から徒歩約2分 ⚲劍潭路1號 ☎(02)7756-3888 🕐12:00〜21:00 ㊡月 📮入場無料（チケット料金は公演により異なる） **CARD** A J M V

SPOT 2 小紅厝月經博物館
シャオホンツオユエジンボーウーグワン

2022年6月にオープンした月経をテーマにしたミュージアム。各国の月経教材などを展示。

© 小紅厝月經博物館

台北市街 **MAP** P.123-B1 **MRT** 淡水信義線「圓山」駅2番出口から徒歩約10分 ⚲重慶北路三段335巷40號 ☎(02)2592-5382 🕐11:00〜18:00 ㊡月〜木（1・2・7・8月は火・水も開館）📮無料

167

交通＆定番観光地がお得に
北北基好玩卡をフル活用！

有効期間中、台北MRT、台北市と新北市と基隆市の市バス、台湾好行バス（5路線）が乗り放題になり、台北101や國立故宮博物院などの定番スポットをお得に周遊できるカード。カードの種類によって立ち寄れるスポットは異なり、おすすめは、25件の観光スポットの入場も含まれる無限周遊カード（1日間1500元、2日間1900元、3日間2200元）。

スポット名	通常料金	説明
台北101観景台 タイペイイーリンイーグワンジンタイ	600元	地上約500m。台湾を代表する超高層ランドマークタワー。（P.81）
國立故宮博物院 グオリーグーゴンボーウーユエン	350元	世界四大博物館のひとつ。中国歴代皇帝の至宝を約2万点展示している。（P.82）
台北市立動物園 タイペイシーリードンウーユエン	100元	世界十大都市型動物園のひとつ。園内には、約400種類の動物が飼育されている。**MAP** P.123-A3
士林官邸 シーリングワンディー	100元	正館は、蒋介石元総統と宋美齢夫人が過ごした。園内には草花が植えられている。**MAP** P.123-B2
台北當代藝術館 タイペイダンダイイーシューグワン	100元	日本統治時代の小学校跡を利用している。現代アートを中心とする美術館。**MAP** P.126-B2
朱銘美術館 ヂュウミンメイシューグワン	350元	台湾最大の屋外彫刻美術館。膨大な数の彫刻家・朱銘の作品を展示している。**MAP** P.123-A3

170 展望台に上らなくても買える

台北 101 限定品の使えるグッズをおみやげに

台北 101 のおみやげを買いたい人は、地下 1 階の台北 101 ギフトショップがおすすめ。

オリジナルキャラクターのダンバーグッズもたくさん！

168 身長115cm以下の子供は無料！

展望台チケットを予約して並ばずに入場！

台北 101 の日本語サイトから、1 週間以内のチケットを時間指定して購入することができる。当日は、注文番号、購入者の身分証、購入時のクレジットカード番号を持参し、5 階のカウンターへ。

URL www.taipei-101.com.tw/jp

171 カウントダウンもここから

台北101のベスト of 撮影スポット

台北 101 は上るだけでなく、外から眺めても美しい。その姿を収められるフォトスポットはここ！

📷 台北市政府 タイペイシーヂェンフー

松山〜頂好 MAP P.124-D3 MRT 板南線「市政府」駅 2 番出口から徒歩約 7 分 📍市府路 1 號

📷 四四南村 スースーナンツン

松山〜頂好 MAP P.124-D3 MRT 淡水信義線「台北 101/ 世貿」駅 2 番出口から徒歩約 5 分 📍松勤街 50 號付近

📷 象山 シャンシャン

台北市街 MAP P.123-D3 MRT 淡水信義線「象山」駅 2 番出口から徒歩約 15 分で登山口に到着 📍信義路五段 150 巷 22 弄象山歩道登山口

169 景色を見るだけじゃない！

展望フロアの楽しみ方

台北 101 の展望フロアに、ニュースポットが続々とオープン。Skyline 460 は予約が必要なので気をつけて。

Skyline 460

2019 年に登場したアトラクション。命綱をつけて地上 460m の天空歩道を歩く！ ⏰14:00、15:00（雨天中止） 💰3000 元 ※ HP より要予約
URL 101ob.welcometw.com/tour/zbOd

kafeD 台北101店

2022 年にオープン。展望散策の合間に休憩できるカフェ。ドイツ風のスペシャルティコーヒーが人気。

© 台北 101

台北 101 観景台
タイペイイーリンイーグワンジンタイ

松山〜頂好 MAP P.124-D3 MRT 淡水信義線「台北 101/ 世貿」駅 4 番出口から徒歩約 2 分 📍信義路五段 7 號 89F ☎ (02) 8101-8898 ⏰10:00 〜 21:00（チケット販売〜 20:15） 休無休 💰600 元 CARD J M V

観光｜テクニック

> 5687坪の敷地に
> 宋代の庭園を再現！

172 これはお得！
故宮博物院の無料参観日を狙うテクニック

國立故宮博物院では、1月1日、旧暦1月15日（元宵節）、5月18日（国際博物館日）、9月27日（世界観光日）、10月10日（国慶節）の5日間は入場が無料になる！ この日に台湾旅行を予定している人は、故宮へ Go！

國立故宮博物院
グオリーグーゴンボーウーユエン

台北市街 MAP P.123-B2 MRT 淡水信義線「士林」駅1番出口から紅30、255バスほかで約15分、「故宮博物院」下車徒歩すぐ ◎ 至善路二段221號 ☎ (02)2881-2021 ◎ 9:00～17:00（チケット販売～16:30）◎ 月（開館日もあり。詳細はHP参照）◎ 350元 CARD J M V

國立故宮博物院蔵品。上から、翡翠製の「翠玉白菜」、鉱物製の「肉形石」

174 本格的な中華様式
入場券の半券提示で庭園入場が無料に！

國立故宮博物院に併設されている、中国庭園の至善園。正門でスタッフに博物院入場の半券もしくは再入館スタンプを提示すると、庭園への入園が無料になる。

至善園 ヂーシャンユアン

台北市街 MAP P.123-B2 ◎ 淡至善路二段221號 ☎ (02)2881-2021 ◎ 8:00～17:00 ◎ 月 CARD 不可 ◎ 20元

175 ここでしか食べられない
名物レストランで展示品をいただきます⁉

高級ホテル「リージェント台北」プロデュースの、國立故宮博物院敷地内にあるレストラン。ここでは博物院に展示されている至宝「翠玉白菜」や「肉形石」を模した料理が、スペシャルメニューとして食べられる。

故宮晶華 グーゴンジンフア

台北市街 MAP P.123-B2 ◎ 至善路二段221號 故宮晶華 B2～2F ☎ (02)2882-9393 ◎ 1F：11:30～14:30（土・日・祝 11:00～15:00）17:30～21:00、2F：11:30～15:00、17:30～21:30（B2F：営業休止中）◎ 無休 CARD A J M V ◎ 日本語

小さな白菜のような娃娃菜の中心部分だけを使った「翠玉白菜」

173 いつも混んでいる故宮が
実はすいている時間帯があるんです！

いつ行っても混雑している故宮だが、オープン（9時）と同時に入るとすいていることが多くて快適。ゆっくり観る場合は3時間ほど確保しておき、3階から下の階へ順に巡るようにする。コインロッカーや音声ガイド（日本語）もある。

176 新商品が続々登場！
ミュージアムショップでオリジナル商品を！

毎月新しいアイテムが登場するミュージアムショップ。手軽なものから高級品まで、約4000点が並ぶ。人気は、故宮記念のお皿280元、マスキングテープセット220元。

多寶格商店 ドゥオバオグーシャンディエン

台北市街 MAP P.123-B2 ◎ 至善路二段221號 國立故宮博物院 B1F ☎ (02)2881-2021 ◎ 9:00～17:00（祝～17:30）◎ 月 CARD A J M V

上／夕暮れ時はライトアップされて幻想的に。左／広大な敷地には、レストランや庭園も

179 早朝散歩はいかが？
南国の木々が生い茂る
巨大植物園

台北のオアシス。日本統治時代に開かれ、約8.2ヘクタールの敷地に2000種以上の植物が生息する。朝の5時30分から開園しているので散歩におすすめ。

台北植物園 タイペイヂーウーユエン

台北市街 MAP P.123-D1 MRT 松山新店線「小南門」駅3番出口から徒歩約3分 ♀南海路53號 ☎(02)2303-9978 ⏰5:30～20:00 ㊡旧正月 ㊎無料

180 必見現代アート！
土曜限定で
無料参観できる美術館

台湾を代表する現代美術館が、土曜17:00から20:30にかぎり無料参観可能に！約4500の収蔵作品を3ヵ月ごとに展示替えしている。

台北市立美術館 タイペイシーリーメイシューグアン

台北市街 MAP P.123-C2 MRT 淡水信義線「圓山」駅1番出口から徒歩約10分 ♀中山北路三段181號 ☎(02)2595-7656 ⏰9:30～17:30（土～20:30） ㊡月・祝 ㊎30元

181 HPから事前予約して
圧巻の伝統舞台芸術を
鑑賞する

中国の伝統的な京劇や台湾の民族芸能などを楽しめる舞台。公演は2部構成で、第1部では台湾原住民の神話をもとにパフォーマンスを披露、第2部では孫悟空などが登場する京劇。

台北戯棚 TaipeiEYE タイペイ・アイ

迪化街～中山 MAP P.126-A3 MRT 淡水信義線「雙連」駅2番出口、淡水信義線・中和新蘆線「民權西路」駅8番出口から徒歩約8分、中和新蘆線「中山國小」駅から徒歩約5分 ♀中山北路二段113號台湾水泥大樓3F（錦州街沿いに入口あり） ☎(02)2568-2677 ⏰水・金・土20:00開演（上演時間約1時間） ㊡月・火・木・日 ㊎水・金・土800元 CARD J M V 📖日本語

177 入場無料！
台北市政府で歴史を学び
観光情報をゲット

台北市政府の館内には台北の観光案内所を兼ねた台北探索館があり、台北市の歴史や地理に加え、現在の台北文化についても展示。

台北探索館 タイペイタンスオグアン

松山～頂好 MAP P.124-D3 MRT 板南線「市政府」駅2番出口から徒歩約5分 ♀市府路1號 臺北市政府内 ☎(02)2720-8889 ⏰9:00～17:00 ㊡月・水・祝 ㊎無料

左／前身は市政資料館　上／城壁の模型、文物模型、生活習慣体験コーナーで台北文化を学べる

178 イケメン多し！
衛兵交代式が
見られる2大スポット

台北観光で必ず見ておきたいのが、衛兵の交代式。表情ひとつ変えず、機敏に行進や敬礼をする姿は凛々しく美しい。衛兵は陸・海・空軍から、身長178㎝以上などさまざまな条件をクリアし狭き門をくぐり抜けた精鋭揃い。

美しい建物のなかで厳粛に行われる交代式。軍によって制服が異なるのも見どころ

忠烈祠 ヂョンリエツー

国民革命や日中戦争などで犠牲になった先人に敬意を払い、英霊として祀っている。1時間ごとに衛兵交代式がある。

台北市街 MAP P.123-B2 MRT 淡水信義線「圓山」駅1番出口からタクシー約5分 ♀北安路139號 ☎(02)2885-4162 ⏰9:00～17:00（衛兵交代式は9:00から1時間ごと。最終は16:40） ㊡3/28・9/2の全日、3/29・9/3の午前中 ㊎無料

中正紀念堂 ヂョンヂェンジーニエンタン

本堂の最上階には、高さ6.3mの大きさを誇る蒋介石のブロンズ像がある。ここで1時間ごとに衛兵交代式がある。

台北駅 MAP P.125-D2 MRT 淡水信義線・松山新店線「中正紀念堂」駅5番出口から徒歩すぐ ♀中山南路21號 ☎(02)2343-1100 ⏰9:00～18:00（衛兵交代式は10:00から1時間ごと。最終は17:00） ㊡旧暦大晦日、旧正月 ㊎無料

185 これで的中率アップ！ 占いを受ける前に 準備しておくこと

占いの正確性を高めるためには、自分の情報や、恋愛であれば相手の情報もあったほうがよい。日本から準備していく必要のあるものは、予約時に確認をしておくと安心。

☑ 台湾の占いは、生年月日だけでなく出生時間、ときには出生場所まで必要になることがある。

☑ 占い師の多くは数パターンの鑑定方法を使うことができるので、事前に占い方法や料金を確認しよう。

☑ 目的によって占い方法が異なるので、わからなかったら占い師に聞いてみよう。占い結果は参考までに。

186 占いにはどんな種類があるの？ バラエティ豊かな 台湾の占いをご紹介

台湾人は引っ越しなどの大きなイベントがあるたびに、占い師に相談をする風習があり、暮らしに占いが根づいている。そのため占い師や占い方法もさまざま。

亀占い
願かけをしながら数枚の古銭を入れた亀の甲羅を振り、出た古銭の表裏の数や比率により吉凶をみるのが一般的。

米粒（米卦）占い
米粒の数で運勢を占う。古くは易経の流れをくみ、事業、住居、結婚、旅行、病気と占いの対象は幅広い。

四柱推命（八字論命）
中国の陰陽五行説に基づいた伝統的な占い。生まれた年、月、日、時間の4つの情報をもとに占うため四柱推命という。

鳥占い
雌雄1対の文鳥を使う。占い師に相談内容を伝えると、1羽が占い師に代わり願をかけ、もう1羽がおみくじを引く。

龍亀占い
台湾では珍しい龍亀占い。生年月日、出生時間、名前を伝え、龍亀（頭部は龍、胴体は亀の姿をした占い道具）で占う。

手相・面相
手のシワの形状、大きさや厚みなどで占うのが手相。面相は、顔全体のバランス、骨格、ホクロの位置などで占う。

---

182 非日常体験 変身写真でとびきり キュートに生まれ変わる♡

お姫様気分を堪能できる台湾の変身写真。店舗が多いので競争も激しく、それだけ技術やサービスもよい。クオリティの高さをお試しあれ！

日本語の通訳がつくので、衣装選びやメイク中、撮影中に要望を伝えられる

Magic.s 変身写真館
マジックス ビエンシェン シエゼングアン

迪化街〜中山　MAP P.126-B1

🚇 MRT 松山新店線「北門」駅3番出口から徒歩約5分
📍 延平北路一段77號 3F-1
☎ (02) 2568-3132　⏰ 9:00〜18:00　旧正月　※要予約
CARD A J M V
💰 1万3800元〜　日本語

---

183 日本語で解説！ 地元のガイドさんが 案内する観光ツアーに 参加！

台北を知り尽くした日本語ガイドと、台北の主要観光エリアを回ると理解が深まること間違いなし。詳しい歴史解説に加え、裏話も盛り込まれ人気沸騰中。

MyTaiwanTour　URL www.mytaiwantour.com/jp

---

184 歴史を感じる空間 台北中心部にある 鳥居が立つ公園とは

日本統治時代、日本人の墓地だったところ。ふたつの鳥居は、第7代台湾総督・明石元二郎氏と秘書の墓のそばに建てられたもの。

林森公園 リンシンゴンユエン

迪化街〜中山　MAP P.126-B3

🚇 MRT 淡水信義線・松山新店線「中山」駅3番出口から徒歩約7分
📍 南京東路と林森北路の交差点

互いが寄り添うように立つ鳥居。1997年の公園整備まで存在を忘れられていた

お参りにプラス！開運スポットで 運気 GOOD LUCK UP！

台湾の開運術を身に付ける㊙テクニック

189 ローカルに大人気！山の上にある強力な金運の神様とは

左／福徳正神像　下／左側の元宝に10元を入れると1元が戻るのでお守りに

台湾北部で最も人気がある土地公廟。高さ2mを誇る台湾最大の福徳正神像を祀り、触ると金運がアップするといわれている。

烘爐地南山福徳宮
ホンルーディーナンシャンフードーゴン

台湾全図 MAP P.123-A3
🚇MRT 中和新蘆線「南勢角」駅4番出口からタクシー約15分　📍新北市興南路二段399巷160-1號　☎(02)2942-5277　⏰24時間　無料

187 学問の神様に参拝したら無料でお祓いできる

魂を戻す作業は定期的に必要よ

行天宮（→ P.89）では、驚いたときに体から抜けた魂魄（人間の精神的な活動を司どる神霊）を体に戻す「收驚」を受けられる。心が落ち着かないときに受けてみて。

188 御利益が倍になる⁉本気の恋愛祈願は月老様の生誕日を狙え！

仕事や恋愛の良縁祈願にぜひ

旧暦8月15日の中秋節は、月下老人の生誕日であり、多くの人がお祝いに参拝する。良縁祈願にもよいといわれている。

190 台湾流をマスターしよう！お参り & おみくじのプロセスを習得

お参りとおみくじを使って、台湾の神様に悩みごとを相談してみよう。細かいルールは廟によって異なる。

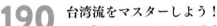

お参り｜拝拝

STEP 1

出入口は2ヵ所ある。「龍廳」から入り「虎廳」から出る

STEP 2

境内の売店などでお供え用のろうそくや線香を購入

STEP 3

ろうそくをろうそく立てへ。お供え物と神様のお金（紙銭）は専用の台へ

STEP 4

線香に火をつける。本数は寺廟によって異なる

STEP 5

線香を束ねて頭上に掲げ、本尊に拝礼。最初に本尊を参拝

STEP 6

香炉に線香を供える。やけどをしないように注意しよう

STEP 7

寺廟の本尊・主神の由緒を知るとより参拝が楽しい

STEP 8
本殿に向かい拝礼し、参拝は終了。本尊以外の神仏も祀られている場合は、用途に応じて STEP 4 から 8 の手順を繰り返す。おみくじは参拝後に引こう

おみくじ｜求籤

STEP 1

赤いポエを2枚取り、平らな面を内側にして合わせる

STEP 2

ポエを胸の前で持ち、名前、年齢、住所、願い事を唱え黙礼

STEP 3

表・裏は YES！　裏・裏は RETRY　表・表は NO…
唱えた願い事でおみくじを引いてよいかを問い、ポエを地面に落とす。No、RETRY の場合は3回まで再挑戦できる

STEP 4

YES が出たら、おみくじ札の入れ物から札を1本選ぶ

STEP 5
選んだおみくじ札の番号で問題がないか再度ポエを投げて神様に確認する。NO（表・表）や RETRY（裏・裏）なら、再度おみくじを引き、YES（表・裏）が出るまで繰り返す

STEP 6

YES が出たら、おみくじが入った棚から札の番号を選ぶ

STEP 7
廟によっては、おみくじの解説をしてくれる解籤處もある。最近ではオンラインおみくじや、おみくじの内容を解説しているサイトもある
URL www.citygod.tw/fortune.php

STEP 8

「上上」は大吉、「中平」は中吉、「下下」は大凶のこと

今旬の街を散策する！

人気エリア ランキング BEST 5

ハズせない迪化街＆大稲埕、
永康街、中山をはじめ、
ディープな龍山寺にも注目！

RECOMMEND
古い街並みとショッピング、グルメなどが同時に楽しめる乾物問屋街（台湾日和さん）

RECOMMEND
昔ながらの建物の美しさを味わいながら、ドライフルーツを買ったり、おしゃれなお店をのぞいたり、いつ訪れても街歩きが楽しい場所です（コバシイケ子さん）

RECOMMEND
古い街並みに老舗と新しい店があり、散策するたび発見がある。迪化街のメインストリートから少し入った路地に隠れた名店が（富永直美さん）

第1位

ディーホアジエ　ダーダオチェン
迪化街＆大稲埕

歴史的な建造物が並び歩くだけで楽しい！

昔ながらの漢方薬局や乾物店と、おしゃれな雑貨店やカフェが点在。恋愛の神様・月下老人が有名な台北霞海城隍廟もここに！

迪化街〜中山　[MAP] P.126-A1 〜 B1
[MRT] 松山新店線「北門」駅3番出口から徒歩約10分

🕐 **BEST TIME**
10時頃からオープンし、18時頃に閉店する店が多い。旧正月前には正月準備でにぎわう

🚢 **MUST VISIT**
● 南街得意 ➡ P.54
● 夏樹甜品 ➡ P.59
● 永樂市場／永樂布業商場 ➡ P.65
● 台北霞海城隍廟 ➡ P.89

漢方や永久號（P.75）のカラスミは人気

RECOMMEND
萬華夜市と華西街夜市など夜の散歩やガラクタ探し（ゴミシュラン）、マッサージなど夜行くのがおすすめ。台湾では珍しい昼飲み居酒屋「萬華世界下午酒場」は台北の新たな社交場として人気（田中佑典さん）

台湾モチーフの雑貨は、來好やBao Maison（P.63）へ！

第2位

ヨンカンジエ
永康街

何でも揃う万能型エリア

テッパングルメとセンスのよい雑貨店、茶葉店が集まるエリア。休憩にちょうどいいカフェやスイーツ店も点在している。

康青龍　[MAP] P.126-C3　[MRT] 淡水信義線・中和新蘆線「東門」駅5番出口から徒歩すぐ

🕐 **BEST TIME**
鼎泰豐 新生店のオープン11時前に行き、食後にショッピングやスイーツを楽しむ

🚢 **MUST VISIT**
● 鼎泰豐 新生店 ➡ P.20
● 白水豆花 ➡ P.49
● 來好 ➡ P.62
● H Gallery Hair Salon ➡ P.94

第3位

ロンシャンスー
龍山寺

台北の下町を代表するエリア

台北で最も歴史ある街で「萬華」とも呼ばれる。台北最古の寺院・艋舺龍山寺や、伝統市場をリノベした「新富町文化市場」もおすすめ。

西門町〜龍山寺　[MAP] P.126-D1
[MRT] 板南線「龍山寺」駅2番出口から徒歩すぐ

萬華世界下午酒場
[MAP] P.126-D1

🕐 **BEST TIME**
午後から行き、夜までゆっくり過ごす。夜は艋舺龍山寺がライトアップされて幻想的に

🚢 **MUST VISIT**
● 艋舺龍山寺 ➡ [MAP] P.126-D1
● 龍都冰菓専業家 ➡ P.48

RECOMMEND
來好や阿原などお気に入りのおみやげ屋さんや、おいしいレストランが豊富。緑が多く子供連れでも散策しやすい、一本道なので迷子にならない（笑）。「榕錦時光生活園區」も徒歩圏内にオープンしたことで、より楽しみが増した！（田中怜さん）

台北車站駅の北側には問屋が点在しており、プチプラ雑貨が手に入る

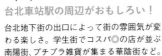

第5位 タイペイチャーヂャンフージン 台北車站附近

台北車站駅の周辺がおもしろい！

台北地下街の出口によって街の雰囲気が変わる楽しさ。学生街でコスパ◎の店が並ぶ南陽街、プチプラ雑貨が集まる華陰街など。

台北駅 MAP P.125-C1〜2 MRT 淡水信義線・板南線「台北車站」駅から徒歩すぐ

🕐 **BEST TIME**
ビジネスマンや学生が多く食事やカフェに困らない。21時以降は人が少ない

🛍 **MUST VISIT**
● 華陰街→P.64　● 台湾人へ甜甜圏→P.58
● La Reine Taipei Handmade→P.65

RECOMMEND
三越や誠品生活などのデパートだけでなく、路地におしゃれなショップやカフェが点在している人気エリア（台湾日和さん）

RECOMMEND
雑多でごちゃごちゃしているが、昔から変わらない台湾の活気をいちばん感じられる。自分にとって初心に返れるエリア（谷口佳恵さん）

第4位 ヂョンシャン 中山

何かと便利な充実エリア

台北車站駅までひと駅で、駅前には誠品生活南西がある。かわいいショップが集まる赤峰街のほか、居酒屋や足裏マッサージ店も多い。

迪化街〜中山 MAP P.126-B2〜3 MRT 淡水信義線・松山新店線「中山」駅から徒歩すぐ

小良絆涼麺専門店（MAP P.126-A2）の涼麺は必食！

🕐 **BEST TIME**
昼前頃から夜遅くまで。かわいい店が点在する赤峰街は午後からがおすすめ

🛍 **MUST VISIT**
● 赤峰街→ MAP P.126-A2〜B2
● 誠品生活南西→ MAP P.126-B3
● The Nine → P.72

RECOMMEND：台湾日和さん
若者の街と思われがちだが、昔から商業で栄えたエリアのため、老舗も多く、新旧融合の雰囲気がまさに温故知新の表れだ

右は西門駅6番出口にある6號彩虹

シーメン 西門

新旧融合が楽しいエリア

百貨店や飲食チェーンが並ぶ駅前から歩いてみると喫茶店や小吃店の老舗が点在するエリア。電化製品探しもここへ。

西門〜龍山寺 MAP P.126-C1〜2 MRT 板南線・松山新店線「西門」駅から徒歩すぐ

RECOMMEND：台湾日和さん
並木が多い閑静な住宅街だが、パイナップルケーキ人気店の微熱山丘やおしゃれカフェ、雑貨屋が点在するエリア

交通量が多くないので、レンタサイクルでの散策にもぴったり

NYA

ミンシェンショーチュウ 民生社區

閑静な住宅街におしゃれ店が点在

松山空港のお膝元にある住宅街。静かで並木が美しく、洗練された店が点在する。ほかのエリアに比べてゆったりとした空気感。

松山〜頂好 MAP P.124-A2〜3 MRT 文湖線「松山機場」駅から徒歩約15分

路地に入った風景。朝には朝市が開かれ、小さな店が点在する

ここも私のお気に入り♪
我的偏愛
MY FAVORITE AREA

RECOMMEND：阿多静香さん
下町で、昔からある小さなお店が点在。散策が楽しい。行天宮も好きなので

シンティエンゴンフージン 行天宮附近

気の流れがよい開運エリア

地元で愛されている昔ながらのレストランやスイーツ店が点在する。学問や金運の神様・行天宮の近くには、占いの店も多い。

台北駅 MAP P.125-A3〜B3 MRT 中和新蘆線「行天宮」駅から徒歩すぐ

★「信義安和駅〜國父紀念館駅」は、老舗から、おいしい・ユニークな隠れ家的な店が点在。食べるには重宝する（阿多静香さん）

台　湾

SIGHTSEEING　RANKING

台北を学んで遊ぶスポット

観光スポット ランキング BEST 5

歡迎您來　歡迎您來

数ある観光スポットのなかから、
台湾の魅力を満喫できる
5スポットがランクイン！

好　吃

RECOMMEND
敷地内では子供たちが走り回れるので安心。池の鯉に餌をあげたり、中のカフェでゆっくりしたりして過ごす。近隣には老舗の名店も多い◎
（田中伶さん）

第1位 中正紀念堂（チョンヂェンジーニエンタン）

初代総統・蒋介石を記念して建てられた

青瓦を載せた高さ70mの白亜の紀念堂が、広場奥に立つ。1980年築で蒋介石に関する展示を見学可能。毎正時に行う衛兵交代式も必見！

DATA → P.83

見どころポイント
- 1時間に1度の衛兵交代式
- 圧巻のスケールと美しい回廊
- 館内でショッピングを楽しめる

RECOMMEND
古い建物とクリエイティブな展示物のコントラストが味のある風景を生み出している（台湾日和さん）

見どころポイント
- 日本統治時代から残る建造物
- M.I.T. 雑貨が集まる
- 台湾文化を学べる期間限定イベント

第2位 華山1914文化創意産業園區（ホアシャンイージウイースーウェンホアチュアンイーチャンイエユエンチュウ）

台湾カルチャーが集まるリノベスポット

日本統治時代からの酒造工場を、リノベしたスポット。広い敷地に台湾クリエイティブシーンの最新店舗や、カフェ＆レストランが集結している。

台北駅　MAP P.125-C3
MRT 板南線・中和新蘆線「忠孝新生」駅1番出口から徒歩約6分　八德路一段1號
☎(02)2358-1914　9:30～21:00（店舗により異なる）
休 旧正月　料 無料　CARD 店舗により異なる

RECOMMEND
台湾漫画の『採集人的野帳』が大好きで、舞台となったこの場所を訪れて感激もひとしおでした。訪れる人が思いおもいに過ごしていて、そんななかに混ざってぼーっとできていい感じです
（十川雅子さん）

第3位 台北植物園（タイペイヂーウーユエン）

南国の植物を見ながらのんびりお散歩

国立歴史博物館裏に広がる都会のオアシス。約8.2ヘクタールに約2000種の熱帯雨林などの植物を栽培。

DATA → P.83

見どころポイント
- 街なかにありながら広大な面積
- 植物にネームプレートがある
- 台湾固有の鳥も集まる

RECOMMEND
まるで異世界に迷い込んだようなアート空間。都心のおもしろい小さな芸術村（荘寧さん）

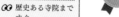

見どころポイント
- 村全体がアートスポット
- 作家のアトリエをのぞける
- 歴史ある寺院まですぐ

第5位 寶藏巖國際藝術村（バオザンヤングオジーイーシュウツン）

穏やかな風が吹くカルチャースポット

2010年からプロジェクトが行われ、複数の芸術家がアトリエで制作活動を行っている。寶藏寺やもとから住む人々の住居と融合した、緩やかな雰囲気が心地よい。

台北市街　MAP P.123-D2
MRT 松山新店線「公館」駅1番出口から徒歩約12分　汀州路三段230巷14弄2號
☎(02)2364-5313　11:00～22:00　休 月・旧正月　料 無料　CARD 店舗により異なる

RECOMMEND
コアラ、パンダなどがいる。入場料安い、ベビーカー貸し出しあり、広くて1日ゆっくりできる（雪希さん）

見どころポイント
- パンダを見られる
- 1日では回りきれない園内
- 遊覧車で園内を散策

第4位 台北市立動物園（タイペイシーリードンウーユエン）

何度も行きたい台湾で最大級の動物園

約165ヘクタールの敷地に、400種類以上の動物が飼育されている。パンダが人気で、パンダ館は休日に整理券が発行されることも。台湾茶の産地・貓空も近い。

台湾全図　MAP P.123-A3　MRT 文湖線「動物園」駅1番出口から徒歩すぐ
新光路二段30號　☎(02)2938-2300
9:00～17:00（入園は16:00まで）、夜間限定イベントもあり
休 1/2、2/15、6/11（各施設の休館日はHP参照）　料 100元
CARD 不可

★「オープントップバス」(P.80) に乗ったことない人は乗ってほしい！　目線が高くいつも見る台北の街と違った楽しさがある（佐々木千絵さん）

SIGHTSEEING ◎ RANKING

運気を上げて元気に帰国

開運スポット
ランキング
BEST 3

恋愛運、金運、勉強運に御利益がある強力な開運スポットへ。開運ポイントも要チェック！

台湾 歡迎您來 歡迎您來 好 吃

RECOMMEND
迪化街散策のついでに立ち寄ると女子が熱心に祈願している姿を見てほのぼのした気持ちに（富永直美さん）

月下老人を参拝することはとても効果的で、私は参拝後に親友と出会えました！　ここは国際的だし、大稲埕散策途中にもぴったりです（荘寧さん）

観光｜ランキング

開運ポイント
- 縁結びの月下老人がいる
- 日本語の参拝方法解説がある
- 平安茶を飲み、お守りを持ち帰る

第1位

タイペイシアハイチョンファンミャオ
台北霞海城隍廟

絶大な支持を得る月下老人が鎮座

赤い糸の発祥といわれる月下老人を祀る廟で、赤い糸を授与してもらえる。縁結びの神様とあって、熱心に参拝する人や、御礼参りのカップル、夫婦も多い。

迪化街〜中山 **MAP** P.126-B1 **MRT** 松山新店線「北門」駅3番出口から徒歩約10分 📍迪化街一段61號 ☎(02)2558-0346 🕖7:00〜19:00 ㊡無休

ボランティアが運営してます

RECOMMEND
取材中、大事なノートをなくしたとき、この廟にお参りしたらすぐ出てきました！（谷口佳恵さん）

交通の便がよく行きやすい（富永直美さん）

開運ポイント
- 台湾最大の福徳正神像と廟中廟
- 高さ2mの土地公像
- 24時間参拝できる

第3位

ホンルーディーナンシャン
烘爐地南山
フードーゴン
福德宮

台湾北部でいちばん人気がある土地公が守り神

台北郊外の新北市にある海抜約300mの南勢角山に、台北を守るように土地公像が立つ。豪華な装飾で金運スポットとして知られ、台北の夕景や夜景も美しい。

DATA → P.85

RECOMMEND
金運の神様とも呼ばれている巨大なお寺。ここからの台北エリアのみはらしは抜群（田中佑典さん）

第2位

シンティエンゴン
行天宮

商売の神様・関羽に仕事運を祈願！

ソロバンを発明した関羽を祀り、商売繁盛や仕事運の神としてあがめられる。武神でもある関羽は、勝負運も授けてくれる。ボランティアの収驚（お祓い）も頼みたい。

台北駅 **MAP** P.125-A3 **MRT** 中和新蘆線「行天宮」駅4番出口から徒歩約4分 📍民權東路二段109號 ☎(02)2502-7924 🕓4:00〜22:00 ㊡無休

開運ポイント
- 商売の神様・関羽を祀る
- 「平安」守りを持ち帰れる
- 収驚（P.85）を体験できる

★「大龍峒保安宮」は彫刻、絵付け焼き物（交趾陶）、絵など見どころが多い。見ていて楽しくハッピーになれる（阿多静香さん）

\ 台湾音楽通・竹内将子さんに聞く！ /

2024年 注目‼ の台湾音楽

台湾音楽を日本サイドから支え、その魅力を発信し続けている竹内将子さんに、今注目しているアーティストと、おすすめの楽曲をうかがった。高雄で開催された台湾最大のロックフェスティバル「大港開唱MegaportFestival 2024」へ出演した草東沒有派對など、話題の3組である。

Artist
黄浩庭（HAOTING）

近年のアジアシーンで最も盛り上がりをみせるシティポップ・バンド「Sunset Rollercoaster 落日飛車」のサックス担当。台南出身。2023年の台湾のグラミー賞ともいわれる「金曲獎」で新人賞など3部門にノミネートされた。

📷 @haoting222

Recommend
台湾語で歌うシンガー鄭宜農（Enno Cheng）が feat. された曲。前半は Enno の台湾語の歌声と後半の黄浩庭のサックス独奏とのコラボはため息が出るほど美しい一曲！ 台湾語と聞くとどこか演歌？的なイメージを思い浮かべる人も多いかも知れませんが、シティポップや AOR などの要素もあって、伝統を守りつつも新しい風を取り入れているアーティストです。

憂閟酒
feat.Enno Cheng
2022年リリース
『MARIGOLD 萬壽菊』に収録

竹内将子

台湾音楽と台湾の話題を紹介するラジオ DJ。アジアポップスを紹介する FM ラジオ「Asian Breeze」のほか、台湾カルチャーを紹介する Podcast「好玩電台」を音楽家・菅原慎一さんと配信中。クラウド・ルーの日本プロモーションなども担当する。

📷 @masako_asianbreeze　Asian Breeze　URL bit.ly/3mYquWX

Artist
草東沒有派對（No Party For Cao Dong）

2017年の金曲獎で6部門にノミネートされ、最優秀新人賞、最優秀バンド賞、最優秀年度歌曲賞を受賞した台湾インディーズ最高峰のバンド。約2年間の休止期間を経て、2023年に活動を再開し、ジャパンツアーを開催。

Recommend
完全に歌詞がわかるわけではないが、ただ耳で聴き心の深いところに響いてくる。1st アルバム『醜奴兒』そして、コロナ禍、約2年間の休止期間後にリリースされた 2nd アルバム『瓦合』どちらもおすすめしたい！ なぜかいつもアルバムのラストの曲にひかれてしまいます。『醜奴兒』の『情歌』もおすすめ。2018年の初来日ライブ＆サマーソニック、2019年中津川 THE SOLAR BUDOKAN、そして 2023年には5年ぶりに日本ツアーが東名阪で行われた。台湾では「草東沒有門票」チケットが最も取りにくいバンドといわれている。機会があったらぜひ彼らのライブに足を運んでほしい！

但（Damn）
2023年リリース
『瓦合』に収録

所有的
No Love is Lost
2021年リリース
『25』に収録

Artist
我是機車少女（I'mdifficult）

R&B やネオソウルをベースにした台湾のオルタナティヴ・バンド。凌元耕 Ernest Ling（Vo. / Key.）、dotzio（Vo. / Syn.）、王沂紳（Vo. / Gt.）、呂仲林（Dr.）からなる。2023年には初のジャパンツアーが開催された。

📷 @imdifficult1995

Recommend
ユニークなバンド名にある「機車」を直訳すると「バイク」ですが、台湾では自分勝手とかこだわりのある人のことを「あなたは機車だね！」と言います。つまり、いい意味でも悪い意味でも使われるため、台湾では「難しい人」を指すときに使われることも。そのため英語版は「I'mdifficult」。自分たちのスタイルを貫きたいという性格の4人が集まっているので、この名前にしたそうです。Vo. 凌元耕の歌声とセンスが魅力です。

ENTERTAINMENT

エンターテインメント

エンタメにハマれば、台湾旅行の幅がぐっと広がり、さらに楽しくなること間違いなし。
台湾エンタメの基本から、今注目の映画＆ドラマまでをピックアップ！

194 日本語字幕で楽しむ！台湾映画＆ドラマの視聴方法は？

各種配信サービスや DVD などで台湾映画を視聴できる。独占配信が多いのは「Netflix」や「Hulu」、日本でも話題の BL は「Rakuten TV」や「ビデオマーケット」、ドキュメンタリーやドラマ配信なら「Amazon Prime Video」が多い。配信プラットホームは変動する。

195 映画館で！配信で！注目の台湾映画＆ドラマ

映画

2024 年 5 月に日本公開！
『青春 18×2 君へと続く道』(2023 年) 原題：青春 18×2 通往有你的旅程

『新聞記者』『余命 10 年』の藤井道人が監督・脚本を手がけた日台合作のラブストーリー。原作は、台湾で話題を呼んだジミー・ライの紀行エッセイ「青春 18×2 日本漫流浪記」。18 年前の台湾と現在の日本を舞台に、国境と時を超えてつながる初恋の記憶をエモーショナルに描き出す。台湾の人気俳優・許光漢がジミー、清原果耶がアミ役で出演する。

©2024「青春 18×2」Film Partners

2023 年 No.1 のバディムービー
『僕と幽霊が家族になった件』(2023 年) 原題：關於我和鬼變成家人的那件事

台湾のヒットメーカー、程偉豪（チェン・ウェイハオ）監督が手がける話題作。台湾で古くから伝わる冥婚（生者と死者に分かれた者同士が行う結婚のこと）をテーマにしたコメディ映画。米アカデミー賞台湾代表にも選出されている。〈Netflix にて配信中〉劇場配給：面白映画

ドラマ

待望の新シーズンスタート！ 『次の被害者』原題：誰是被害者

主人公はアスペルガー症候群の鑑識官。娘が連続殺人事件に関わっていることを知った鑑識官を描く犯罪サスペンスドラマ。2023 年にスタートした第 2 シーズンには、ディーン・フジオカも出演している。〈Netflix シリーズ「次の被害者」独占配信中〉

大人気 BL ドラマシリーズ 『HIStory』

2017 年に始まり、毎シーズン話題の BL ドラマ。最新作は『HIStory5 未来のきみと出逢って〜 Love in the Future』。〈ビデオマーケット、Rakuten TV ほかで配信中〉©CHOCO Media Co.,Limited.

191 まずはおさえておきたい 金曲獎（ジンチュウジャン）と金馬獎（ジンマージャン）とは？

台湾音楽の金曲獎と、台湾映画の金馬獎。どちらも YouTube でライブ配信される！

■ 金曲獎（ゴールデン・メロディー・アワード）

台湾のグラミー賞とも呼ばれ、台湾の音楽シーンで最も注目される。1990 年から開催されており、かつては中華民国行政院新聞局が、現在は中華民国文化部が主催している。2023 年は、宇宙人（P.4）が最優秀バンド賞を受賞。

■ 金馬獎（ゴールデン・ホース・アワード）

1962 年に創設。世界最大級の華語・華人映画を対象にした台湾の映画賞。2023 年の注目作品は、上半期の台湾映画興行収入 No.1 の『僕と幽霊が家族になった件』、映画作家・大塚竜治氏と中国出身の妻ホアン・ジーが共同監督を務めた日本資本の華語映画『石門』がノミネートされ話題に。

192 C-POPを聴くなら 音楽配信サイトへ

世界最大数の C-POP をラインアップしている音楽配信サービス「KKBOX」は、音楽をアプリに聴かせれば曲名を検索できる。そのほか、台湾最大のインディーズ音楽配信サイト「iNDIEVOX」、幅広い楽曲を網羅する「Spotify」もおすすめ。

193 インディーズ音楽を探すなら 小白兔唱片へ

台湾は 700 以上の音楽レーベルが存在し、多くがインディーズとなる。音楽レーベル「小白兔唱片 WWR」は、収録から販売まで行い、幅広い音源が手に入る。

小白兔唱片 White Wabbit Records
シャオバイトゥウチャンピエン
ホワイト ワビット レコーズ

康青龍 MAP P.126-D3 MRT 松山新店線「台電大樓」駅 3 番出口から徒歩約 6 分
♦ 浦城街 21 巷 1-1 號 ☎ (02)2369-7915
🕐 11:00 〜 21:00 無休 CARD 不可

BEAUTY & RELAX

ビューティ & リラックス

話題の自然由来のヘアケアブランドから、台湾ならではの漢方アイテムや美容パックなど。
毎日通いたい足裏マッサージのテクニックも要チェック！

198 女子の強い味方！
美容ドリンク
四物飲って知ってる？
スーウーイン

4つの漢方（当帰・熟地・白芍・川芎）が入った美容ドリンク。ホルモンバランスを整え、生理後に3日ほど続けて飲むと、次の生理痛が軽くなるという。血流がよくなるので生理中は控えて。

喉ケアブランド京都念慈菴の蜜煉四物 69元。写真は、コンビニ（萊爾富 Hi-Life）にて購入

199 ドラッグストアで買う！
台湾メイドの
最新美容パック事情

おみやげはもちろん、旅行中のスキンケアとしても大活躍の美容パック。日本でも人気の我的美麗日記をはじめ、台湾メイドのドクターズコスメなど、数あるなかから、編集部が選ぶおすすめはこちら！

1. 雪芙蘭の今天我最美 5枚入り 199元。肌トラブルに合わせて6種類選べる
2. 豊台湾の薏仁牛奶 5枚入り 199元。台湾産ハトムギとミルクの成分入り
3. 氧顔森活の鳶尾花日月潭紅玉抗痕面膜 2枚入り 218元。上質な台湾紅茶葉を使う

196 今最も注目を受ける
自然由来のヘアケア
ブランド

2020年に日本進出した O'right（オーライト）。グリーン革命（よりよい未来のために世界を変えること）をコンセプトに掲げ、世界初のゼロカーボンシャンプーが話題に。最先端の超音波技術を使い、台湾原産コーヒーの殻から抽出した天然カフェインの頭皮用トリートメントも人気。美容パックなど台湾限定商品もあるので、店舗をのぞいてみて！

URL oright-jp.com

台北の店舗 台北新光三越信義 A11 體驗館 **MAP** P.124-D3 外、台北京站體驗館 **MAP** P.125-C1 ほか

197 レジ横をチェック！
ドラッグストアでは合計
金額に応じてお得に買える商品が

人気のドラッグストア・康是美などのレジ横にある商品は、合計金額に応じてお得になる。サプリメントやウエットティッシュなどがあるので、購入前にチェック！

セールや新商品情報は HP をチェック！

203 チクチクを我慢して
究極の台湾ローカルエステ
挽面で素肌美人に！

細い糸を使って顔の産毛を抜く、台湾ではメジャーな美容法。1回30～40分程度で、250元前後。昔は結婚式の前に行う習慣だったが、現在は饒河街観光夜市（P.42）などで気軽に試せる。施術後はツルツル素肌に。

200 台湾のニベア
雪芙蘭は香りも
つけ心地もグッド

老舗の美容メーカー、雪芙蘭の保湿クリーム（滋養霜）。厳選したオーガニックのアロエ成分配合で、保湿効果が期待できる。旅にうれしい小さなサイズや限定商品もある。

滋養霜 29～109元

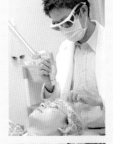

201 クーポン利用でさらにお得！
日本語ＯＫ！
美容レーザーの優良店

日本では3万円程度の美容レーザーが、約1時間4000元（約1万8800円）程度で受けられる。ここは日本語が使え、シミ、毛穴、ニキビなど幅広く対応してくれる。

MIIDO 品川診所
ミィド ピンチュワンヂェンスオ

台湾全図　MAP P.123-A3　MRT 松山新店線・新北捷運「大坪林」駅2番出口から徒歩約1分　♀新北市新店區北新路三段136號　☎ (02) 2911-6978　⏰9:00～21:00　休旧暦大晦日　CARD J M V　📖日本語　※要予約

日本への留学経験がある医師が揃い、日本人のリピーターも多い。レーザー後は、肌を美容パックで鎮静させる

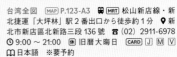

---

204 LCC利用者もうれしい！
深夜＆24時間営業の
ローカル御用達スパ

旅行中のリフレッシュやLCCの深夜＆早朝便で帰国する際に便利な深夜＆24時間営業のスパ。マッサージや温浴施設などで、旅の疲れを癒やせる。衛生面も安心な2店舗をピックアップ！

❶ Relax 33 莊園
リラックス
サンスーサンデュアンユエン

アジアンリゾートのような空間で、天然エッセンシャルオイルを使ったスパを受けられる。

迪化街～中山　MAP P.126-B3　MRT 淡水信義線・松山新店線「中山」駅3番出口から徒歩約2分　♀中山北路二段2號11F　☎ (02)2531-2333　⏰10:00～翌1:00（最終受付23:30）　休旧正月　CARD M V　📖日本語

❷ 伊莉莎仕女休閒會館
ELIZA LADY PLAZA
イーリーシャーシーニュウシウシエンヒュイグアン

入場料700元で、大浴場やサウナ、休憩室などを利用できる。エステや足裏マッサージも。

松山　MAP P.124-A1　MRT 文湖線「中山國中」駅1番出口から徒歩約3分　♀復興北路402巷8弄1號　☎ (02)2516-0191　⏰24時間　休2ヵ月に1回・旧暦大晦日・旧正月　CARD J M V　📖日本語

東方伝統的リラクゼーション1時間30分 2080元、足裏マッサージ＋肩マッサージ1時間10分 1780元 ❶

全身マッサージ50分 1600元、顔面美容1時間30分 2200元、足裏マッサージ30分 500元。館内では室内着を着用 ❷

臨床経験豊富な中医師が対応する

202 日本語OK！
漢方外来で診察を
受けて漢方薬を
処方してもらう！

1946年創業の漢方調剤薬局・生元薬行。近くにある漢方外来・生元徳中醫診所で脈拍や舌診から体の状態を診察し、症状に合わせた漢方薬を生元薬行で処方してくれる。予約をすれば通訳も同行可能。

生元徳中醫診所
シェンユエンドーヂョンイーヂェンスオ

迪化街～中山　MAP P.126-B1　MRT 松山新店線「北門」駅3番出口から徒歩約10分　♀南京西路181號　☎ (02)2550-2331（日本語可能）　⏰9:00～12:00、14:00～17:00　休旧正月　¥300元　CARD 不可

生元薬行で漢方を処方してもらう

ビューティ＆リラックス｜テクニック

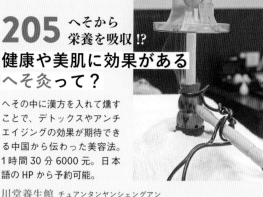

205 へそから栄養を吸収⁉ 健康や美肌に効果がある へそ灸って？

へその中に漢方を入れて燻すことで、デトックスやアンチエイジングの効果が期待できる中国から伝わった美容法。1時間30分6000元。日本語のHPから予約可能。

川堂養生館 チュアンタンヤンシェングアン
松山〜頂好 MAP P.124-C1 MRT 板南線・文湖線「忠孝復興」駅4番出口から徒歩約2分 ⚲ 忠孝東路四段59號8F ☎ (02)2721-8126 ⏰ 9:00〜18:00 ㊡ 日・旧正月 ㊢ サービス料10% CARD A J M V

206 永康街の散策途中に AVEDA製品フルコース の台湾式シャンプー

アメリカ発のオーガニック・ヘアケアブランド「AVEDA」の商品を取り入れた美容院。台湾式シャンプー800元（30分）や、ネイル600元〜が受けられる。

1 マッサージ
アロママッサージオイル（4種類から選べる）を塗って肩や手をマッサージ

2 ブラッシング
頭皮を刺激しながらブラッシング。フケを落とし、洗髪時の抜け毛も防ぐ

3 泡立てる
ハンドマッサージのあと、AVEDA製のシャンプー液をゆっくりかける

4 シャンプー
座ったままでシャンプー。泡を使ってハートや象、恐竜の形にしてくれる

5 洗い流す
シャンプー台へ移動。泡を洗い流し、ていねいにトリートメントをする

6 髪を乾かす
最新のドライヤーを使って、しっかり髪を乾かす。必要に応じてワックスも

7 完成〜！
仕上がりはツルツル＆サラサラ♡ 散策途中のいい気分転換になる

H Gallery Hair Salon エイチ ギャラリー ヘアー サロン
康青龍 MAP P.126-C3 MRT 淡水信義線・中和新蘆線「東門」駅5番出口から徒歩約4分 ⚲ 永康街31-1號 ☎ (02)2341-5643 ⏰ 11:00〜20:00（最終受付19:00）㊡ 旧暦大晦日 CARD J M V 🗾 日本語

207 日帰りもOK！ 緑に包まれた 極上スパを受けに烏來へ

大自然に囲まれた烏來にあるスパリゾートのスパコース。心身円満コース120分4400元、150分5900元では、ひとり一室のプライベート空間で、五行経絡カウンセリング、足浴、入浴、ストレッチ運動、精油マッサージを受けられる。施術後はデザートスープとお茶をいただきながらのんびり過ごせる。

湖畔スイート2万5000元〜では、時間によって表情を変える湖面をながめながらリラックスできる

馥蘭朵烏來渡假酒店
フーランドゥオウーライドゥウジアジウディエン
Volando urai spring spa&resort
台湾全図 MAP P.123-A3 MRT 松山新店線「新店」駅から送迎バスあり ⚲ 新北市烏來區新烏路五段176號 ☎ (02)2577-1589 ⏰ スパ10:00〜24:00 ㊡ スパ3000元〜、大浴場のみ750元（土・日800元）、個室風呂はHP参照 ㊡ 無休、大浴場 水 CARD A D J M V

208 極上のひととき 5つ星ホテルの 台湾オリジナルメニュー を体験

ホテルの2フロアを使った贅沢なスパ。台湾限定の「FORMOSA」2時間30分1万3800元（＋10%）がおすすめ。真珠、岩塩を混ぜたフットトリートメント、全身泥パックなどを行う。

THE SPA AT MANDARIN ORIENTAL TAIPEI
ザ スパ アット マンダリン オリエンタル台北
松山〜頂好 MAP P.124-A1 MRT 文湖線・松山新店線「南京復興」駅7番出口から徒歩約10分 ⚲ 敦化北路158號マンダリン オリエンタル台北5・6F ☎ (02)2715-6880 ⏰ 10:00〜20:00 ㊡ 無休 CARD A D J M V 🗾 日本語

ビューティ＆リラックス｜テクニック

212

いつでも行ける
技術も抜群の
24時間営業の
マッサージ店

1日歩き回ったあとや、帰国する直前は、足裏マッサージへ駆け込んでスッキリしたい。便利な立地で確かな技術があって、時間を気にせずに使える店をピックアップ！

👣 森SPA足體養生館
中山館
センスパズーティーヤンシェングワンヂョンシャングワン

東洋マッサージを中心に、アロマテラピーオイルマッサージも受けられる。足裏マッサージは30分600元

迪化街～中山　MAP P.126-B3　MRT
淡水信義線・松山新店線「中山」駅3番出口から徒歩約10分　♀ 林森北路263號3F　☎ (02)2531-6333　㊡旧正月　CARD A J M V　📖日本語

👣 豪門世家理容名店
ハオメンシージア
リーロンミンディエン

日本の著名人も足しげく通う有名店。ホテルまでの無料送迎あり。
30分700元～

迪化街～中山　MAP P.126-A3
MRT 中和新蘆線「中山國小」駅2番出口から徒歩約5分　♀ 林森北路410號B1F　☎ (02)2521-1222　㊡無休　CARD J M V　📖日本語

👣 李炳輝足體養生館 リービンフイズーティーヤンシェングワン

ジャクージ式の足湯が付いたソファに座る。ていねいな施術が評判。
30分400元～

台北駅　MAP P.125-B3　MRT 中和新蘆線「行天宮」駅1番出口から徒歩約4分
♀ 吉林路196號　☎ (02)2521-0060　㊡無休　CARD不可　📖日本語

園内には季節の花が咲き、のんびり過ごす人の姿が。散歩するだけでも楽しい

213
歩くだけ！
痛くて気持ちいい！
公園で無料の
足ツボマッサージ!?

台北最大規模の大安森林公園には、健康器具が充実。健康歩道はコンクリートに無数の石が埋め込まれ、素足で歩くと足裏を刺激。ローカルに交じってトライ！

大安森林公園 ダーアンセンリンゴンユエン

康青龍　MAP P.126-C3　MRT 淡水信義線「大安森林公園」駅2番出口から徒歩すぐ　♀ 信義路、建国南路二段、和平東路二段、新生南路二段が囲むエリア　🕐 常時開放

209

悪い場所を自分で確認しよう
足ツボイラストをチェック

人気の先生を指名する場合は、予約を入れておくほうがベター。足裏マッサージをすると血行が促進されるため、食後1時間以内や空腹時、飲酒後、生理中、妊娠中は控えるようにしよう。

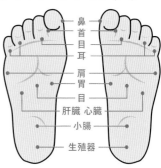

鼻
首
目
耳
肩
胃
目
肝臓 心臓
小腸
生殖器

すっきりして気持ちいい～！

210

いい店を見極める！
足ツボマッサージ
良心店の選び方

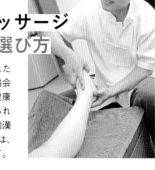

台湾政府に認可された台湾で唯一の足裏協会「中華足部反射區健康法協會」加盟店であれば安心。万が一、痴漢行為があった場合は、受付へ苦情を伝えて。

211

足裏マッサージと一緒に受けて美足を手に入れる！
角質取りでツルツルに♡

1日の終わりに体の疲れを取り除いてくれる足裏マッサージ。全身マッサージや、地元では角質取りも人気。料金は500元前後。爪切りもあり。プロの手にかかれば足裏は滑らかな肌へ。

旅のスタイルに合わせて快適なホテルライフを！

ACCOMMODATION

宿泊

ラグジュアリーホテルでも事前に登録してポイントをためれば、無料で宿泊できちゃうテクも！
それぞれのメリットとデメリットを見極めて、自分好みのホテルを見つけよう。

217 違反したら罰金!?
台湾のホテルは禁煙が当たり前！

鉄道のホームやカラオケも禁止なので、気をつけて

台湾には、ホテルやレストランなど公共の場所での喫煙を原則的に禁じる法律があり、違反者には最高で1万元が科せられることがある。

218 入会費・年会費なし！
ホテルメンバーになって無料宿泊券をゲット

ホテルチェーンの会員になると、宿泊でたまったポイントに応じて、無料宿泊などの特典がもらえる。

プログラム名	ホテルチェーン名	おもなポイント対象ホテル
IHG リワーズ クラブ キャンペーン	IHG グループ　URL www.ihg.com	● キンプトン ダーアンホテル ● リージェント タイペイ ● ホテル インディゴ タイペイ ノース
One Harmony	オークラ ニッコー ホテルズ　URL oneharmony.com	● オークラプレステージ台北

219
2023〜2024年にオープン！
日系も登場！最新ホテルリスト

2023年以降、台北にオープンしたホテルのなかから、おすすめをピックアップ！

	ホテル名	メモ
2023年OPEN	グランドハイライホテル台北　台北漢來大飯店	MRT 南港展覧館駅から徒歩約8分。425室の客室には高級寝具にミニバー完備
	K ホテル台北南京　柯達大飯店台北南京	松山国際空港までタクシーで約5分。バスタブ、温水洗浄付きトイレ、ランドリー無料
	ソラリア西鉄ホテル台北西門　索拉利亞西鐵飯店台北西門	西門にあり、台北駅まで徒歩圏内。朝食は台湾料理が味わえるビュッフェ
2024年OPEN	相鉄グランドフレッサ台北西門店	西門の中心部にあり、全室30㎡以上。ランドリーやセルフロッカーなどもある
	カペラ台北	台北101から近く、洗練された空間は「モダンな邸宅」がコンセプト

214 気軽にお願いして！
コンシェルジュデスクをフル活用する！

コンシェルジュは、設備のトラブルやレストラン予約の際に頼れるほか、「この商品はどこで売っているのか？」といった質問にも答えてくれる。

215 バラエティ豊富！
台北のホテルタイプをおさらい！

料金？ 立地？ おしゃれ度？ 機能性？ 優先したいことを決めてホテル選びをスタートしよう。

サービス満点の日系ホテル
フロントは日本語対応可能で、観光情報やクーポンは日本人好み。ウオッシュトイレや朝食に和食がある場合が多い

おしゃれなプチホテル
古い建物をリノベーションしたものや、台湾メイドのアメニティを置くプチホテルが急増中。ビジネスホテルよりやや高め

憧れのラグジュアリーホテル
宿泊料は高めでもそれに見合ったサービスが期待できる。ホテル内で楽しめる付帯施設を求める人や、大切な人との旅行に

リーズナブルなゲストハウス
約600元〜で宿泊でき、宿泊費を抑えられる。クチコミで衛生面を要確認。タオルがない場合もある。トイレ、シャワーは共用

216 観光情報やマップも！
ホテルにある無料クーポンを活用！

ホテル周辺のスポットで使えるクーポンや観光情報が載ったフリーペーパー。オリジナルのマップを置いているところもある。ニューオープンや特集記事など読み応えあり！

223 着替えを少なく身軽に！ ランドリー完備のホテルはこちら

長期滞在にうれしい、洗濯機付きのホテルはこちら。服が1日ぶん減るだけで、スーツケースは軽くなる。

ホテル名	URL
アンバ 台北中山	URL www.amba-hotels.com
日野苑 Hinoen hotel	URL hinoenhotel.com
シンプルプラスホテル	URL www.simplehotel.com.tw
丹迪旅店	URL www.dandyhotel.com.tw
フォルテオレンジ ビジネスホテル	URL www.orangehotels.com.tw
ホテル パパ ホエール	URL www.papawhale.com
ロイヤル・イン南西	URL www.hotelroyal.com.tw

ホテル｜テクニック

224 ゴージャスな中国宮殿建築様式 行くだけで運気が上がる パワスポホテル

1952年に蔣介石夫人が建設。もとは台湾神社があった場所にあり、ロビーの天井には長寿や財産などを意味する装飾のほかレストラン前には、台湾神社にあった「百年の金龍」がある。

圓山大飯店
ユエンシャンダーファンディエン
台北市街 MAP P.123-B2 MRT 淡水信義線「圓山」駅1番出口からタクシー約5分（宿泊者は無料シャトルバスあり） ♦中山北路四段1號 ☎ (02) 2886-8888 ¥8800～ ※サービス料10% CARD A D J M V ⤴500室 URL www.grand-hotel.org

225 話題のブティックホテル ミシュラン星付きの朝食が食べられる

世界的に有名な7つのワイナリーと提携し、17時から各フロアにてアルコールサービスあり。朝食は、ミシュラン2つ星を獲得した「Molino de Urdániz」で。

Hotel MVSA 慕舎酒店 ホテル ムーシャ ムーシャージョウディエン
台北市街 MAP P.123-C2 MRT 中和新蘆線・松山新店線「松江南京」駅5番出口から徒歩約6分 ♦建國北路一段61號 ☎ (02) 2500-6770 ¥1万3800～ CARD A J M V ⤴38室 URL hotelmvsa.com

220 客室の窓から動物が見える!? 動物園一体型のユニークホテル

草食動物と自然生態を取り入れたアジア初のリゾートホテル。シロサイ、シマウマなどのほか、オオキツネザルとの触れ合いなど、子供から大人まで楽しめる。

關西六福莊生態度假旅館
グワンシーリョウフーヂュアン
シェンタイドゥウジアリュウグワン
台湾全図 MAP P.123-A3 桃園国際空港からタクシーで約40分 ♦新竹縣關西鎮60號 ☎ (03) 547-5365 ¥1万元～ CARD A J M V

221 ずっと滞在したくなる 創作レストランが人気の モダンシティホテル

「あたたかく、快適、癒やされる場＝家」が空間コンセプト。内装は、有名ホテルなどで実績があるデザイナー・蘇誠修氏が手がけた。2023年10月に創作レストラン「RÉN BISTRONOMY 餐酒館」がオープン。

驚豔套房1万7800元。あたたかみのある開放的な空間。ウッド調でタブ付き。アメニティは台湾メイド

ホーム ホテル HOME HOTEL
台北市街 MAP P.123-D3 MRT 淡水信義線「象山」駅1番出口から徒歩約5分 ♦松仁路90號 ☎ (02) 8789-0111 ¥1万2800元～、サービス料10% CARD A J M V ⤴121室 URL homehotel.com.tw

222 空港からすぐに街へ繰り出せる！ 空港⟷ホテルで使える 荷物宅配サービス

空港で荷物を預けて、観光地へ直行できる便利なサービス。KKday（ケーケーデイ）から日本語で予約ができる。16時までに荷物を預ければ、当日中にホテルへ届けてくれる。手荷物1個2305円～。

LOCAL TOWN RANKING

台湾

バラエティ豊かな地方へ

ローカルタウン
ランキング
BEST 5

歓迎光来　歓迎歡來

好　吃

新幹線や鉄道、飛行機に乗って台北では味わえないディープ体験をしにローカルタウンへ！

RECOMMEND

特におすすめは「鹽埕エリア」。日本統治時代の関係も深く、最近は若者を中心にショップや市場のリノベーションなど新しいカルチャーが混じり合う高雄の港町らしいローカルエリア。人気の鴨肉飯や牛肉麺、かき氷など人気店も多く、高雄に来たらここはハズせない（田中佑典さん）

安うまB級グルメや海鮮料理、フルーツが豊富で、食いしん坊にはたまらない街。天気がよく、のんびりとした港町の雰囲気も大好き。交通便もよいのでローカル初心者でも回りやすい。高雄を拠点にローカルエリアをあちこち散策するのがおすすめ（田中伶さん）

台湾最大規模の商業港を生み出した港町文化にぜひご注目を（台湾日和さん）

第1位

進化が止まらない南部最大の都市

高雄（ガオション）

台北から新幹線で、最短1時間30分で行ける港町。取れたてのシーフード料理が豊富で、近年は再開発で変化し、アートの街としてもクローズアップ！

台湾全図 MAP P.123-B3 高鐵で「台北車站」駅から「左營」駅まで1時間34分、普通席1490元。中心部までは、高鐵「左營」駅からKMRTで移動できる。台鐵「台北」駅から「高雄」駅まで普悠瑪号で3時間40分、843元

■ベストシーズン：
1年を通して気温が高く、台北に比べて雨は少ない。夏は日差し対策必須。雨季や台風シーズンは避けよう
■所要滞在日数：1日〜

本場のカラスミもオススメ。食堂の小吃やスイーツも楽しみたい。レトロな市場「堀江商場」も

大仏が見守り続けるほっこりタウン

第3位

彰化（チャンホァ）

台湾中部の中心地として昔から栄えた地。市内を一望する八卦山に、高さ21.6mの町のシンボル大仏が立つ。近年は機関車の保管庫・扇形車庫が人気。ローカルフードの肉圓も食べたい。

台湾全図 MAP P.123-B3 台鐵で「台北車站」駅から「彰化」駅までは、普悠瑪號で2時間5分、415元。高鐵の場合「台北」駅から「彰化」駅まで1時間4分、普通席820元。中心部までは、高鐵「彰化」駅からタクシーで約10分、700元

RECOMMEND

台湾料理店の筑馨居は、先代のオーナーが集めた日本統治時代の骨董品を見学できます（佐々木千絵さん）

台湾随一の古都。レトロな街並みと台南しかないご当地グルメが魅力（台湾日和さん）

台南は、ほぼ徒歩で回れるコンパクトな街。古都らしい雰囲気とおいしいグルメがたくさんあるのも魅力的です（富永直美さん）

RECOMMEND

勝手にご縁を感じている思い入れのある場所。八卦山の大仏さんが見守る街歩いて回れるサイズ感で、興味深いことがいっぱいでした。地元の若い方々の地元愛や行動力がすごくて、みんな優しくて、大好きです。控肉飯はじめグルメもめちゃうま（十川雅子さん）

■ベストシーズン：
中部エリアにあり、西に海を臨み三方を山が囲み、1年を通して温暖。雨量も南部より少なく、春と秋がベストシーズン
■所要滞在日数：日帰り

台湾の京都で食べ歩きと買い物

第2位

台南（タイナン）

歴史遺産が点在し、「台湾の京都」とも呼ばれる観光都市。また良港に恵まれた台湾を代表する美食の街で、担仔麺やサバヒー粥、棺材板など、グルメを満喫できる。

台湾全図 MAP P.123-B3 高鐵で「台北車站」駅から「台南」駅まで1時間25分、普通席1350元。中心部までは、高鐵「台南」駅から台鐵「沙崙」駅に乗り換え台鐵「台南」駅まで22分、25元。台鐵で「台北」駅から「台南」駅までは、普悠瑪號で3時間10分、738元

■ベストシーズン：
南部に位置しているため、気温が高く日差しも強め。9〜4月の乾季と5〜8月の雨季がある
■所要滞在日数：1日〜

第4位

カラフルな建物群がフォトジェニック♡

基隆 ジーロン

2017年にリノベした正濱漁港のカラフルハウスが、SNSで話題となり観光名所に。また廟口夜市は台湾きってのグルメ夜市として知られる。足を延ばせば奇岩で知られる野柳もあり。

台湾全図 MAP P.123-A3
🚃 台鐵で「台北車站」駅から「基隆」駅まで、区間車で43分、41元

■ベストシーズン：
北部にあり、気候は台北に近い。夏は1日の平均気温が29℃を超え、日差し対策が必須。冬は涼しめ
■所要滞在日数：日帰り

廟口夜市は黄色の提灯がSNS映え。名物の天婦羅はサメのすり身のさつま揚げを甘めのたれで

第5位

台湾のヴェネツィアとも称される夕日の名所

淡水 ダンシュェイ

淡水河の河口に開けた港街で、スペインやオランダ、イギリスの影響を受け異国情緒がただよう。また、漁人埠頭にある情人橋が、夕日見学のスポットとなっている。

台湾全図 MAP P.123-A3
MRT 淡水信義線「台北車站」駅から「淡水」駅まで、38分、50元

魚のすり身を揚げた伝統的なおやつの魚酥や鐵蛋などの名物あり

■ベストシーズン：
1年を通して楽しめる。日没時間を確認し、冬場は17時までに、夏場は18時までに訪問するようにしたい
■所要滞在日数：日帰り

✚MORE 離島へのショートトリップ

（ 澎湖 ポンフー ）

台湾で美しいビーチを楽しむならここ！

大小90以上の島からなるリゾートアイランド。特に、魚をつかまえるための仕掛けがダブルハート形になっている雙心石滬が撮影スポットとして有名。伝統集落も残っている。

台湾全図 MAP P.123-B2 ✈ 台北松山空港から澎湖空港まで約50分、2188元

（ 金門島 ジンメンダオ ）

戦争の痕跡が残る高粱酒の名産地

中国大陸の廈門から約2kmにあり、国共内戦で激戦地になった島。使用されなくなった軍事施設を見学でき、赤れんがの閩南風平屋の伝統家屋が残る。

台湾全図 MAP P.123-B2 外 ✈ 台北松山空港から金門空港まで約1時間5分、2488元

（ 馬祖 マーズゥ ）

絶景「青の涙」を求めて行く

中国大陸から約9kmに位置し、福州からの移民が多く閩東文化が残る。4〜7月は気象条件により、夜光虫で海が青く光る藍眼涙を見られる。

台湾全図 MAP P.123-B2 外 ✈ 台北松山空港から南竿空港まで約55分、1868元

八里
パーリー

サイクリングが楽しい台湾北西部の街

淡水老街から渡し船で行ける対岸の町。老街があり、淡水名物ムール貝のレストランや海鮮フライの店舗が並ぶ。サイクリングコースも整備され、レンタルで楽しめる。

台湾全図 MAP P.123-A3
🚢淡水渡し場よりフェリーで対岸へ。10分、40元

■ベストシーズン：
台北に近い気候で温暖だが、夏季は気温が高く日差し対策をしたい。5〜6月の雨季や台風シーズンは避けよう
■所要滞在日数：日帰り

嘉義
ジャーイー

歴史散歩と穴場カフェへ

阿里山國家風景區や國立故宮博物院南部院區がある。市内には歴史的建造物が点在し、マジョリカタイル博物館が人気。蒸した七面鳥肉を使った火雞肉飯は必食。

台湾全図 MAP P.123-B3
🚄高鐵「台北車站」駅から「嘉義」駅まで約1時間13分、1080元。7211バスほかに乗り換え約36分、48元「嘉義市轉運中心」下車徒歩約4分

■ベストシーズン：
街なかは1年を通して過ごしやすい。阿里山は、桜シーズンの2〜3月がおすすめ。冬は防寒着が必要
■所要滞在日数：1日〜

高美濕地
ガオメイシーディー

非日常を味わえる幻想的な風景

"台湾のウユニ塩湖"ともいわれるスポット。台中の大甲溪河口の南にある約300ヘクタールが湿地で、天候により水鏡がシルエットを映し出すような光景になる。

台湾全図 MAP P.123-A3
🚄高鐵「台北」駅から「台中」駅まで47分、普通席700元。高鐵「台中」駅から台鐵「新烏日」駅に乗り換え「清水」駅まで約27分、33元。「清水」から178バスで約30分、21元「高美濕地」下車徒歩約6分

■ベストシーズン：
水位が上がった時期ではきれいな写真が撮れないため、おすすめは3〜10月の夕方に干潮を迎える日を選ぶ
■所要滞在日数：2日〜

潮州
チャオヂョウ

さまざまな文化が融合する南部の街

南部の屏東県にあり、中国大陸の広東省潮州から移住した人や原民族が多く、のどかな雰囲気。老舗店プラス古い建物をリノベした店も点在。

台湾全図 MAP P.123-B3
🚄高鐵で「台北車站」駅から「左營」駅まで1時間34分、普通席1490元。台鐵「新左營」駅に乗り換え台鐵「潮州」駅まで自強號で39分、101元

■ベストシーズン：
南部で1年を通して気温が高く、夏は日差し対策必須。5〜6月の雨季や8〜10月の台風シーズンは避けよう
■所要滞在日数：2日〜

■ベストシーズン：
熱帯に属し、1年を通して気温が高く、夏は暑さが長く続き湿度も高い。冬は涼しく晴れ間が多い
■所要滞在日数：2日〜

蘭嶼
ランユウ

原住民が暮らす秘境の地

台東の南東にある島。住民の8割が原住民ヤミ（タオ）族で、日本統治下でも独自の文化を守り続け、現在も時期によりカヌーでトビウオ漁を行う。

台湾全図 MAP P.123-B3
✈台北松山空港から台東空港まで約1時間5分、2088元。台東空港から徳安空港まで約30分、1546元

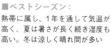

＼ 台湾ラバーな本誌プロデューサー＆編集がトーク！ ／

まだ知らない 台湾 と出合うローカル旅

亜熱帯地域と熱帯地域からなる台湾では、雨が多い北部に比べて、南部は1年を通して天気がよく、カラッとしている。新幹線が走り急速に進化している西部と、原住民が多く暮らしのんびりとした時間が流れる東部。さらには個性豊かな離島もある。九州ほどの大きさの台湾だが、エリアによってまったく違う表情を見せるのだ。

座談会メンバー

プロデューサー K
地球の歩き方で20年以上、台湾を取材。aruco台北・台湾、地球の歩き方台湾、Plat台南などを担当。

編集 O
台南在住。週末は義実家がある高雄で過ごしている。おもに台湾ガイドブックの編集執筆を担当している。

編集 N
国内外のガイドブックや雑誌の編集執筆に約20年携わる。観光広報アドバイザーとしても活動する。

地方でも行きたいローカル夜市

K：ローカル旅でハズせないものといえば、夜市の開拓ですよね。私は地方だったら高雄の六合夜市 MAP（P.117-A2）が好きです。ちょうどいい規模感で、水餃子が人気ですが、高雄らしい海鮮粥もおいしいですよ。

N：夜市はその土地の特色が出るのでおもしろいですよね。花蓮の東大門國際觀光夜市 MAP（P.121-A）は、原住民の屋台が並んでいて、粟で作られた原住民のお酒・小米酒を飲みながら、原住民の伝統料理をつまめます。

O：夜市とは少し違いますが、台東の鐵花村 音樂聚落・慢市集（P.109）は、オリジナルのカクテルを飲みながら生演奏を聴けて最高でした！

蒸餃は必食！海鮮系だと、基隆の基隆廟口夜市（P.105）や屏東の墾丁大街夜市 MAP（P.123-C3）も有名ですね。

O：高雄のお気に入りは吉林街夜市 MAP（P.117-A2外）です。注文を受けてから蒸す吉林街の蒸餃は必食！

1＆2. 東大門國際觀光夜市　3. 台湾最南端の墾丁大街夜市。アルコールや水着なども販売する　4＆5. 吉林街夜市

地方創生で生まれ続ける 新しいカルチャー

N：台湾は古建築をリノベするのがすごく上手ですよね。台北の永康街にできた100年以上の古建築を使った0km山物所 MAP（P.126-C3）が話題だけど、地方にもそういうスポットが増えていますよね。

K：台中もリノベスポットが多いですよね。台湾省政府の旧宿舎だった建物をセンスよくリノベしていて、どんどん新しい店がオープンしています。審計368新創聚落（P.119）が有名！

O：私が暮らす南部だと、高雄市の鹽埕區や美濃區、屏東市は若い世代が中心になった地方創生に力を入れていて、地元の人とタッグを組んだおしゃれなスポットが増えています。先日も美濃（P.117）へ行きましたが、もとたばこ工場が地元の名産品を扱うおしゃれスポット菸仕物所（P.117）になっていました。美濃って田園風景のイメージだったのでびっくりです！ますます台湾に注目ですね！

歡迎光臨

菸仕物所を運営する米濃聚落の代表・佳鴻さん。高雄の美濃、六龜、桃園で活動している

今気になるローカルタウンは？

K：私は星のやグーグァン（P.120）にずっと行ってみたいなと思っていて。大自然を眺めながら、温泉につかってゆっくりしたい。宿の方が案内してくれる歴史散歩やタイヤル族の織物体験も気になります！

N：台湾も温泉地が多いですね。台湾東部にある知本温泉 MAP（P.123-C）もよかったですよ～。私は行ってみたい場所といえば、離島の馬祖（P.99）に行きたい。2023年には国際芸術祭が開催されて話題になっていましたし、街並みがとてもすてきですよね。

O：私も馬祖の海面が青く光る藍眼涙を見てみたいです。私は新北市にある銀河洞越嶺歩道 MAP（P.123-A3）が気になっています。インスタで話題になっているスポットですが、まるでジブリのような世界観。台北から気軽に行けるのもいいなと思います。

銀河洞越嶺歩道

台北郊外 & 地方都市

228　日本より快適！台湾高速鉄道（高鐵）のビジネス車両

高鐵の6号車にあるビジネス車両（商務車廂）は、菓子とドリンク（ホットコーヒー、ジュース、ホットティー、飲用水）が無料サービス！各座席にはコンセントがあり、頭上には読書灯も完備。なお高鐵の全車両で無料Wi-Fiが利用できる。

229　数年に一度のビッグイベントも！2024〜2025年に行くべき地方都市イベント

台北郊外＆地方都市で行われる祭りをリストアップ。イベント情報は URL jp.taiwan.net.tw の「イベント」をチェック！

平溪天燈節
【旧暦1月15日】場所：新北市平溪　1999年から続くランタンフェスティバル。夜空に無数の天燈が上げられて幻想的。

鹽水蜂炮
【旧暦1月15日】場所：台南市鹽水　世界3大民俗祭りのひとつ。100万発を超えるロケット花火が放たれ、死傷者が出る危険な祭り。

大甲媽祖繞境進香
【旧暦3月】場所：台中大甲區　海の神様・媽祖の誕生日が旧暦3月23日であることから毎年各地で巡礼が行われる。最大規模の大甲の巡礼は、9日間にわたり開催される。

東港迎王平安祭典
【2024年11月】場所：屏東県東港　3年に1度行われる南部最大級の祭り。1隻の船を燃やして王爺と災厄を天に送り出す「送王」は迫力満点。

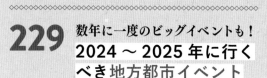

230　賢く取り入れてオプショナルツアー参加ならお得で安心

オプショナルツアー販売サイト「KKday（ケーケーデイ）」では、九份や十分を巡るツアーやレンタカー予約も可能。
URL www.kkday.com

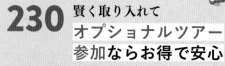

226　アプリを使って快適に！台湾鉄道の乗り方をおさらい

台湾を一周する台湾鉄路（台鐵）。便利なアプリをフル活用して、地方旅へ出かけよう。

■電車の種類

自強号（日本における特急）、莒光号（日本における快速）、区間車（区間快速・各駅停車）がある。自強号には、座席指定券なしで乗車できる列車（どこでも座れる）が、座席を予約している人が来たら席を譲るシステムのほかに、全席指定の太魯閣号、普悠瑪号があり、早めの予約がおすすめ。

上から／全席指定の太魯閣号、座席指定券なしで乗車できる自強号、区間車

■乗り方

自動券売機もしくは駅窓口で切符を買う。ICカード（P.17）も利用できる。

切符は日本同様に投入口へ。ICカードは読み取り部分、アプリ利用は二次元コードリーダーに二次元コードをかざす。

■便利なアプリ「台鐵e訂通」

駅弁の予約、時刻表の確認や快速電車の予約購入、駅弁の予約ができる。支払いはクレジットカード（J M V）かApple PAYを使える。

227　使わなきゃ損！新幹線チケットを格安で手に入れるテク

台北から高雄（左營）まで、最短1時間34分でつなぐ台湾高速鉄道（高鐵）。指定席のチケットを安く購入する方法を伝授！乗車日の28日前から予約可。KKday（ケーケーデイ）もチェック！

ホームページから予約する
高鐵のHPよりチケットを予約でき、最大35%オフに！クレジット決済可能で、コンビニか駅窓口でチケットに引き換える。
URL irs.thsrc.com.tw/imint（日本語対応）

乗り放題パスを買う
外国人限定の高鐵お得チケット。片道料金が20%オフになる1WAYチケットや、3日間乗り放題になる3DAYチケットなどがある。高鐵の切符窓口で購入可能。

公式アプリで予約購入

新幹線の予約購入ができる便利なアプリ。改札では二次元コードリーダーに二次元コードをかざす。購入は、台湾の電話番号が必要。支払いはクレジットカード（J M V）を使える。

台灣高鐵 T EXpress

234 全駅制覇したい！
駅によってデザインが違うかわいいスタンプ

台湾はスタンプ大国！ 駅や観光スポット、ホテルには記念スタンプが置かれていることが多い。鉄道駅の窓口にはだいたいある。

235 移動日の預け入れに
台北駅で荷物を預けるならここ！

ホテルをチェックアウトして街を散策したいときや、地方を旅するとき、荷物を預けるならここへ。

台北車站駅構内のコインロッカー
台北車站駅地下1階を中心に、コインロッカーが点在する。荷物を預けると解錠に必要なパスワードが発行されるのでなくさないよう注意。駅構内は風景が似ているため、いちばん近い出口番号など目印を決めておこう。24時間営業、3時間10〜50元。

行李房
台鐵が運営する荷物預かりサービス。100cm以下30元、101〜150cm50元、150cm以上70元。預けてから2日以内に受け取りが必要。

台北車站行李托運中心
タイペイチョーヂャンシンリートゥオユンヂョンシン
台北駅 MAP P.125-C2 MRT 淡水信義線・板南線「台北車站」駅東3出口もしくはM2番出口から徒歩約2分 ♦中正區北平西路 ☎(02)2314-1223 ⊙8:00〜20:00 ㊡無休 CARD不可

ecbo cloak（エクボクローク）
近くの荷物預かり所を検索できるアプリ。バッグサイズ1日80元、スーツケースサイズ1日160元。

236 日本のグッドデザイン賞も受賞！
高級観光列車「鳴日号」で行くグルメ旅

鳴日号（Future）は、ライオントラベルと有名5つ星ホテル・シルクス プレイス ホテルがコラボして誕生した観光列車。2022年3月にスタートした「鳴日廚房」は、食堂付きの観光列車1万7800元〜。台湾東部の絶景を眺めながら台湾食材をふんだんに使った料理を堪能できる。

Lion Travel ライオントラベル
☎(03) 6228-3058（日本） URL www.liondomestic.com/ja-jp/
右／台湾を代表する建築家・邱柏文（ジョニー・チウ）がデザインを手がけた
左／大理石を使ったモダンな食堂車

© Lion Travel

231 一目瞭然！
主要都市へのアクセス徹底比較！

台北から地方へ移動するための新幹線、鉄道、バス、飛行機を徹底比較。渡航前にチェックして快適ルートで繰り出そう。

行先	新幹線（高鐵）	台湾鉄路（台鐵）	中長距離バス	飛行機
台中	47分〜、普通車700元 ※中心部へは台鐵もしくはMRTに乗り換え約10分	普悠瑪号で1時間38分〜、375元	約2時間40分、320元	台北からの直行便なし
台南	1時間26分〜、普通車1350元 ※中心部へは台鐵に乗り換え約20分	普悠瑪号で3時間10分〜、738元	約4時間20分、500元	台北からの直行便なし
高雄	1時間34分〜、普通車1490元	普悠瑪号で3時間40分〜、843元	約5時間、590元	台北からの直行便なし（成田空港、関空から直行便あり）
宜蘭	なし	太魯閣号で1時間8分〜、218元	約1時間10分、140元	空港なし
台東	なし	太魯閣号で3時間56分〜、783元	台北から直行バスなし	台北松山空港から約1時間5分、2460元

232 行く価値あり！
台北駅2階の微風台北車站へGO!

台北駅に早く到着してしまったときは、2階の飲食店フロアへ。国内外のカフェやレストラン、フードコートが並び、いつもにぎわっている。

微風台北車站 ウェイファンタイベイチャーヂャン
台北駅 MAP P.125-C2 MRT 淡水信義線・板南線「台北車站」駅2F ♦北平西路3號 ☎(02) 6632-8999 ⊙10:00〜22:00 ㊡無休 CARD店舗により異なる

233 窓口の優しいサービス
子供連れや妊婦さんは優先レーンへ！

妊婦や小さい子供連れ、高齢者、体が不自由な人は、駅「孕婦/老人/行動不便者 専用窗」窓口へ。並ばずにチケットを購入できる。

左／1階はレンガ造り、2階は
おもに木造のハーフティンバー
様式　上／大浴場　右／陽光
が差し込むステンドグラス

239

入館無料！
北投温泉博物館で
北投温泉の歴史をたどる

1913年に建てられ、もとは温泉公共浴場として利用されていた。
設計は台湾総督府などを手がけた森山松之助によるもの。現在は
歴史展示や企画展を行っている。

北投溫泉博物館　ベイトウウンチュエンボーウーグアン
台北市街　MAP P.123-A1　MRT 新北投支線「新北投」駅から徒歩約10分
📍 北投區中山路2號　☎ (02) 2893-9981　🕐 10:00 ～ 18:00（最後入館 17:45）
🈷 月　💴 無料

240

一度食べたらトリコ♡
行列必至のふわふわ
シフォンケーキ

話題のシフォンケーキ専門店。新鮮な卵、牛乳、小麦粉を絶妙な
割合で混ぜ合わせた伝統の味。オリジナルのほか、濃厚なチーズ
やチョコレート、台湾ならではのリュウガン、肉でんぶなどユニー
クな味も展開！

源味本鋪現烤蛋糕店　ユエンウェイベンプーシエンカオダンガオディエン
台湾全図　MAP P.123-A3　MRT 淡水信義線「淡水」駅1番出口から徒歩約5
分　📍 淡水區中正路230-1號　☎ (02) 2620-0856　🕐 10:00 ～ 21:00（土・日 9:00
～ 21:00）　🈷 無休　CARD 不可

241

台湾のヴェネツィアで
夕陽を眺めながら
淡水名物で乾杯

上／魚酥とビー
ルのセット 250
元　下／2021
年リニューアル
オープン

1950年創業。淡水名物である魚酥
（魚をすり潰して揚げた菓子）や魚丸
湯（魚のすり身団子のスープ）を肴に、
臺虎や金色三麥など台湾ブランドの
クラフトビールが飲める。冷房の効
いた店内はもちろん、テイクアウト
して夕日を見ながら味わうのも◎。

丸啤吧 Fish Ball Beer Bar　ワンピーバー
台湾全図　MAP P.123-A3　MRT 淡水信義線「淡
水」駅から徒歩約8分　📍 新北市淡水區中正路 117
號　☎ (02) 2629-3312　🕐 11:00 ～ 23:00（土・日
～ 21:30）　🈷 無休　CARD 不可

237

幻想的！
北投にモコモコ立ち込める
湯気の正体とは？

写真映えするスポットとして
人気。90度の高温温泉が涌
く谷で、日本統治時代には「台
湾八勝十二景」のひとつに選
ばれた。地熱谷の岩石にはラ
ジウムが含まれ、北投石と呼
ばれている。

地元では地獄谷と呼ばれることも

地熱谷　ディーローグー
台北市街　MAP P.123-A1　MRT 新北投支線「新北投」駅から徒歩約20分
📍 北投區光明路 281 號付近　☎ (02) 2895-0556　🕐 9:00 ～ 17:00　🈷 月

238

実は温泉天国！
台湾各地に分布する
温泉地マップ

台湾各地に源泉が点在する温泉地。
なかでも代表的な 10 エリアをピックアップ！

北投温泉
台北中心部から MRT
に乗って 40 分で行け
る気軽さが人気。

烏来温泉
原住民のタイヤル族が
暮らす深い緑に囲まれ
た立地。

泰安温泉
アルカリ性炭酸泉。
歴史があり台湾でも
屈指の人気を誇る。

礁溪温泉
炭酸水素ナトリ
ウム泉。台鐵礁
溪駅を降りると
すぐに温泉地。

谷關温泉
1907 年、タイヤル
族が発見。「明治温
泉」と呼ばれていた。

蘇澳冷泉
22 度以下の低温鉱
泉。台湾では唯一の
炭酸カルシウム泉。

關子嶺温泉
世界でも珍しい
泥湯温泉で、美
容に効果がある
とされる。

瑞穂温泉
お湯は鉄分を含み、
48 度で黄濁色。台湾
で唯一の炭酸塩泉。

四重渓温泉
炭酸水素塩泉。高松宮宣仁親王が
新婚旅行に訪れたという。

知本温泉
炭酸水素塩泉で水温は 100 度以上
に達し、泉質は最上級。

244

本当は秘密にしておきたい

とっておきの
穴場茶藝館

九份に数ある茶藝館のなかでもおすすめはこちら。陶芸家の夫婦が営む小さな店。1階は陶芸工房と茶器、茶葉の店舗、3階はティーサロンになっている。

九份山城創作坊
ジゥフェンシャンチャンチュアンズオファン

九份 **MAP** P.105 🚶九份老街バス停から徒歩約5分 📍新北市瑞芳區基山街89號 ☎(02) 2496-1025 🕐11:00〜18:00 🈺旧正月 **CARD** J M V 🈶予算300元

新北市政府観光旅遊局の YouTube では観光スポットも紹介

245

24時間配信

いつでも九份の絶景を
楽しめるライブ配信

新北市政府観光旅遊局は九份に4Kカメラを設置。リアルタイムで現地の様子をチェックできる。ほかにも淡水の漁人碼頭、中和烘爐地にも設置されている。

URL newtaipei.travel/ja/live-camera

246

ちょっと足を延ばして

九份とセットで行きたいスポット

九份に来たら、鉱山施設を展示する黄金博物園區や、魚介系グルメが充実する基隆廟口夜市にも足を延ばして!

黄金博物園區 ホアンジンボーウーユエンチゥ

九份 **MAP** P.105 外 🚌九份から基隆客運バス「九份経由金瓜石」行きで約10分。終点「金瓜石」駅下車すぐ 📍新北市瑞芳區金瓜石金光路8號 ☎(02) 2496-2800 🕐9:30〜17:00(土・日・祝〜18:00) 🈺毎月第1月・旧正月 🈯不可 🈶80元

基隆廟口夜市 ジーロンミャオコウイエシー

台湾全図 **MAP** P.123-A3 🚌九份から基隆客運バス「788基隆-深澳坑-金瓜石」行きで約1時間。「基隆」バス停下車徒歩8分 📍基隆市仁三路 🕐12:00頃〜24:00

定番スポット

九份観光
ツウの楽しみ方

242

実際どれが便利?

九份へのアクセスはこれ!

わかりにくいといわれる九份へのアクセス。台北からタクシーをチャーターするのもおすすめ。

 便利 「台北車站」駅→台鐵「基隆車站」駅(50分、41元)→788番バス「九份・金瓜石」行き1時間15分(30元)

 速い 「台北車站」駅→ **MRT** 板南線「忠孝復興」駅(10分、20元)(バス停の位置は **MAP** P.124-C1)→1062番バス「九份・金瓜石」行き1時間(95元)

 安い 「台北車站」駅→台鐵「瑞芳車站」駅(45分、59元)→788番バス「九份・金瓜石」行きで30分(15元)

243

インスタ映え確実!

チャイナドレスを
着て老街を散策

チャイナドレスのレンタル専門店。女性用120着のほか、男性や子供用も。サイズも豊富。

CHIPAO チーパオ

九份 **MAP** P.105 🚌九份老街バス停からすぐ 📍新北市瑞芳區汽車路34號 ☎0966-246-913 🕐11:00〜19:00 🈺水・木 **CARD** J M V 🈶1日1200元 ※要予約 **URL** www.chipao9.com

九份 ジゥフェン
0 — 100m

九份山城創作坊 **C** (茶藝館) P.105
阿柑姨芋圓 **C**
みやげ物店、食堂が並ぶ
阿妹茶樓(茶藝館) **C**
九份茶房(茶藝館) **C**
基山街
昇平戲院
悲情城市 **R** (台湾料理)
S 7-ELEVEN
豎崎路
九份バス停(基隆、金瓜石行きバス)
九份老街バス停(金瓜石行きバス)
CHIPAO P.105
黄金博物園區 P.105へ
天判堂バス停
台北へ

台北郊外＆地方都市｜テクニック

249

阿里山林業鐵路がついに全線復旧！
四季折々で表情を変える
阿里山國家森林遊樂區
アーリーシャンオジアセンリンヨウラーチュウ

海抜2000mを超える立地にある遊樂區。早春は桜、初夏はホタル、秋は紅葉観賞を楽しめる。一部運休していた阿里山林業鐵路は、2024年7月に全線開通予定。

巨木が並ぶ。御来光観賞は阿里山駅から祝山線に乗り祝山駅へ

台湾全図 MAP P.123-B3 鉄道：台鐵嘉義駅から阿里山林業鐵路で約3時間、「十字路」駅で下車して7322・7329・台湾好行バスに乗り換え約30分 ※変動するためHP確認。バス：高鐵「嘉義」駅もしくは台鐵「嘉義」駅から台湾好行バスで約2時間30分 ◉嘉義縣阿里山郷中正村 ☎(05) 267-9917 ⏰24時間 ㊡無休 ㊐300元（バス利用者は150元） URL www.ali-nsa.net

250

高雄から日帰りも！
スノーケリングをするなら
小琉球！

高雄から日帰りで行ける、珊瑚礁でできた離島・小琉球。島内には気軽にスノーケリング体験ができる店がある。

小琉球大眾浮潜 シャオリュウチュウダーヂョンフーチェン

台湾全図 MAP P.123-B3 高雄中心部からタクシーで約40分の「東港」から「白沙観光港」までフェリーで約30分。白沙観光港から徒歩約5分 ◉屏東縣琉球郷中福村三民路277號-2 ☎0937-686-690 ⏰8:00～16:00 ㊡旧正月 CARD不可 ㊐1時間500元 ※3日前までに電話かFacebookにて予約が望ましい

251

自転車大国・台湾
サイクリストにうれしい
サービス満載！

世界的な自転車メーカーGIANTの本社があり、毎年サイクリングフェスティバルも開催される台湾。自転車で絶景スポットを巡ってみるのも楽しい！

左／レンタル専用のGIANTストアが各地にあり、ハイスペックな自転車を借りられる
URL www.giantcyclingworld.com
左／台鐵では自転車を列車に載せられる ㊐料金は大人料金の半額相当。専用車両を利用しよう

247

鉄道の駅前から出発！
観光地を巡る
台湾好行バスおすすめ3路線

高鐵や台鐵の駅と観光スポットをつなぐバス。支払いは車内で行い、悠遊卡（→P.17）が使える場合が多い。

URL www.kkday.com/ja

墾丁エクスプレス	日月潭ライン	墾丁エクスプレス
高鐵左營駅と台湾最南端のリゾート墾丁をつなぐバス。片道401元、チケットカウンターで往復600元の割引券を購入できる	台鐵台中駅、高鐵台中駅から日月潭へ行ける。片道190元。原住民文化を体験できる九族文化村へもアクセス可能	台鐵台東駅から出発。緑島や蘭嶼へ行ける富岡漁港、有名な包子店・東河包子、絶景スポット三仙台へ行ける

248

これ食べるならここ！
わざわざ食べに行くべき
地方グルメ

台北でも食べられるけれど、本場でならより深い味わいを楽しめるローカルグルメ。

臭豆腐なら…
AREA: 木柵
 ① 深坑老街
シェンカンラオジエ

台湾全図 MAP P.123-A3 MRT 文湖線「木柵」駅から指南客運660、666番バス「深坑區公所」下車 ◉新北市深坑區深坑老街 ⏰10:00～17:00頃（店舗により異なる）

豚足なら…
AREA: 竹田
 ② 萬巒豬脚街
ワンルアンヂュウジャオジエ

台湾全図 MAP P.123-B3 台鐵「竹田」駅からタクシー約10分 ◉屏東縣萬巒郷萬巒村民和路 ⏰7:00～18:00頃（店舗により異なる）

雞肉飯なら…
AREA: 嘉義
 ③ 東門雞肉飯
ベイメンジーロウファン

台湾全図 MAP P.123-B3 台鐵「嘉義」駅からタクシー約10分 ◉嘉義市東區光彩街198號 ☎(05) 228-2678 ⏰5:00～20:30 ㊡旧正月 ㊐30元～ CARD不可

扁食（ワンタン）なら…
AREA: 花蓮
 ④ 液香扁食店
ベイメンジーロウファン

花蓮・台東 MAP P.121-A 台鐵「花蓮」駅からタクシー約20分 ◉花蓮市信義路42號 ☎(03) 832-676 ⏰9:00～13:30、14:00～21:30 ㊡旧正月 大晦日・旧正月3日間 ㊐75元 CARD不可

255

地方限定弁当！
途中下車して食べたい駅弁3選

地元食材を用いたバラエティ豊かな弁当。台北では食べられないので、台湾東部へ行ったら寄ってみて！

❶ **台鐵花蓮車站**
タイティエファリエンチャーヂャン
花蓮・台東 [MAP] P.121-A 🚄台鐵「花蓮」駅改札前の特設コーナー ⏰10:00〜なくなり次第終了 ㊡無休 💴65元 CARD不可

❷ **全美行** チュアンメイハン
花蓮・台東 [MAP] P.121-C 🚄台鐵「池上」駅から徒歩約1分 📍台東縣池上郷中正路1號 ☎(08) 986-2270 ⏰6:30〜21:00 ㊡無休 💴80元 CARD不可

❸ **郷野便當** シアンイエビエンダン
台湾全図 [MAP] P.123-A3 🚄台鐵「福隆」駅から徒歩約1分 📍台東縣池上郷中正路1號 ☎(02) 2499-1417 ⏰9:00〜売り切れまで ㊡旧正月 💴60元 CARD不可

256

世界が注目する
屏東名産のチョコレートをおみやげに

屏東産カカオを用いたチョコレートの専門店。チョコレート作り体験ができ、レストランも併設。おしゃれなパッケージなのでおみやげに◎。

福灣莊園巧克力
フーワンジュアンユエンチョークーリー
台湾全図 [MAP] P.123-B3 🚄台鐵「林邊」駅からタクシー約10分 📍屏東縣東鎮大鵬路100號 ☎(08) 835-1555 ⏰9:00〜18:00 ㊡無休 CARD J M V

屏東産パイナップルとチョコのコラボ

257

安価で手に入る！
屏東特有の絶品食材をおみやげに！

カラスミといえばボラが有名だが、東港で手に入るのはアブラソコムツのカラスミ（油魚子）。ボラのものよりも大ぶりで濃厚である。マグロや桜エビも人気みやげのひとつ。

252

フルーティ！
台湾産ウイスキー・カバランを自分で調合する！

自社で麦芽の粉砕、糖化、発酵、蒸留、熟成、ブレンドを行うウイスキー蒸留所。世界的な権威のある「ワールドウイスキーアワード（WWA）」ほかで最優秀賞などを受賞している。

KAVALAN カバラン
台湾全図 [MAP] P.123-A3 🚄台鐵「宜蘭」駅からタクシー約15分 📍宜蘭縣員山郷員山路2段326號 ☎(03) 922-9000 ⏰9:00〜18:00 ㊡無休 CARD A D J M V

レッスン詳細	
料金：1800元	所要時間：40分
時刻：10:10、11:10、13:10、 14:10、15:10、16:10	
予約方法：HP 予約フォームから	
URL www.kavalanwhisky.com/jp	

自分でウイスキーをブレンドする体験もできる

253

地元っ子に人気！
南台湾限定のファストフードチェーン

高雄と台南のみに展開するチェーン店。ハンバーガーと麺線のセットなど台湾らしいメニューも展開。お昼時は行列ができるほど地元っ子に大人気！

丹丹漢堡 ダンダンハンバオ
高雄市中心部 [MAP] P.117-B1 外 🚇橘線「西子灣」駅1番出口から徒歩約2分 📍高雄市臨海二路24號 ☎(07) 533-0573 ⏰7:00〜21:00 ㊡木 💴予算100元〜

バーガー、麺線、ドリンクのセット

254

懐かしの味
台湾砂糖工場限定の酵母アイスクリーム

紅豆酵母
35元

台湾中南部は、日本統治時代に製糖工場（糖廠）があちらこちらに建てられ、周囲にはサトウキビ畑が広がっていた。現在現役で稼働しているのは雲林県の虎尾工場と台南の善化工場のみ。役目を終えた製糖工場はリノベされ、おしゃれなカフェや雑貨店がオープンしている。そんな敷地内には昔懐かしいアイス販売部があり、各種アイスクリームを販売。紅豆酵母は、酵母のアイスクリームに小豆をトッピングした昔懐かしい味わい。

260 レアものいっぱい
原住民の伝統工房を訪ねる

伝統的なハンドメイド雑貨や刺繍作品を購入できる。民族によって模様はさまざま。工房は不定休が多いので、事前連絡がベター。

クバラン族が作ったバナナの繊維のポーチ❶

パイワン族の伝統衣装。刺繍やトンボ玉が美しい❷

❶ 新社香蕉絲工坊
シンシャシャンジャオシーゴンファン
花蓮・台東 [MAP]P.121-B 🚃台鐵「花蓮」駅からタクシー約1時間、台鐵「花蓮」から花蓮客運海線1145で約1時間30分「新杜梯田」バス停下車、徒歩約1分（※本数が少ないため花蓮客運海線を要確認）🏠花蓮縣豐濱新社村村小湖42號 ☎(03)871-1361 ⏰8:00～12:00、13:00～17:00 🈺旧正月 [CARD]不可 ※前日までに要予約

❷ 陳媽媽工作室
チェンマーマーゴンズオシー
花蓮・台東 [MAP]P.121-C 🚃台鐵「太麻里」駅から徒歩約5分 🏠台東縣太麻里郷金萱路77號 ☎(08)978-077
⏰10:00～18:00 🈺土・日
[CARD]不可 ※前日までに要予約

261 山の幸たっぷり！
タイヤル料理はここで

原住民が使う山胡椒（馬告）と新鮮な椎茸を使ったスープ馬告鮮菇湯100元や、竹筒に餅米を入れて蒸した原味竹筒飯70元は必食。

泰雅巴萊原住民美食店
タイヤーバーライ
ユエンヂュウミンメイシーディエン
台湾全図 [MAP]P.123-A3 🚌「烏來」バス停から徒歩約5分 🏠新北市烏來區烏來街14號 ☎(02)2661-6349 ⏰10:00～21:00（金～17:00）🈺無休 [CARD]不可

262 DIY体験もあり！
タイヤル族の歴史や文化を学べる博物館

タイヤル族の伝統衣装

タイヤル族の歴史をはじめ、衣食住や生活様式、伝統文化を3フロアに分けて展示している。

烏來泰雅民族博物館
ウーライタイヤーミンズウボーウーグワン
台湾全図 [MAP]P.123-A3 🚌「烏來」バス停から徒歩約5分 🏠新北市烏來區烏來街12號 ☎(02)2661-8162 ⏰9:30～17:00（土・日～18:00）🈺第1月曜・旧正月 🈺無料

自然と共存する原住民の
原住民文化に触れられるスポットへ
民族　原住
伝統文化を識る！

258 まずはここから！
台湾全土の原住民文化を学べる博物館へ

台湾原住民16民族の歴史や生活道具などを展示する地上4階、地下2階からなる博物館。コレクション1834点から厳選したものが並ぶ。原住民に関する書籍や伝統工芸雑貨も販売。台東にある國立台湾史前文化博物館もおすすめ。

上／國立故宮博物院（P.82）のすぐ近く
下／原住民の住居展示ほか

順益台湾原住民博物館
シュンイータイワンユエンジューミンボーウーグアン
台北市街 [MAP]P.123-B2 🚇淡水信義線「士林」駅1番出口から255、小18、小19バスで「衛理女中」下車すぐ 🏠士林區至善路2段282號 ☎(02)2841-2611 ⏰9:00～17:00 🈺月・旧正月 🈺150元

259 台北から日帰りで！
緑に囲まれた美しい街原住民に会える烏來へ

運がよければ、タイヤル族が得意とする機織りの実演を見学できる！

タイヤル族の言葉で「温泉」を意味する烏來。トロッコ列車（烏來觀光台車）に乗って散策しよう。酋長文創園區では、伝統儀式のパフォーマンスを見学できるほか、刺繍のDIY体験、喫茶スペースでは休憩も可能。刺繍雑貨は、おみやげにぴったり。

酋長文創園區 チゥチャンウェンチュアンユエンチゥ
台湾全図 [MAP]P.123-A3 🚃烏來觀光台車「烏來瀑布」駅から徒歩約2分 🏠新北市烏來區瀑布路34號 ☎(02)2661-6942 ⏰9:00～17:00 🈺無休 [CARD]不可

左／美しい青が特徴の日月潭。ここからロープウエイに乗って民族村へ　下／鮮やかな伝統衣装。各原住民の文化を学べる

265

台湾中部最大級！
原住民文化を楽しく学べるテーマパーク

原住民の文化や風習を紹介するほか、機織りや彫刻の実演、ショーなどが披露される。広大な敷地内にはアトラクションやヨーロピアンガーデンも。

九族文化村　ジウズウウェンホアツン
台湾全図　[MAP] P.123-B3　高鐵「台中」駅から南投客運バスで約1時間38分、「九族文化村」下車徒歩約20分　南投縣魚池郷55544大林村金天巷45號　☎ (049)289-5361
9:30〜17:00 (土・日・祝〜17:30) ※チケット販売〜15:00、詳細はHP参照　無休　900元　[URL] www.nine.com.tw/jp/

上／スタッフは全員原住民
下／部屋によって趣向が異なる

266

子供連れにもおすすめ！
原住民文化を体感できるユニークなホテル

原住民族の文化を広めるためにオープン。会食場所では、原住民族料理を食べながら、踊りや歌を観賞できる。館内の手作り雑貨や書籍は購入可能。

臺東縣原住民文化會館
タイドンシェンユエンジュミンウェンフアフイグァン
花蓮・台東　[MAP] P.121-C　台鐵「台東」駅からタクシー約9分　台東縣台東市中山路10號
☎ (08) 934-0605　2700元〜　[CARD] A J M V
33室

263

世界が絶賛！
ブヌン族特有の八部合音とは

南投県や花蓮県で暮らすブヌン族。豊年祭で歌われる八部合音 (pasibutbut) は、花蓮の伝統芸術類文化資産に登録されている。十数人が円陣を組み、少しずつ違う音高の声を出す合唱法で世界的にも希少である。

豊年祭は一般の人も見学できる

音楽好きなら必訪！
500元でワンドリンク＆ライブ観賞できるスポット

原住民や国内外のアーティストがミニライブを行う。バーや原住民族の雑貨販売も。

鐵花村 音樂聚落・慢市集
ティエホアツン インユェジュラオ マンシージー

花蓮・台東　[MAP] P.121-C　台鐵「台東」駅からタクシー約10分　台東縣台東市新生路135巷26號　☎ (08)934-3393
物販／水〜日 14:00〜22:00、フリーマーケット／金 18:00〜22:00・土・日 16:00〜22:00、ライブ／20:00〜22:00
旧正月　[CARD] 不可

267

見つけたら買い！
原住民が使う食材や調味料とは

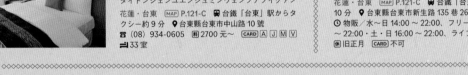

自然の恵みを工夫して使用する原住民ならではの食材。最近ではそんな食材を使った菓子や調味料を台北でも見かけることが増えた。

馬告。レモングラスのようなさわやかな香りが特徴の山胡椒。標高200〜1000mで育つ植物で、煮物やスープのほか、最近では馬告入りのパイナップルケーキも販売されている

小米 (粟)。小米酒は昔から原住民の間で親しまれていた酒で、お祭りのときにも振る舞われる。最近では粟を使ったドーナツも人気。小米は原住民の村で購入できることが多い

小米酒に漬けたトウガラシ、自家製辣椒、塩漬けにした豚肉 (鹹豬肉)、豚の腸 (鹹豬腸) などの保存食。肉類などは、日本へ持ち帰れないが、トウガラシや辣椒はおみやげに◎

洛神花 (ローゼル)。1900年代に日本人によってシンガポールから持ち込まれたもの。ドライローゼルはお湯を注げば酸味のある美容茶に。砂糖漬けはそのまま食べられる

台南 TAINAN

建城400年を迎えた古都・台南をお散歩♪

コンプリートしたいご当地グルメから穴場の布問屋、縁結びの神様まで！

台北からのアクセス

高鐵「台北」駅から「台南」駅まで1時間26分。中心部へは、高鐵「台南」駅で台鐵「沙崙」駅に乗り換え約22分、台鐵「台南」駅下車

268

台湾を代表する美食タウン 台南生まれの必食ローカルグルメ

北部に比べて甘めの味付けが特徴で、日本人からも人気が高い。器は小さめサイズが多いので、サクッと食べてハシゴを楽しもう！

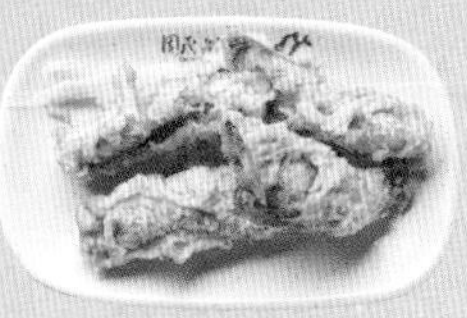

チャーシアジュエン
炸蝦捲

▲新鮮な赤エビ、豚肉、セロリなどを網脂に包んで揚げたもの。外はサクサク、中はプリプリ。90元 ❸

グオシャオイーミエン
鍋焼意麺

▼揚げた意麺（小麦粉と卵で作る平縮れ麺）に魚のフライなどがのり、だしが効いたスープがかかる。小60元 ❷

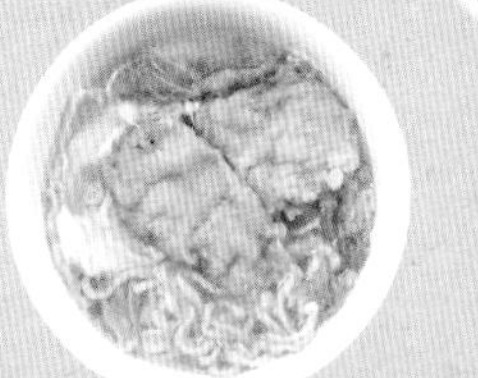

ニョウロウタン
牛肉湯

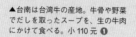

▲台南は台湾牛の産地。牛骨や野菜でだしを取ったスープを、生の牛肉にかけて食べる。小110元 ❶

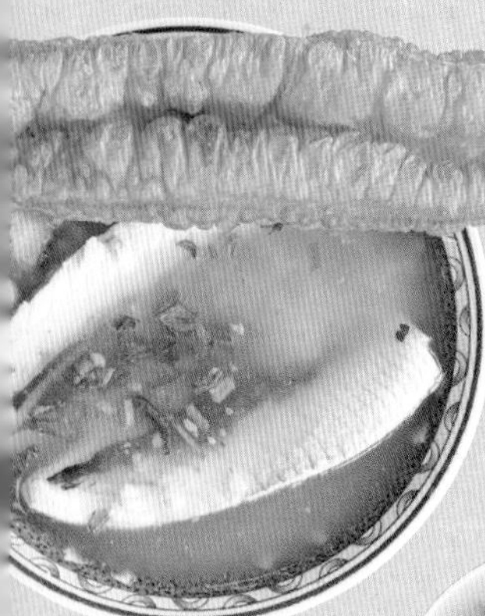

シームーユィードゥチョウ
虱目魚肚粥

▼台湾語で「サバヒー」と呼ばれて親しまれているミルクフィッシュを使った粥。揚げパンと一緒に。150元 ❹

シャオジュワンミーフェン
小巻米粉

▶すっきりとしたスープに、新鮮なヤリイカ、太く短いビーフン、セロリが入る。100元 ❺

ダンザイミエン
擔仔麵

▶漁業をしていた創業者が不漁の時期に麺を売り始めたのが誕生のきっかけ。卵麺に魯肉がのる。小50元 ❻

シャンユィーイーミエン
鱔魚意麺

◀淡水魚の一種、タウナギと意麺やトウガラシ、タマネギと炒めたもの。ピリ辛で人気。130元 ❽

シアレンファン
蝦仁飯

◀エビご飯。鉄鍋に赤エビやカツオでだしを取ったスープを入れ、ご飯を吸わせながら炒めて作る。65元 ❼

グワンツァイバン
棺材板

▶揚げたトーストにシチューをのせたもの。棺桶（棺材）に似ていることからこの名前がつけられた。70元 ❽

---

❶ 阿村第二代牛肉湯
アーツンディーアルダイニョウロウタン
台南市中心部 MAP P.112-B1 台鐵「台南」駅からタクシーで約10分 台南市保安路41號 ☎(06)229-3908 4:00～12:00、18:00～21:00 休 月・旧正月 CARD 不可

❷ 醇涎坊鍋焼意麺
チュンシンファングオシャオイーミエン
台南市中心部 MAP P.112-B1 台鐵「台南」駅からタクシーで約10分 台南市保安路53號 ☎(06)221-5033 6:00～20:00 休 火～木・旧正月 CARD 不可

❸ 周氏蝦捲
ヂョウシーシアジュエン
台南周辺図 MAP P.112-A1 台鐵「台南」駅からタクシーで約15分 台南市安平路408-1號 ☎(06)280-1304 10:00～21:30 休 旧正月 CARD 不可

❹ 阿憨鹹粥
アーハンシエンヂョウ
台南市中心部 MAP P.112-A2 湖台鐵「台南」駅からタクシーで約6分 台南市公園南路169號 ☎(06)221-8699 6:20～14:00 休 水・旧正月 CARD 不可

❺ 孫家小巻米粉
スンジアシャオジュワンミーフェン
台南周辺図 MAP P.112-A1 台鐵「台南」駅からタクシーで約20分 台南市安平路97-3號 ☎0937-348-127 10:30～19:00 休 水・木・旧正月 CARD 不可

❻ 度小月擔仔麵 中正旗艦店
ドゥシャオユエダンザイミエン ヂョンヂェンチージエンディエン
台南市中心部 MAP P.112-B2 台鐵「台南」駅からタクシーで約10分 台南市中正路101號 ☎(06)220-0858 11:00～14:30、17:00～21:00 休 旧正月 料 サービス料10% CARD 不可

❼ 集品蝦仁飯
ジーピンシアレンファン
台南市中心部 MAP P.112-B1 台鐵「台南」駅からタクシーで約10分 台南市海安路一段107號 ☎(06)226-3929 9:30～20:00 休 旧正月 CARD 不可

❽ 赤崁棺材板
チーカングワンツァイバン
台南市中心部 MAP P.112-B1 台鐵「台南」駅からタクシーで約10分 台南市中正路康樂市場180號 ☎(06)224-0014 11:00～20:30 休 旧正月 CARD 不可

成功ビール

オリジナルとライチの2種類。パッケージには「必ず成功」と書かれている。40元

媽祖スナック

媽祖のイラストが入った可楽果（エンドウ豆のスナック）。各40元

271

台南の歴史人物や神様がモチーフ？

運気が上がりそうな台南みやげ

歴史的人物である鄭成功や孔子、海の神様・媽祖をモチーフにしたおかしやビールを販売中。古跡などで手に入る！

取り扱い店

- ●安平古堡 MAP P.112-A1
- ●赤崁樓 MAP P.112-A2
- ●延平郡王祠 MAP P.112-B2
- ●安平樹屋 MAP P.112-A1

272

激かわみやげはここで手に入れる

布問屋エリアでお買い物

西市場エリアには、昔ながらの布問屋やチャイナ服、チャイナシューズの店が点在している。4代目が盛り上げる布問屋と、コスパ最強のチャイナシューズ専門店をピックアップ！

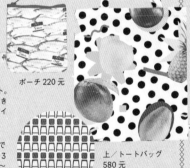

ポーチ 220元

錦源興 ジンゴアヘン

1923年に生地問屋としてスタート。現在は4代目の小南生さんが引き継ぎ、台湾文化を取り入れたデザインの布製品を扱っている。

台南市中心部 MAP P.112-B1 🚇台鉄「台南」駅からタクシーで約10分 📍台南市中正路209巷3号 ☎(06)221-3782 ⏰10:00〜18:00 🈲月・火・旧正月 CARD J M V

上／トートバッグ 580元
左／コースター 450元

年繡花鞋 ニエンシウホアシエ

生地から手作りしているチャイナシューズ専門店。素足でも気持ちがいいシルク素材で履き心地が抜群！ オーダーメイドも可能。

各350元。生地やデザインにより値段は異なる

台南市中心部 MAP P.112-B1 🚇台鉄「台南」駅からタクシーで約10分 📍台南市中正路193巷13号 ☎(06)220-0045 ⏰12:30〜20:00 🈲旧正月 CARD 不可

269

台南の名物お菓子が

おしゃれスイーツに進化！

椪餅（ポンビン）は、昔は出産後に生卵を入れ、焼いて食べる風習があった。「沖縄黒糖×安平椪餅」180元は、黒糖シロップと大豆の粉をかけたふわふわ氷に、特注の香ばしい椪餅をのせたユニークなかき氷。

小島飲刨×古物販售
シャオダオインパオ×グーウーファンショウ

台南市中心部 MAP P.112-A1 🚉台鉄「台南」駅からタクシーで約9分 📍台南市和平街43号 ☎0958-442-043 ⏰11:30〜19:00 🈲水・旧正月 CARD 不可

270

実は夜が楽しい！

台南での夜の楽しみ方

日替わりで開催地が変わる夜市

2023年にオープンした大東東夜市や大益夜市をはじめ、花園夜市、大東夜市、大益夜市、武聖夜市など大型夜市が多い台南。ローカル夜市を満喫しよう！

夜カフェでまったり過ごす

古建築をリノベしたカフェが点在する台南。夜中もオープンしているカフェは、コーヒーを使ったカクテルや夜食もおすすめ。

没有咖啡 メイヨウカーフェイ

台南市中心部 MAP P.112-A2 📍台南市北園街46巷13号 ⏰18:00〜翌1:00

曉咖啡 シャオカーフェイ

台南市中心部 MAP P.112-B2 📍忠義路一段84巷6弄2号 ⏰13:00〜24:00

話題のバーでオリジナルカクテルを飲む

漢方薬局をリノベした「赤崁中薬行」や、NYのカクテルアワードで賞を受賞したバーテンダーが腕を振るう「MoonRock」が人気。

赤崁中薬行 チーカンヂョンヤオハン

台南市中心部 MAP P.112-A2 📍赤崁街45巷3号 ⏰20:00〜翌2:00

MoonRock ムーンロック

台南市中心部 MAP P.112-A2 📍成功路22巷42弄13号 ⏰20:00〜翌2:00

台北郊外＆地方都市｜テクニック

275 ここだけは押さえておきたい！
台南必訪観光エリア

SPOT 1 國華街 グオホアジエ
台南市中部　MAP P.112-A1

水仙宮市場に隣接するグルメストリート。豚のタンを蒸しパンでサンドした台湾版バーガー「阿松割包」や、夜中から昼までオープンする牛肉スープ専門店「永樂牛肉湯」などが並ぶ。

分厚いタンと漬物が絶妙！

SPOT 2 正興街 ヂェンシンジエ
台南市中心部　MAP P.112-B1

若者が集まるエリア。かつて台湾南部最大の布問屋だった西市場を中心に、フォトジェニックなスイーツやカフェが点在。台湾食材を使ったマカロン「拾參」はおみやげにぴったり。

台湾風味の手製マカロン

SPOT 3 神農街 シンノンジエ
台南市中心部　MAP P.112-A1

清代の古民家が並び、夕方になるとライトアップされて幻想的。台南文化をテーマにした雑貨を扱う「五條港行號」や、神輿制作を手がける工房「永川大轎工藝」はおすすめ。

独自のビールで台南を表現

SPOT 4 安平 アンピン
台南周辺図　MAP P.112-A1

1624年にオランダ東インド会社がゼーランディア城を築いた史跡「安平古堡」、安平名物のドライフルーツ（蜜餞）がある「安平老街」、ガジュマルの木が神秘的な「安平樹屋」など。

包装がレトロかわいい蜜餞

273 台南4大！　月下老人
恋の相談はここへ！

良縁祈願に御利益があるといわれる月下老人。台南を代表する廟を紹介。本誌編集もこちらの廟を参拝後、台湾人と結婚することに！

♥ 大観音亭 ダーグワンインティン
台湾で最も古い観音堂がある。入口には御神木が立つ。
台南市中心部　MAP P.112-A2　🚃台鐵「台南」駅から徒歩約11分　📍台南市成功路86號　☎(06)228-6720　🕐5:00〜21:00　休無休

♥ 祀典武廟 スーディエンウーミャオ
国家第1級古跡に認定。台湾各地にある関帝廟の総本山。
台南市中心部　MAP P.112-A2　🚃台鐵「台南」駅からタクシーで約10分　📍台南市永福路二段229號　☎(06)229-4401　🕐5:30〜21:00　休無休

♥ 祀典大天后宮 スーディエンダーティエンホウゴン
国家第1級古跡に認定。海の神様・媽祖を祀る。
台南市中心部　MAP P.112-A2　🚃台鐵「台南」駅からタクシーで約9分　📍台南市永福路二段227巷18號　☎(06)222-7194　🕐6:00〜21:00　休旧正月

♥ 重慶寺 チョンチンスー
悩みを速達で神様に届けてくれる「速報司」がいる。
台南市中心部　MAP P.112-B2　🚃台鐵「台南」駅からタクシーで約10分　📍台南市中正路5巷2號　☎(06)223-2628　🕐7:30〜18:00

274 台南の台所を散歩
水仙宮市場に行列グルメと
伝統菓子を求めて

台南で愛され続けるローカル市場。水仙宮があることからこの名前がつけられた。生鮮食品をはじめ、行列ができる麺専門店「麺條王海産麺」や1935年創業の伝統菓子店「寶來香餅鋪」など名店が並んでいる。

上／寶來香餅鋪の紅龜粿15元。あんは緑豆やゴマなど
下／麺條王海産麺の海産麺2号65元。豚肉やレバー、イカなどがのった麺

水仙宮市場 シュェイシエンゴンシーチャン
台南市中心部　MAP P.112-A1　🚃台鐵「台南」駅からタクシーで約10分　📍台南市海安路二段230號　☎(06)221-6737　🕐6:00〜12:00頃（店舗により異なる）　休第4月

276 台南

マンゴーの聖地や歴史スポットへ

ちょっと足を延ばして したいこと

よく紹介されている台南はほんの一部。
鉄道やバスで郊外へ出かけよう！

鹽水へ行く！ 歴史的ランドマークがある

福建風の古民家が並び、1845年に創建された豪邸「鹽水八角樓」や歴史ある媽祖廟「鹽水護庇宮」など見どころが点在。生卵入りのかき氷「銀鋒冰果室」も名物。旧暦1月15日には、爆竹を打ち合う危険な祭り「鹽水蜂炮」が開催される。

台湾全図 MAP P.123-B3
台鐵「新營」駅から棕幹線バスで約20分、「興鹽水站」下車

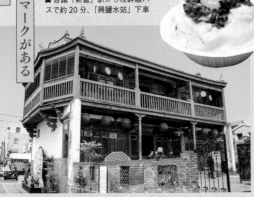

マンゴー聖地・玉井で、マンゴーかき氷を食べる！

1950年代にアメリカから苗木が持ち込まれ、玉井から台湾全土に広がったマンゴー。毎年6月下旬から7月中旬にはマンゴーフェスティバルも開催される。「玉井青果集貨場」ではマンゴーの販売やマンゴーかき氷を食べられる！

台湾全図 MAP P.123-B3 台鐵「台南」駅から綠幹線バスで約1時間18分、「興南客運玉井站」下車

絶景スポット 井仔腳瓦盤鹽田を見たい！

台南に現存する最古の瓦盤鹽田。天日塩が並び、夕方になると幻想的な風景になる。園内では塩の天日干しや、天秤棒担ぎ、収穫体験ができるほか、塩で作った歯磨き粉なども販売する。日没時間を事前に確認してから訪問しよう！

台湾全図 MAP P.123-B3 台鐵「新營」駅から台湾好行バスで約8分、「泰安宮（井仔腳鹽田）」下車

善化牛墟でお宝探し 月に9日間だけ開催される

牛の公益売買が行われている「牛墟」は、全盛期には84ヵ所あったが、現在はここと、鹽水と、雲林のみ。「善化牛墟」の営業日は、毎月2、5、8、12、15、18、22、25、28日のみ。現在、牛の取引は行われていないが、牛肉スープや野菜をはじめ、骨董品を販売するフリマが開催される。

台湾全図 MAP P.123-B3
台鐵「善化」駅から綠幹線バスで約8分、「什美」下車徒歩約10分

高雄
KAOHSIUNG

のんびり穏やかな港街は今急速に進化中！街なかにはライトレールが走り、最旬スポット満載の高雄に注目！

277

ニューオープン続々！

いまアツい！
高雄の港エリアへ

開放的な港エリア駁二周辺に、ここ数年で新しいスポットが続々と登場している。日中はもちろん、夜にはライトアップされて美しい風景に♪

🚌 台北からのアクセス

高鐵「台北」駅から「左營」駅まで1時間34分。中心部へは、高鐵「左營」駅からMRTで移動できる

高雄流行音樂中心
（ガオションリョウシンインユエチョンシン）

2021年にオープンした音楽センター。最大5000人を収容できるコンサートホールのほか、7階には流行音楽に関する博物館もある。

高雄市中心部 MAP P.117-B1 🚈LRT「真愛碼頭」駅から徒歩約2分 📍高雄市真愛路1號 ☎(07) 521-8012 ⏱10:00〜22:00 🈺月・旧正月 💴無料（博物館199元、コンサート有料）

海辺的卡夫卡

2023年に台北で惜しまれながら閉店したライブハウス海辺的卡夫卡。高雄流行音楽中心の1階に系列の音楽カフェがある。

棧貳庫KW2
（チャンアルクウケーダブリューツー）

2階建ての空間に、ショップ、カフェ、レストラン、ホステルが入る複合型施設。棧貳庫と大倉港410を結ぶミニトレーラーバスも運行している。

高雄市中心部 MAP P.117-B1 🚇MRT橘線「西子灣」駅1番出口から徒歩約5分または、🚈LRT「駁二蓬萊」駅から徒歩約6分 📍高雄市蓬萊路17號 ☎(07)531-8568 ⏱10:00〜21:00（金・土〜22:00）🈺旧正月

NOW & THEN
by nybc

広々とした空間で、ブランチやカフェ利用ができる。季節によって変動するフルーツを使ったデザートやジュースが人気。

高雄港大港橋
（ガオションガンダーガンチャオ）

2020年に完成した白いつり橋。2階には展望台がある。自転車で渡る際は、必ず降車して押して歩こう。夜にはライトアップされて幻想的に！

高雄市中心部 MAP P.117-B1 🚈LRT「駁二大義」駅から徒歩すぐ 📍高雄輕軌駁二大義站旁 ☎(07)561-2311 ⏱24時間

駁二藝術特區
（ボアルイーシュートーチュウ）

倉庫群に分かれているアートエリア。若手アーティストの作品やギャラリーのほか、ショップやレストランもあり散策が楽しい。週末になるとフリーマーケットが開催。

高雄市中心部 MAP P.117-B1 🚇MRT橘線「鹽埕埔」駅1番出口から徒歩約5分または、🚈LRT「駁二蓬萊」駅もしくは「駁二大義」駅から徒歩すぐ 📍高雄市大勇路1號 ☎(07)521-4899 ⏱10:00〜18:00（金〜日〜20:00）🈺旧正月

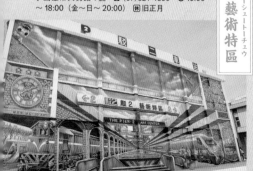

大港迴聲

38個のベルが毎正時に音楽を奏でるパブリックアート。大港倉9の屋外に設置されている。

永心浮島

高雄の有名台湾料理店が手がける「永心鳳茶」の新業態。海鮮を使った創作料理をぜひ。

大港倉410
（ダーガンツァンスーイーリン）

大港倉7から大港倉101まで4つの倉庫をリノベしたスポット。レストランやショップが入り、週末は家族連れでにぎわう。

高雄市中心部 MAP P.117-B1 🚈LRT「駁二大義」駅から徒歩約1分 📍高雄市蓬萊路6-6號 ☎(07)262-6128 ⏱10:00〜21:00（金・土〜22:00）🈺旧正月

280 高鐵駅から近い！
龍と虎の開運スポットで邪気を払ってスッキリ！

高雄郊外にある淡水池。龍虎塔は、龍の口から入って虎の口から出ると、災いが消えるという。7階建ての塔からは湖が一望できる。

蓮池潭 リエンチータン

高雄周辺図 MAP P.117 MRT
紅線・高鐵「左營」駅からタクシー約10分 ♀高雄市左營區勝利路110號 ☎ (07) 588-2497 ◷ 常時開放（龍虎塔 8:00 ～ 17:30）

蓮池潭の南西畔にある龍虎塔。2025年まで改修工事中で展望台は閉鎖している

281 気軽に行ける！
野生のサルが暮らす壽山をハイキング

珊瑚礁の上にできた丘陵地。台湾アカゲザルの保護区に指定されていて、あちらこちらでサルが見られる。山頂からは高雄港や夜景を眺められる。

高雄壽山國家自然公園
ガオションショウシャンオジアズーランゴンユエン

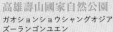

高雄市中心部 MAP P.117-A1 LRT 「壽山公園」駅2番出口から徒歩約15分 ♀高雄市鼓山區萬壽路301號 ☎ (07) 531-3001（壽山國家自然公園遊客中心）◷ 常時開放（壽山國家自然公園遊客中心◷9:00 ～ 17:00 ㊡月）

上／台湾アカゲザル　左／壽山情人觀景台

282 アジア最大級！
大人も楽しめる鉄道ジオラマは必見！

見応えのある鉄道博物館。目玉は2年かけて作られた全長2kmのジオラマ。100年を超える台湾の鉄道史を表現している。そのほか実物大SL模型の展示や、ミュージアムショップも。

哈瑪星台湾鉄道館
ハマシンタイワンティエダオグアン

高雄市中心部 MAP P.117-B1 LRT 「駁二蓬萊」駅から徒歩約1分 ♀高雄市蓬萊路99號 駁二特區蓬萊B7、B8倉庫 ☎ (07) 521-8900 ◷ 10:00 ～ 18:00（金～日・祝 ～ 19:00）㊡火 ㊫鐵道模型展（ジオラマ）149元 CARD J M V

278 穴場エリア・内惟
最旬アートスポットと伝統市場へ

LRT「內惟藝術中心」駅が開通してアクセスしやすくなったエリア。現代的なアートスポットを訪れたあとは、伝統的な昔ながらの市場を散策し、食べ歩きを楽しんで。

內惟藝術中心
ネイウェイイーシューヂョンシン

見て触れて感じる体験型のアートセンター。近代的な建物は「高雄市立圖書館」などを設計した劉培森建築師事務所によるもの。すぐ近くには「高雄市立美術館」もある。

高雄周辺図 MAP P.117 LRT 「內惟藝術中心」駅から徒歩約4分 ♀高雄市馬卡道路329號 ☎ (07) 553-8935 ◷ 11:00 ～ 21:00 ㊡月 ㊫無料

鼓山第三市場
グーシャンディーサンシーチャン

生鮮食品や総菜がぎっしりと並ぶ市場。14:30にオープンするとあって、夕食の仕入れに訪れる地元住民でにぎわう。歩くだけでも楽しい。

高雄周辺図 MAP P.117 LRT 「內惟藝術中心」駅から徒歩約9分 ♀高雄市九如四路1460巷45號 ☎ (07) 583-0060 ◷ 14:30 ～ 18:30 ㊡旧正月

279 高雄を深掘り！
高雄史を学べる2大スポット

高雄を深く知りたいならここはハズせない。

高雄市立歷史博物館
ガオションシーリーリーシーボーウーグワン

二・二八事件の品や高雄に関する貴重な資料を展示する。1938年には高雄市役所、日本統治終了後は1992年までは高雄市政府がここに置かれた。

高雄市中心部 MAP P.117-B1 MRT 橘線「鹽埕埔」駅2番出口から徒歩約7分 ♀高雄市中正四路272號 ☎ (07) 531-2560 ◷ 9:00 ～ 17:00 ㊡月・旧暦大晦日 ㊫無料

打狗英國領事館文化園區
ダーゴウイングオリンシーグワンウェンホアユエンチュウ

1865年前後に建てられた台湾初の洋館で、清朝時代には英国領事館として使われた。館内にはカフェがあり、アフタヌーンティを楽しめる。

高雄周辺図 MAP P.117 MRT 橘線「西子灣」駅からタクシーで約5分 ♀高雄市蓮海路20號 ☎ (07) 222-5136 ◷ 10:00 ～ 19:00（土・日・祝9:00 ～）、チケット販売は18:30まで ㊡水・旧正月 ㊫99元

283

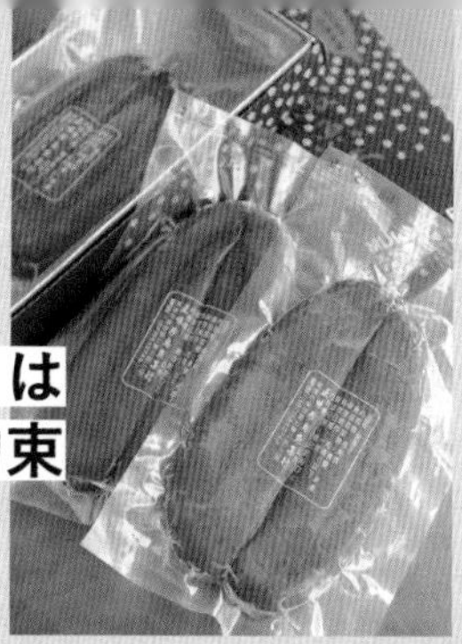

台北より断然お得！
台湾名物カラスミは高雄で購入がお約束

創業60年以上のカラスミ専門店。上質なボラの卵を使い、自社工場で加工している。ひと口サイズにカットした烏魚子便利包350元も便利。

手数料200元～で日本への配送も可能。大量買いして、自宅で冷凍保存する人が多いとのこと

正味珍烏魚子專門店
ヂョンウェイヂェンウーユィズヂュアンメンディエン

高雄市中心部　MAP P.117-B1　🚇 MRT 橘線「鹽埕埔」駅2番出口から徒歩約5分　📍高雄市七賢三路125號　☎ (07) 551-2749　🕙 10:00～21:00　休 無休　CARD 不可

284

台湾ピーナッツのおいしさにハマる！

台湾ツウに大人気！
素朴な味わいのピーナッツ菓子

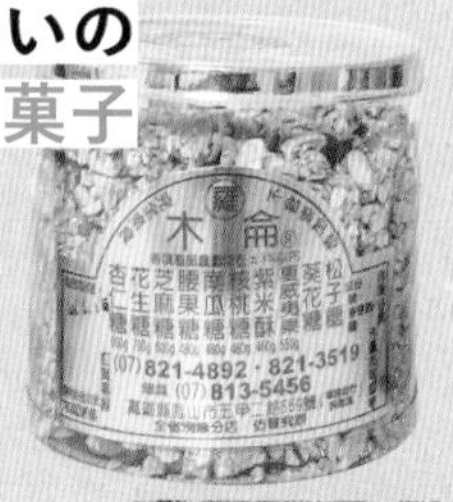

名物はピーナッツをあめで固めた花生糖320元。そのほかアーモンド（杏仁糖）やカシューナッツ（腰果糖）330元など8種類。駅から少し離れているが、行列ができることも。

木侖花生糖 ムールンホアシェンタン

高雄周辺図　MAP P.117　🚇 MRT 紅線「前鎮高中」駅2番出口から徒歩約18分　📍高雄市鳳山區五甲二路559號　☎ (07) 821-4892　🕘 9:00～20:00　休 日・旧正月　CARD 不可

285

高雄みやげの新定番！
SKBで自分好みのボールペンをDIY制作

1955年創業の文房具店。店内には過去の商品展示をしている。ハンドメイドの万年筆で有名だが、ボールペンは10元から販売する。不定期でボールペンのDIY体験を開催している。

オリジナルみやげ！子供でも体験できる

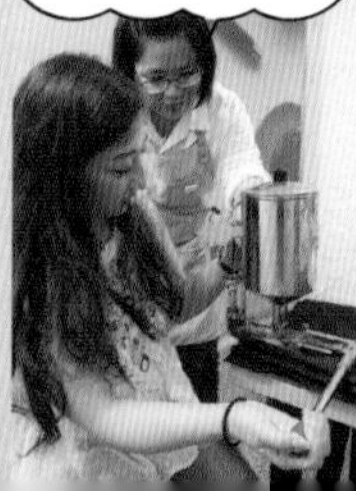

SKB 文明鋼筆
エスケイビー　ウェンミンガンビー

高雄市中心部　MAP P.117-B1　🚇 MRT 橘線「鹽埕埔」駅から徒歩すぐ　📍高雄市鹽埕區五福四路153號　☎ (07) 521-8271　🕙 10:30～19:00（土・日11:00～）　休 旧正月　CARD J M V

ボールペンのDIY350元。Facebookにて開催日程を告知する。要予約。店の歴史や展示品の解説付き（英語可）

286

伝統市場がおしゃれに変身！
夜に繰り出して市場ご飯

1949年に建てられた市場が2022年にリニューアルオープン。夜になると、ビアバー「麥酒專科」や創作居酒屋「空腹蟲大酒家」などがオープンする。

高雄鹽埕第一公有零售市場
ガオションイエンチェンディーイーゴンヨウリンシーチャン

高雄市中心部　MAP P.117-B1　🚇 MRT 橘線「鹽埕埔」駅4番出口から徒歩約4分　📍高雄市鹽埕區瀨南街141-7號　☎ (07) 551-4385　🕖 7:00～12:00、16:00～22:00　休 月・火16:00～22:00・旧正月　CARD 不可

287

産地直送で鮮度◎
高雄中心部で澎湖料理を！

1976年創業。澎湖から毎日届けられる魚介を使った料理を堪能できる。蟹やカボチャのビーフン、魚のフライが人気。値段は時価で人数によって変動する。

𩸶之屋 シュンヂーウー

高雄市中心部　MAP P.117-B2　🚇 MRT 橘線「信義國小」駅4番出口から徒歩約7分　📍高雄市新興區民生一路93號　☎ (07) 226-6127　🕚 11:30～14:00、17:30～21:00　休 旧正月　CARD 不可　予 予算1000元～　📖 日本語

288

見つけたらトライ！
フルーツ店のトマト×ショウガ醤油

台湾南部のフルーツ店では、カットトマト（番茄切盤）を食べられる店が多い。ショウガ、醤油、砂糖などで作ったタレにつけて食べるのがスタンダード。暑い夏にぴったり！

289

北部ではレア！
南部発祥の屋台スイーツ白糖粿とは

ゴマ入りはさらに香ばしい！

高雄の夜市や街角の屋台で販売されている白糖粿は、揚げた餅に砂糖をまぶしたお菓子。外はサクサクで中はもっちり。なぜか台北では見かけたことがないが、高雄や台南では時々見かける。ぜひ試してみて！

老牌白糖粿
ラオパイバイタングイ

高雄市中心部　MAP P.117-B2　🚇 LRT「光榮碼頭」駅から徒歩約9分　📍高雄市苓雅區苓雅二路108號　☎ 0930-575-111　🕑 14:00～20:15　休 旧正月　CARD 不可

292 高雄

のどかなエリアへ ちょっと足を延ばして したいこと

1930年創建のたばこ工場をリノベした「菸仕物所」は地元の名産品を販売。「花酵」は予約をすれば美濃料理とクラフトビールが楽しめる。

農村・美濃を散歩したい！

おしゃれに変化した

菸仕物所 ヤンシーウースオ
台湾全図 MAP P.123-B3 🚄 高鐵「左營」駅からE25バスで約1時間18分、「美濃站」下車徒歩約2分 📍 高雄市美濃区中山路一段25號 ☎ (07) 972-1877 ⏰ 10:00～17:30（土・日～18:00） 🚫 火・水・旧正月 CARD 不可

花酵 ホアジャオ
台湾全図 MAP P.123-B3 🚄 高鐵「左營」駅からE25バスで約1時間18分、「美濃站」下車徒歩約5分 📍 高雄市美濃区永安路201號 ☎ (0923) 979-568 ⏰ 10:30～20:00（日・水～18:00） 🚫 月・火 CARD 不可

いろいろな味を試してみて！

290

地域密着型！ 高雄で 台湾料理といえばここ！

おもに高雄で展開する台湾料理店。ずらりと並べられた総菜の中から指さしで注文するスタイル。おすすめは、豚足煮込み（滷蹄膀）110元や牛肉麺145元。

鄧師傅功夫菜 青年店
ドンシーフーゴンフーツァイ チンニエンディエン
高雄市中心部 MAP P.117-B2 🚇 MRT 紅線「中央公園」駅2番出口から徒歩約11分 📍 高雄市青年二路82號 ☎ (07) 251-5622 ⏰ 11:00～21:00 🚫 旧暦大晦日 CARD 不可

291

カキ氷ストリートで 20倍は直径50cm！ 巨大カキ氷にトライ！

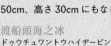

旗津半島行きのフェリー乗り場へ向かう道にはカキ氷店が点在。この店の名物は、水果冰。1人前から注文でき、最大の20倍サイズは直径50cm、高さ30cmにもなる！

渡船頭海之冰
ドゥウチュワントウハイヂービン
高雄周辺図 MAP P.117 🚇 MRT 橘線「西子灣」駅1番出口から徒歩約6分 📍 高雄市鼓山區濱海一路76號 ☎ (07) 551-3773 ⏰ 11:00～23:00 🚫 月・旧正月 CARD 不可

20倍の綜合水果牛奶冰1700元（1人前85元）。旬のフルーツやプリンがどっさり

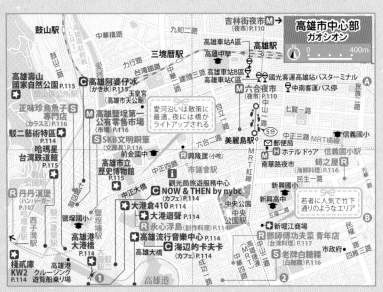

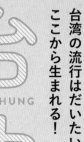

LOCAL AREA GUIDE: 03

台中

TAICHUNG

台湾の流行はだいたいここから生まれる！

1年を通して過ごしやすい気候。緑が気持ちいい公園や美術館が点在する。

誠品生活 480

チェンピンシェンフオ スーパーリン

2024年3月にオープン。8階立てのビルは誠品書店をはじめ、高雄の人気火鍋店「汕頭泉成沙茶潮鍋」やケーキ専門店「LADY M」など話題店が並ぶ。

台中周辺図 [MAP] P.120-1　[MRT]「水安宮」駅から徒歩約18分
📍台中市西屯區市政路480號　☎ (04) 2251-6898　🕐 11:00〜22:00
㊡旧正月　[CARD] A J M V

🚌 台北からのアクセス

高鐵「台北」駅から「台中」駅まで47分。中心部へは、高鐵「台中」駅からMRTで最寄駅下車もしくは台鐵「新烏日」駅から約11分「台中」駅下車

293 おしゃれ化がすごい！ 台中の最旬スポット

誠品生活の新店舗が登場して注目の台中。台鐵台中駅のレトロな旧駅舎を活用し、歴史展示やフリマが開催されている。緑が美しい草悟道の近くには、おしゃれな茶藝館やカフェがオープン。

耕吉郎 コウキチロウ

日月潭紅茶を使ったラテ85元や、紅茶クリームを包んだエッグロールが人気。緑豆とキンモクセイ入りの豆花、桂花醸緑豆沙豆花95元も美味。

台中市中心部 [MAP] P.120-2　🚕台鐵「台中」駅からタクシーで約8分　📍台中市西區民生路352號　☎ (04) 2302-5077
🕐 11:00〜19:00　㊡旧正月
[CARD] A J M V

キンモクセイのさわやかな香り♡

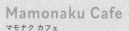

兆兆茶苑

ヂャオヂャオチャーユエン

南投にある茶農家出身のオーナーが営むカフェ。おしゃれな空間では、こだわりの台湾茶を飲めるほか、栽培から焙煎までを手がけた茶葉を販売する。

台中市中心部 [MAP] P.120-2　🚕台鐵「台中」駅からタクシーで約9分　📍台中市西區向上路一段79巷66弄22號
☎ (04) 2301-1222
🕐 12:00〜18:00　㊡日・旧正月　[CARD] A J M V

Mamonaku Cafe

マモナク カフェ

台鐵台中駅の旧駅舎を利用した臺中驛鐵道文化園區内のホームに、列車を使ったカフェが登場。レトロかわいい車内でスイーツやドリンクをいただける。

コーヒー豆型のベビーカステラ雞蛋糕（咖啡豆照型）50元ほか

台中市中心部 [MAP] P.120-3　🚕台鐵「台中」駅から徒歩約1分　📍台中市中區台湾大道一段1號 台中舊車站月台上　☎なし　🕐 13:00〜18:00
㊡火・不定休（公式Instagram参照）
[CARD] 不可

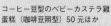

118

296 ドリンク割引サービスも！
元祖タピオカミルクティーのレシピを習得！

タピオカミルクティー発祥の店。大墩店ではレシピに沿った体験520元〜ができる。毎日10時、15時、17時に開催。なお、台湾の全店舗で平日にドリンクMサイズを注文すると15％割引きになる。

体験時間は1時間ほどで、子供も楽しめる。体験で使ったシェイカーは記念にもらえる

春水堂 人文茶館
チュンシュイタンレンウェンチャーグアン

台中市中心部 MAP P.120-2 🚉台鐵「台中」駅からタクシー約15分 📍台中市大墩19街9號 ☎(04) 2327-3647 ※体験は3日前までに要予約 ⏰8:30〜22:00（金〜日〜22:30）休無休 予予算75元〜、サービス料10％ CARD J M V 🗾日本語

297 老舗茶藝館で開催！
毎週土曜の夜限定の琴演奏にうっとり

台湾茶を飲みながら優雅なひとときを♪

池の周囲に古い木造の建物が連なる回廊式茶藝館。邸宅にお邪魔したような独特の雰囲気。土曜18:30〜19:30には生演奏が楽しめる。食事メニューも美味。

杉林溪烏龍茶480元（2人前）と黒糖糕90元は必食！

無為草堂人文茶館 ウーウェイツァオタンレンウェンチャーグアン

台中市中心部 MAP P.120-1 🚉台鐵「台中」駅からタクシーで約20分 📍台中市公益路二段106號 ☎(04) 2329-6707 ⏰10:30〜21:30（LO20:30）休旧暦大晦日 予予算200元〜、サービス料10％ CARD J M V 🗾日本語

298 小吃パラダイス！
台中の地元飯は伝統市場で食す！

1917年に創業した歴史ある市場。生鮮食品、乾物、飲食店など約300店舗が入る。おすすめグルメは、「嵐肉燥」の肉そぼろと肉団子をのせた肉燥丸仔飯70元と、鶏肉を揚げた雞捲180元。

台中市第二公有零售市場
タイヂョンシーディーアルゴンヨウリンショウシーチャン

台中市中心部 MAP P.120-3 🚉台鐵「台中」駅から徒歩約14分 📍台中市中區三民路二段87號 ☎(04) 2225-4222 ⏰7:00〜13:00 休月・旧正月 CARD不可

---

1 まずは2階「醉月樓」へ

モダンな空間にて創作台湾料理のほか、名物のアイスクリーム（完売の場合あり）を楽しめる。コース料理もあり。要予約。

294 予約して並ばず入れる
宮原眼科はレストラン〜買い物が正解！

1927年に建てられた眼科をリノベした菓子店。老舗の日出が運営。アイスクリームを食べる場合は、姉妹店の第四信用合作社（MAP P.120-3）がおすすめ。

2 食後は1階「宮原眼科」！ ゴンユエンヤンクー

名物の土鳳梨酥（パイン100％のパイナップルケーキ）15個入り430元をはじめ、太陽餅やチョコレートなど豊富なラインアップ。

台中市中心部 MAP P.120-3 🚉台鐵「台中」駅から徒歩約5分 📍台中市中區中山路20號 ☎(04) 2227-1927（醉月樓 (04) 2227-1926）⏰10:00〜21:00（醉月樓 12:00〜）休旧正月 CARD J M V

295 最旬カルチャーの宝庫
M.I.T.が集結する今、最もホットなスポット

1969年に建てられた公務員宿舎をリノベしたおしゃれスポット。セレクトショップの「小日子商号」や、行列ができるベビーカステラ店「魚刺人雞蛋糕」など話題の店が集まる。フリマも登場。

審計368新創聚落
シェンジーサンリュウバーシンチュアンジュルオ

上／食材にこだわった魚刺人雞蛋糕のベビーカステラ 下／台湾各地のクリエイターによるフリマ

台中市中心部 MAP P.120-2 🚉台鐵「台中」駅からタクシー約10分 📍台中市西區民生路368巷2弄 ☎(04) 2302-3138 ⏰11:00〜20:00 休CARD店舗により異なる

301

台中

のどかなエリアへ
ちょっと足を延ばして
したいこと

彩虹眷村へ行く！

話題の映えスポット

国民党軍のために建てられた公益住宅が並ぶ。この村に暮らしていたおじいさんが、外壁や道路に描いた絵が評判になり、観光スポットに。カラフルなアート空間で、週末は多くの人が訪れる。

台中周辺図 MAP P.120-1
🚉 高鐵「台中」駅から緑1、99路バスで約15分「彩虹眷村」下車すぐ
📍 台中市南屯區春安路56巷25號
☎ なし ⏰ 9:00 ～ 17:00 休 月・旧正月
💰 無料

星のやグーグァンへ

一度は泊まってみたい！

全室源泉かけ流しの半露天風呂付き。地元の食材を使った会席料理をはじめ、気功をベースにした「氣循森呼吸」や「グーグァン歴史散策」などのアクティビティも人気。

台湾全図 MAP P.123-A3 🚉 高鐵「台中」駅からタクシーで約1時間30分 📍 台中市和平區東關路一段溫泉巷16號 ☎ (050) 3134-8091（日本）💰 1万8000元～、サービス料10% CARD A J M V
URL hoshinoresorts.com/ja/hotels/hoshinoyaguguan/

299

台中の隠れ家
伝統小吃を食べて
レトロ食器をハント

オーナーが幼少期に暮らしていた住居をリノベーション。白飯にゴロゴロの角煮がのった三溫暖燻肉飯170元は、スープ、小皿料理が付く。季節によって食材は変動する。

明賢行 ミンシンハン

台中市中心部 MAP P.120-3 🚌 台鐵「台中」駅からタクシーで約12分 📍 台中市北區大誠街162號 ☎ (04) 2223-3316 ⏰ 10:00 ～ 17:00 休 月・火・祝 CARD 不可 予算 200元～

台湾ビンテージのグラスや皿、雑貨も販売する

300

台中最大級！
逢甲夜市で
台中名産をパクリ！

台中のトレンドグルメが集まる夜市。台中大甲産のタロイモを使ったスイーツを楽しめる「大甲芋頭城」は必食。芋泥西米露は、サゴに、タロイモペーストがイン。

上から／温家正宗逢甲地瓜球、大甲芋頭城の芋泥西米露

逢甲夜市 フォンジアイエシー

台中周辺図 MAP P.120-1 MRT「文心櫻花」駅からタクシーで約5分 📍 台中市西屯區文華路 ☎ (04) 2451-5940 ⏰ 16:00 ～翌1:00 休 旧正月 CARD 不可

302

台湾メイド！

新鮮な薬草が食べ放題のヘルシー鍋

植物園で315種類以上の薬草を栽培しており、園内のレストランで薬草鍋を食べられる。オリジナル商品も販売。

🚌 台北からのアクセス

台鐵で「台北」駅から「台東」駅まで自強號で約3時間45分。もしくは台北松山空港から台東空港まで約1時間

台東原生應用植物園
タイドンユエンシェンインヨンジーウーユエン

花蓮・台東　MAP P.121-C　🚇 台鐵「台東」駅からタクシー約25分　📍 卑南郷明峰村試験場8號　☎ (08) 957-0011　🕐 8:30〜17:30（金〜日 19:30）、レストラン11:00〜15:00（金〜日 18:30）　休 無休　予 予算439元、サービス料10%　CARD J M V　料 入園料200元

303

丈夫で長持ち！

軽くて便利な高機能バッグ

ナイロン素材で防水＆軽量。使いやすさを追求したデザインはおみやげに◎。1袋200元〜。

台東帆布行
タイドンファンブーハン

花蓮・台東　MAP P.121-C　🚇 台鐵「台東」駅からタクシーで約12分　📍 台東市正氣路202號　☎ (08) 932-2915　🕐 9:00〜21:00　休 日・旧正月　CARD 不可

304

地元で愛される

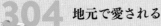 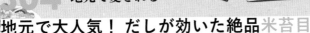
地元で大人気！ だしが効いた絶品米苔目

米苔目とは米とサツマイモ粉で作られた太くて短い麺。汁ありか汁なしかを選べる。鰹節がかかり、日本人好みの味。

榕樹下米苔目 ロンシューシアミータイムー

花蓮・台東　MAP P.121-C　🚇 台鐵「台東」駅からタクシー約13分　📍 台東市大同路176號　☎ (0963) 148-519　🕐 10:00〜14:30、16:30〜19:30　休 木・旧正月　予 予算45元〜　CARD 不可

305

全客室温泉付き！

熱気球に乗れる！

自然に囲まれたホテル

全客室で炭酸水素塩泉の温泉が楽しめる。予約をすると、ホテル所有の気球に乗れる（宿泊者限定）。人気のレストランでは、自家菜園で取れた無農薬野菜が食べられる。

鹿鳴温泉酒店 ルーミンウェンチュエンジウディエン

花蓮・台東　MAP P.121-C　🚇 台鐵「台東」駅から無料シャトルバスで約25分（要予約）　📍 台東縣鹿野郷中華路一段200號　📞 (08) 955-0888　CARD A J M V　料 4700元〜　🛏 200室　URL www.lmresort.com.tw

花蓮・台東
ファリエン・タイドン

0　　20km

蘇花公路
宜蘭線

雪山山脈
東西橫貫公路
中央山脈

太魯閣國家公園　Ⓐ

東大門國際観光夜市（夜市）P.101　Ⓜ

台鐵花蓮車站（鐵道・駅弁）P.107　Ⓢ

花蓮

液香扁食店（ワンタン）P.106　Ⓡ

新社香蕉絲工坊（原住民雑貨）P.108　Ⓢ

東部幹線　花東公路（山線）　花東公路（海線）　Ⓑ

北回帰線

太平洋

知本温泉 P.101　Ⓑ

六十石山

池上

全美行（弁当）P.107　Ⓡ Ⓢ

鐵花村 音樂聚落・慢市集 P.101,109　Ⓑ

台東原生應用植物園（薬草鍋）P.121　Ⓡ

鹿鳴温泉酒店 P.121　Ⓗ

Ⓒ

臺東縣原住民文化會館 P.109　Ⓗ

榕樹下米苔目（米苔目）P.121　Ⓡ

台東帆布行（バッグ）P.121　Ⓡ

台東

陳媽媽工作室（雑貨）P.108　Ⓢ

緑島

トラブルを回避するための事前準備と SOS ダイヤル

TROUBLE !!

トラブル対策

海外旅行中は日本にいるとき以上に、思わぬ事故やトラブルに巻き込まれやすいもの。
台湾は比較的治安がよい場所だが、海外だということを忘れないで。

309 外務省が推奨！
「たびレジ」で世界情勢をキャッチ！

渡航前に旅程や滞在先、連絡先を登録しておくと、安全情報や日本国大使館の連絡先、緊急時の情報などをメールで受け取れるサービス。日本にいる家族も安心。

家族や職場の人も見ることができる。
右記からアクセス！

URL www.ezairyu.mofa.go.jp/tabireg

310 病気になったら
安心して行ける病院はここ！

旅先で病気になってしまっても、日本語が通じる看護師、通訳スタッフのいる病院なら早く対処してもらえるので心強い。台湾の大きな病院は、技術が進んでいる。

✚ 台大醫院 タイダーイーユエン
台北駅 MAP P.125-D2 MRT 淡水信義線「台大醫院」駅2番出口から徒歩約5分 ♀中山南路7號 ☎(02)2356-2900 URL www.ntuh.gov.tw/MSC-jp
※問い合わせはメールも対応 ✉ ntuhimsc@ntuh.gov.tw

✚ 輝雄診所 ホイシオンヂェンスオ
台北駅 MAP P.125-A3 MRT 中和新蘆線「中山國小」駅3番出口、「行天宮」駅4番出口から徒歩約5分 ♀吉林路 302號 ☎(02)2560-2586 ◷ 9:00〜12:00、14:30〜17:30 ㊡日、祝、第2・4土曜

✚ 宗北内科診所 ゾンペイネイコーヂェンスオ
迪化街〜中山 MAP P.126-A3 MRT 淡水信義線「雙連」駅1番出口から徒歩約5分 ♀民生西路24號 2F ☎(02)2541-1001 ◷月・水・金9:00〜12:00・14:00〜17:00、火・木・土9:00〜12:00 ㊡日・祝

✚ 陳詩明醫師診所 チェンシーミンイーシーヂェンスオ
松山〜頂好 MAP P.124-C1 MRT 板南線・文湖線「忠孝復興」駅13番出口から徒歩すぐ ♀忠孝東路四段 126-3號 3F ☎(02)2731-6530 ◷ 9:00〜12:00、14:00〜18:30 ㊡土 9:00〜12:00

306 困ったときに！
いざというときに使う 中国語フレーズ

台湾には日本語や英語が通じる人もいるが、中国語だけしか話せない人のほうが多い。何かトラブルに巻き込まれても焦らないよう、最低限の中国語を覚えておくとよい。

わかりません	聽不懂 ティンブードン	tīng bù dǒng
私は日本人です	我是日本人 ウォシー リーベンレン	wǒ shì rì běn rén
医者を呼んでください	請叫醫生 チンジアオイーション	qǐng jiào yī sheng
日本語のわかる人はいますか？	有没有會講日語的人? ヨウメイヨウホイジアン リーユィダレン	yǒu méi yǒu huì jiǎng rì yǔ de rén
時間がありません	沒有時間 メイヨウシージエン	méi yǒu shí jiān
助けて！	救命啊！ジウミンア	jiù mìng a

307 油断は禁物
深夜の女子ひとり歩きは気をつけて！

昼間は観光客でにぎわう街や大きな駅周辺も夜になると一変、人通りがなくなり静まり返る。夜はあまり出歩かないほうがよい。

防犯意識を高くもって！

308 万一の場合に
控えておきたい ダイヤルリスト

病気にかかったら無理をせずにホテルの受付に相談しよう。事故に巻き込まれたら、すぐに最寄りの警察へ。

SOS 警察・交通事故 110
SOS 火事・救急車 119

SOS 台北市警察局外事服務站
（盗難・交通事故・時間により日本語可）
(02)2556-6007

台北市街

地図凡例

- ★ 観光名所
- Ｈ ホテル
- Ｌ レストラン
- Ｃ カフェ・スイーツ
- Ｓ ショップ
- Ｎ ナイトスポット
- Ｂ ビューティスポット
- 卍 寺・廟
- Ｍ 市場・夜市
- Ａ 体験

0 ‥‥‥ 1km

台湾全図　0 ‥‥‥ 50km

地熱谷 P.104
北投温泉博物館 P.104
復興崗駅
淡水へ
新北投駅
北投駅
草山夜未眠景観餐廳（バー）P.29
北投市場（2024年6月まで工事中）Ｍ
北投中継市場（臨時市場）Ｍ
北投市場美食區（グルメエリア）
矮仔財魯肉飯（魯肉飯）P.33
北投区
奇岩駅
大度路
金蓬菜遊古台菜餐廳（台湾料理）P.40
天母
喃哩咖啡（鍋物）P.40
石牌駅
明德駅
承徳路
士林区
MRT淡水信義線
多實格商店 Ｓ P.82
至善園 P.82
故宮晶華（広東料理）P.82
國立故宮博物院 P.80,82
天母運動公園
士林区
芝山駅
hoja kitchen P.35
郭元益糕餅博物館 P.65
順益台湾原住民博物館 P.108
士林駅
士林官邸 P.80
臺北表演藝術中心 P.80
辛發亭（かき氷）P.34
中山区
劍潭駅
士林観光夜市 Ｍ P.42
豪大大雞排（唐揚げ）P.108
Old Bridge 義式冰淇淋（アイスクリーム）P.47
忠烈祠 P.83
小紅厝月經博物館 P.80
三和國中駅
台湾鑽舌糕（ランドシャ）Ｓ
淡水大橋
圓山大飯店 Ｈ P.97
圓山駅
台北市立美術館 P.83
大龍峒保安宮
重陽大橋
徐匯中學駅
菜寮駅
三重国小駅
la vie bonbon 林森旗艦店（パイナップルケーキ）P.72
三和夜市
台北桃園国際空港へ
三重駅
中興大橋
新豪釣蝦美食廣場 Ａ P.39
花博公園
民族松路
台北松山空港
松山機場駅
台北駅 P.125
中山国小駅
楽天皇朝（小籠包）P.36
微風松路
微風松高
無印良品（雑貨）P.79
福州世祖胡椒餅
饒河街観光夜市 P.42
五分埔 P.64
後山埤駅
南港区
龍江駅
丸林魯肉飯（自動販・魯肉飯）P.27,30
榕公園
迪化街～中山 P.126
西門町～龍山寺 P.126
西門駅
龍山寺卍
萬華駅
唯星蛋糕（ケーキ）P.5
國立台湾博物館 南門 P.5
南門市場 Ｍ P.61
大通食品（食品）P.74,75 Ｓ
老熊牛肉麺店 P.25
台北植物園 P.83,88
南機場夜市 P.42,57 Ｍ
八棟圓仔湯（伝統スイーツ）P.33
泉老問殊蒸臭豆腐（臭豆腐）P.57
來來水餃（水餃子）P.57
STAFF ONLY CLUB（バー）P.31
寶藏巖國際藝術村 P.88
楽華夜市（夜市）Ｍ
永安市場駅へ
新北市
華中大橋
民権東路
松山駅
昆陽駅
中山
台北駅
台大醫院駅
善導寺駅
台北車站駅
中正紀念堂駅
金峰魯肉飯（魯肉飯）P.5
古亭駅
蘇杭點心店 P.21
康青龍 P.126
Mr.雪瘍 公館店（かき氷）P.48,51
公館夜市（夜市）P.42
小李子清粥小菜（自動鍋）P.27
一流清粥小菜（自動鍋）P.34
史大華精緻麺館食堂 和平店 P.30
國立台湾大学
瓦城泰國料理 安和店（タイ料理）P.41
雄記蔥抓餅（蔥抓餅）P.28
龍潭豆花（豆花）
詹記麻辣火鍋 敦南店（火鍋）P.23
來來へ
萬隆駅へ

噪飲室 Landmark（ビール）P.29
松山～頂好 P.124
全林（スープ）P.43
Hotel MVSA 慕舎酒店 P.97
南京三民駅
南京復興駅
南京東路
民生東路
忠孝復興駅
忠孝敦化駅
史大華精緻麺食堂 安和店 P.30
大安駅
福勝亭安和店 P.34,47,50
信義安和駅
TAMED FOX 信義（カフェ）P.53
林口街夜市（夜市）P.57
ホームホテル P.97
台北101 信義
象山駅
象山 P.81
信義区
永春崗公園
臨江街観光夜市 P.42,57
正好鮮肉小籠湯包（小籠包）P.36
御品元冰火湯圓（湯圓）P.48
梁記滷味（油味）P.43
日本 剪刀式立體雞蛋糕（ベビーカステラ）P.50
台灣蜜豚酥（から揚げ）P.57
解解湯有限公司（愛玉）P.50
琥泊 Liquide Ambré（茶藝館）P.54
愛玉之夢遊仙草（愛玉）P.34,47,50
李記甜品（豆花）P.59
文山区
福爾摩沙高速公路

淡水 P.99
MIIDO 品川診所 P.93
青葉園 P.33
源味本舗現烤雪蛋糕 P.104
視障按摩養生館 P.104
丸嘟吧 Fish Ball Beer Bar P.104
一里 P.100
九份 P.105
小湾蛋糕坊 P.43
台湾桃園国際空港
板橋站
桃園站
淡水
台北站
樹林興仁夜市 P.43
新竹站
朱銘美術館 P.80
關西六福莊 生態度假旅館 P.85,89
烘爐地南山福德宮 P.85,89
苗栗站
星のや グーグァン P.101,120
高美湿地 P.100
麺堡朵鳥来酒假酒店 P.94
酋長文創園區 P.108
烏来泰雅民族博物館 P.108
泰雅巴萊原住民美食店 P.108
台中站
烏来
深坑老街 P.106
銀河洞越嶺步道 P.101
台北市立動物園 P.80,88
金門島 P.99
馬祖 P.99
彰化站
台湾海峡
九族文化村 P.101,109
嘉義站
阿里山國家森林遊樂區 P.106
郷野便當 P.107
北回帰線
玉山
基隆 P.99
基隆廟口夜市 P.101,105
井仔脚瓦盤鹽田 P.113
鹽水 P.113
玉井 P.113
澎湖 P.99
善化牛墟 P.113
台南站
台東站
福灣莊園巧克力 P.107
高雄 P.98,114
左営站
湖口 P.100
萩仕物語 P.101,117
美濃 P.101,117
花辺 P.117
KAVALAN P.107
小琉球大衆浮潜 P.106
墾丁大街夜市 P.101
蘭嶼 P.100
グランドハイライ ホテル台北 P.96
太平洋

内湖区

駅周辺にたくさんの露店が立つので、夜遅くても便利

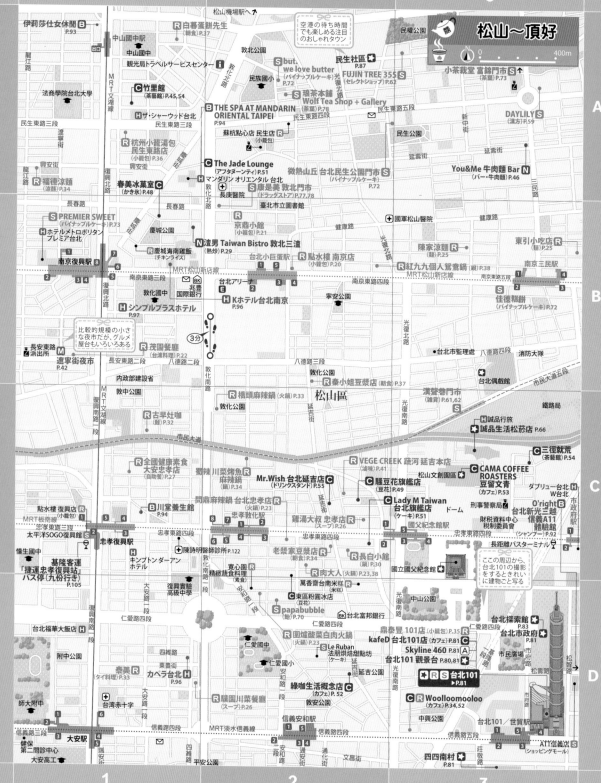

台北駅

迪化街～中山
300m
夏樹甜品（杏仁豆腐）P.59
大稻埕慈聖宮 廟口美食（美食街）P.37
高建桶店（カゴ）P.61
全聯福利中心 大同延平北店（スーパー）P.75,76
迪化半日（カフェ・茶葉）P.46,73
郭怡美書店（ブックカフェ）P.44
六安堂參藥行（漢方薬・乾物）P.67
妙口四神湯（スープ）P.40
大稻埕碼頭
台北霞海城隍廟 P.89
大稻埕遊客中心 P.80
民藝埕（陶器）
南街得意（茶藝館）P.54
ASW Tea House（カフェ）P.46
小藝埕
你好我好（雑貨）P.62,74
迪化街＆大稻埕 P.86
Mikkeller Taipei（バー）P.46
小花園（チャイナシューズ）P.61
永樂市場／永樂布業商場（食品・布市場）P.65
中興醫院 問診中心
中華電信
市民大道一段
城區分院 台北醫院
北門駅
MRT機場線
塔城公園
塔城街
延平北路一段
天水路
長安西路
南京西路
民生西路
歸綏公園
保安街
林茂森茶行（茶葉）
涼州街
雙連國小
林華泰茶行（茶葉）P.73
錦西街
錦西公園
寧夏路
少年警察局
阿桐阿寶四神湯（スープ）P.26
台北随一の問屋街。建物外観はそのままに内部をリノベーションしたカフェや雑貨屋が増え、今大注目のおしゃれエリアに！
冰霖古早味豆花（豆花）P.34,49
蓬萊國小
朝陽公園
寧夏觀光夜市（夜市）P.42,56
方家（鶏肉飯）P.56
牛媽媽（控肉飯）P.56
秋霞潤餅（潤餅）P.56
劉芋仔蛋黃芋餅（芋餅）P.56
圓環邊蚵仔煎（蚵仔煎）P.56
旺來蛋糕（ケーキ）P.56
日新國小
有記名茶（茶葉）P.64
Pizza Has a Face（ピザ）
台湾日和taiwanbiyori（雑貨）P.63
生元德中醫診所 P.93
生元藥行
永久號（カラスミ）P.75,86
金仙魚丸店（蝦捲飯）
天香迷你火鍋（鍋）P.38
義美食品 延平門市（台湾菓子）P.74
Magic.s 変身写真館 P.84
重慶北路一段
重慶北路二段
太原路
台北車站の北部にある問屋街。アクセサリーや小物など、女性向けショップが揃うほか、マニアックな専門店もあり
民權西路駅
承德路二段
MRT淡水信義線
3分
錦西街
雙連市場（朝市）
冰讃（かき氷）P.48
雙連駅
民生西路
小良絆涼麵專門店（麺）P.87
赤峰街
宗北内科診所 P.122
榕美樹館（豆花）P.49
貨室甜品專賣（スイーツ）
赤峰街 P.87
浮光書店（ブックカフェ）P.44
中山 P.87
然後 Furthermore（衣服）P.63
金興發生活百貨（スーパー）P.66
台北牛乳大王（ドリンクスタンド）
中山駅
南京西路
承德路一段
誠品生活南西 P.87
expo SELECT 南西（雑貨）P.67
神農生活 誠品南西店（雑貨）P.70
春水堂 南西店（カフェ）
Relax 33莊園 P.93
青花驕麻辣鍋（火鍋）P.30
台北中山北店
八時神仙草 中山店（仙草）P.50
台北當代藝術館 P.80
中山北路一段
中山國小駅
新興國中
台北戲棚 TaipeiEYE P.83
錦州街
人和園雲南菜（雲南料理）
豪門世家理容名店 P.95
林森北路
文昌宮
馬偕紀念醫院
酒菜市場（熱炒）P.5
中山北路二段
民生東路一段
中安公園
好小子海鮮店（海鮮料理）P.39
新東陽（みやげ）
新生北路一段
アンバ 台北中山 P.97
ホテル・ロイヤル台北
森SPA 足體養生館 中山館 P.95
昇祥茶行（茶葉）P.17
長春路
リージェント タイペイ
大鶴黒寶（カフェ）
ロイヤル・イン南西 P.97
台北之家
康樂公園
林森公園 P.84
實雅 台北南西店（ドラッグストア）P.77,78
六堆伙房客家精緻麵食館 中山南西店（客家料理）P.5
南京東路一段
吉星港式飲茶（飲茶）P.34
李製餅家（パイナップルケーキ）
オークラ プレステージ台北 P.78
The Nine（パイナップルケーキ）P.72
フォルテ オレンジ ビジネス ホテル P.97
西門町～龍山寺
300m
洛陽停車場
富宏牛肉麵（牛肉麺）P.34
台北國稅局
福星國小
旺角迷你石頭火鍋（火鍋）
楊記冰店（かき氷）
鴨肉扁（ガチョウ肉）P.40
P.97 ホテル パパ ホエール
梁山泊小籠湯包（小籠包）
武昌街二段
中興大橋
P.96 ソラリア西鉄ホテル台北西門
天天利美食坊（小吃）
服飾街
武昌街一段
淡水河
萬年商業大樓
金園排骨 萬年店（排骨飯）P.24
COMEBUY 台北中華（ドリンクスタンド）P.55
中山堂
西門 P.87
ワトソンズ（ドラッグストア）
成都路
西門國小
師園鹽酥雞 西門店（から揚げ・雑貨）P.66
西門駅
衡陽路
町記憶旅店
西門麵店（麺）P.34
蜂大咖啡（カフェ）P.52
相鉄グランドフレッサ 台北西門店 P.96
西門紅樓
國軍文藝活動中心
ヘビなども登場する、昔ながらの華西街観光夜市がある
永富冰淇淋（アイスクリーム）P.50
安安青草店（青草茶）P.64
亞州鼈店（スッポン）P.43
青草ストリート
家樂福 桂林店（スーパー）P.75,76,78
桂林路
貴陽大樓
國防部採購局
老松國小
華西街觀光夜市 P.42
艋舺夜市
川業肉圓（肉圓）P.32
艋舺龍山寺 P.86
龍山寺地下 占い横丁
艋舺公園
東三水街市場
新富町文化市場
萬華世界下午酒場（昼飲み酒場）P.86
龍山寺駅
台北花園大酒店
小南門駅
內政部入出國及移民署
MRT板南線
愛國西路
和平西路二段
萬華區行政中心
福州元祖胡椒餅（胡椒餅）
龍山寺 P.86
3分
萬華駅
星巴克 艋舺門市（カフェ）P.52
龍都冰菓專業家（かき氷）P.34,48
艋舺大道
博愛路
江記東門豆花（豆花）P.49
綠豆意人 金山店（豆スイーツ）P.59
杭州小籠湯包（小籠包）P.20
GREEN & SAFE 東門店（雑貨）P.70
滋粒冰菓室（豆花）P.59
小茶栽堂永康門市（茶葉）P.73
東門餃子館（餃子）P.28
中華電信聰局
郵政聰局
愛國東路
來好（雑貨）P.62,63
Bao Maison（雑貨）P.63
天津蔥抓餅（蔥抓餅）P.28
豐盛食堂（台湾料理）P.22
阿原（コスメ）P.67
金雞母 永康店（かき氷）P.51
泰和樓（小籠包）
劉媽媽飯糰（おにぎり）P.24,37
潮州街
白水豆花（豆花）P.49
Ponpie澎派 大安門市（ケーキ）P.51
古亭駅
和平東路一段
0km山物所 P.101
國立臺灣師範大學
小白兔唱片 White Wabbit Records（音楽）P.91
師大夜市 P.42
河堤國小
康青龍
300m
東門駅
御紘福州魚丸（スープ）P.32
P.97 丹迪旅店
Learn Bar 學吧精釀（バー）P.31
鼎泰豐 新生店（小籠包）P.20,36
大安森林公園駅
遊山茶訪 台北永康店（茶葉）P.78
八仙炭烤（熱炒）P.29
大安森林公園 P.95
掌門精釀 Taproom Zhangmen（バー）P.46
永康公園
茶籽堂 永康街概念店（コスメ）P.67
清淨母語（酵素ドリンク・自然食品）P.67
金華公園
布調Bu Diao（雑貨）P.62
H Gallery Hair Salon P.94
青田茶館（豆花）
永康街 P.86
手天品社區食坊（焼菓子）
溫州街 蘿蔔絲餅達人（蘿蔔絲餅）
小慢（茶藝館）
紫藤廬（茶藝館）P.54
師大路
龍泉街
新生南路三段
台電大樓駅

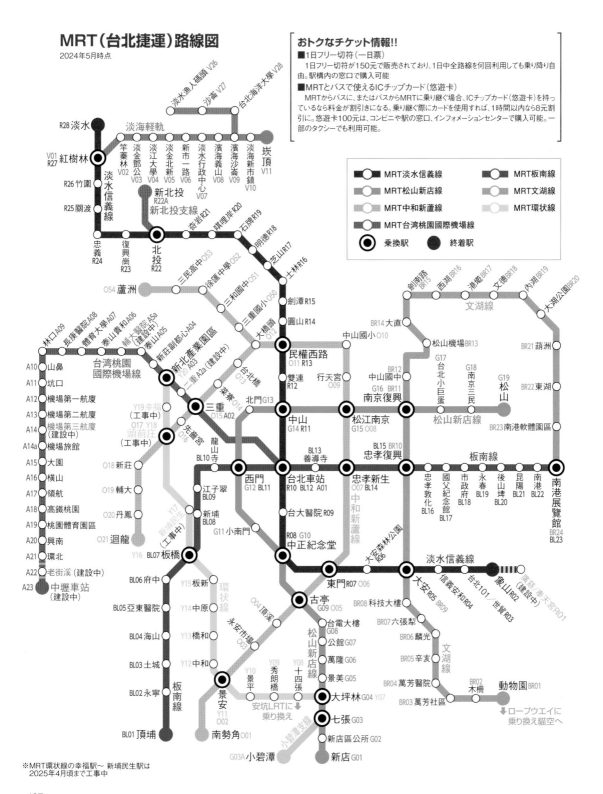

MRT（台北捷運）路線図

2024年5月時点

凡例：
- MRT淡水信義線
- MRT松山新店線
- MRT中和新蘆線
- MRT台湾桃園國際機場線
- MRT板南線
- MRT文湖線
- MRT環状線
- 乗換駅
- 終着駅

※MRT環状線の幸福駅〜 新埔民生駅は
　2025年4月頃まで工事中

STAFF

Producer 金子久美 Kumi Kaneko

Editors & Writers 株式会社トラベル・キッチン［Travel Kitchen Co.,Ltd.］
大西稚恵 Chie Onishi
ぬくいゆかり Yukari Nukui

Photographers
大西稚恵 Chie Onishi
上原浩作 Kousaku Uehara
熊谷俊之 Toshiyuki Kumagai
竹田武史 Takeshi Takeda
村上悦子 Etsuko Murakami
内藤健志 Takeshi Naito
松本光子 Mitsuko Matsumoto
稲垣徳文 Norifumi Inagaki
岩間幸司 Koji Iwama
平岡ひとみ Hitomi Hiraoka
Bien Photo Studio
張明偉 Mingwei Zhang
五味稚子 Wakako Gomi
©iStock ©PIXTA

Cover Design / Art Direction 三浦皇子 Koko Miura

Maps 株式会社アトリエ・プラン［atelier PLAN Co., Ltd.］
辻野良晃 Yoshiaki Tsujino

Proofreading 株式会社東京出版サービスセンター
［Tokyo Shuppan Service Center Co., Ltd.］

Special Thanks to 陳怡莉 Eriko Chen 高彩雯 Looky Kao

台湾 ランキング＆得テクニック！

2024年6月25日 初版第1刷発行

著作編集 地球の歩き方編集室
発行人 新井邦弘
編集人 由良暁世
発行所 株式会社地球の歩き方
〒141-8425 東京都品川区西五反田2-11-8
発売元 株式会社Gakken
〒141-8416 東京都品川区西五反田2-11-8
印刷製本 開成堂印刷株式会社

※本書は基本的に2024年4月時点の情報に基づいて作られています。
発行後に料金、営業時間、定休日などが変更になる場合がありますのでご了承ください。
更新・訂正情報 [URL] https://www.arukikata.co.jp/travel-support/

●本書の内容について、ご意見・ご感想はこちらまで
〒141-8425 東京都品川区西五反田2-11-8
株式会社地球の歩き方
地球の歩き方サービスデスク「台湾 ランキング＆得テクニック！」投稿係
[URL] https://www.arukikata.co.jp/guidebook/toukou.html
地球の歩き方ホームページ（海外・国内旅行の総合情報）
[URL] https://www.arukikata.co.jp/
ガイドブック『地球の歩き方』公式サイト
[URL] https://www.arukikata.co.jp/guidebook/

●この本に関する各種お問い合わせ先
・本の内容については、下記サイトのお問い合わせフォームよりお願いします。
[URL] https://www.arukikata.co.jp/guidebook/contact.html
・在庫については Tel 03-6431-1250（販売部）
・不良品（乱丁、落丁）については Tel 0570-000577
学研業務センター 〒354-0045 埼玉県入間郡三芳町上富279-1
・上記以外のお問い合わせは Tel 0570-056-710（学研グループ総合案内）

スマホやタブレット、PCでも読める！ 購入者特典

FREE 無料！電子版付き！

本書の電子版が無料！

STEP ❶ 特設サイトへアクセス

[URL] https://arukikata.jp/taiwfi

右の二次元コードからもアクセスできます！

STEP ❷ ID、パスワードを入力

ID：ranking-book-taiwan
PW：34x7446vswx7

閲覧期間：2025年12月31日まで

読者プレゼント

ウェブアンケートにお答えいただいた方のなかから抽選で「地球の歩き方」オリジナルクオカード（500円）をプレゼントします。

詳しくは右の二次元コードまたはウェブサイトをチェック！ ▶▶▶

応募の締め切り 2025年12月31日
[URL] https://arukikata.jp/tmpaax